"十四五"职业教育国家规划教材

"十三五"职业教育国家规划教材

U0792469

本书第五版荣获全国优秀教材二等奖

Caiwu Baobiao Fenxi

财务报表分析

第六版

李　昕　盛立军　主　编

李冬云　梁　雪　郑浣非　刘　骅　副主编

东北财经大学出版社　大连

Dongbei University of Finance & Economics Press

图书在版编目（CIP）数据

财务报表分析 / 李昕，盛立军主编．—6版．—大连：东北财经大学出版社，2023.7

（职业教育教学改革融合创新型教材·会计类）

ISBN 978-7-5654-4740-2

Ⅰ.财… Ⅱ.①李… ②盛… Ⅲ.会计报表-会计分析-职业教育-教材 Ⅳ.F231.5

中国版本图书馆CIP数据核字（2022）第255172号

东北财经大学出版社出版

（大连市黑石礁尖山街217号　邮政编码　116025）

网　　址：http：//www.dufep.cn

读者信箱：dufep@dufe.edu.cn

大连永盛印业有限公司印刷　　东北财经大学出版社发行

幅面尺寸：185mm×260mm　字数：401千字　印张：18.5　插页：1

2023年7月第6版　　2023年7月第1次印刷

责任编辑：张旭凤　曲以欢　　责任校对：京　玮

封面设计：冀贵收　　版式设计：原　皓

定价：42.00元

教学支持　售后服务　　联系电话：（0411）84710309

如有印装质量问题，请联系营销部：（0411）84710711

富媒体智能型教材出版说明

“财经高等职业教育富媒体智能型教材开发系统工程”入选国家新闻出版广电总局新闻出版改革发展项目库，并获得文化产业专项资金支持，是“国家文化产业资金支持媒体融合重大项目”。项目以“融通”“融合”“共建”“共享”为特色，是东北财经大学出版社积极落实国家推动传统媒体与新媒体融合发展的重要举措之一。

“财济书院”智能教学互动平台是该工程项目建设成果之一。该平台通过系统、合理的架构设计，将教学资源与教学应用集成于一体，具有教学内容多元呈现、课堂教学实时交互、测试考评个性设置、用户学情高效分析等核心功能，是高校开展信息化教学的有力支撑和应用保障。

富媒体智能型教材是该工程项目建设成果之二。该类教材是我社供给侧结构性改革探索性策划的创新型产品，是一种新形态立体化教材。富媒体智能型教材秉持严谨的教学设计思想和先进的教材设计理念，为财经职业教育教与学、课程与教材的融通奠定了基础，较好地避免了传统教学模式和单一纸质教材容易出现的“两张皮”现象，有助于教学质量的提高和教学效果的提升。

从教材资源的呈现形式来说，富媒体智能型教材实现了传统纸质教材与数字技术的融合，通过二维码建立链接，将VR、微课、视频、动画、音频、图文和试题库等富媒体资源丰富呈现给用户；从教材内容的选取整合来说，其实现了职业教育与产业发展的融合，不仅注重专业教学内容与职业能力培养的有效对接，而且很好地解决了部分专业课程学与训、训与评的难题；从教材的教学使用过程来说，其实现了线下自主与线上互动的融合，学生可以在有网络支持的任何地方自主完成预习、巩固、复习等，教师可以在教学中灵活使用随堂点名、作业布置及批改、自测及组卷考试、成绩统计分析等平台辅助教学工具。

富媒体智能型教材设计新颖，一书一码，使用便捷。使用富媒体智能型教材的师生首先下载“财济书院”App或者进入“财济书院”（www.idufep.com）平台完成注册，然后登录“财济书院”输入教材封四学习卡中的激活码建立或找到班级和课程对应教材，就可以开启个性化教与学之旅。

“重塑教学空间，回归教学本源！”“财济书院”平台不仅仅是出版社提供教学资源和服务的平台，更是出版社为作者和广大院校创设的一个自主选择和自主探究的教与学的空间，作者和广大院校师生既是这个空间的使用者和消费者，也是这个空间的创造者和建设者，在这里，出版社、作者、院校共建资源，共享回报，共创未来。

最后，感谢各位作者为支持项目建设所付出的辛劳和智慧，也欢迎广大院校在教学中积极使用富媒体智能型教材和“财济书院”平台，东北财经大学出版社愿意也必将陪伴广大职业教育工作者走向更加光明而美好的职教发展新阶段。

东北财经大学出版社

第六版前言

党的二十大报告指出："实施科教兴国战略，强化现代化建设人才支撑"，而职业教育专业教材是实现职业教育专业人才培养目标、建设现代化技能型人才队伍的基础资源，也是落实职业教育服务国家发展战略、提升劳动者生活福祉主体责任的重要载体。我国国民经济与社会发展的"十四五"规划中明确指出要提高职业教育的适应性，这就为"十四五"期间专业教材的修订指明了方向。提高职业教育专业教材的适应性，必须在肩负起专业教材立德树人根本任务的同时，最大限度地满足职业教育对国家产业升级、技术进步、学习型与技能型社会建设、受教育（培训）者职业成长及生活福祉提高的需要，进一步强化专业教材在铸魂、塑人、提技、强能等方面的功能，这是新时代、新历史方位节点上教材编写者的政治使命与专业责任。

因此，本次教材修订以习近平新时代中国特色社会主义思想为引领，以党的二十大精神为指引，以《中华人民共和国职业教育法》为指导，以《国家职业教育改革方案》《关于推动职业教育高质量发展的意见》等相关文件为依据，突出与时俱进、实践创新、知行合一、面向人人、因材施教与职业体验。

本次教材修订的重点如下：

1.与时俱进，突出时代特色。紧跟时代发展步伐，根据大数据时代对成本管理的新影响，对财务分析引起的新变化，智能化时代对职业精神的新要求，学习型、技能型社会建设对专业能力、职业素质的新定位等，更新、修改教材内容，改革、调整教学组织形式与学习方法。立足时代发展前沿，与时俱进，彰显专业教材的时代特色。

2.深植行企，突出职业特色。紧跟行业发展步伐，对接企业就业岗位服务转型、管理赋能的新目标，将国家最新颁布的《中华人民共和国职业教育法》《中央企业加快建设世界一流财务管理体系的指导意见》《关于进一步提升上市公司财务报告内部控制有效性的通知》等最新行业法律、政策制度的主要精神融入教材。同时，将2021年上市公司年报解读、2021年华为公司年报解读、2022年上半年格力电器财报解读、华为公司如何做绩效考核等行企最新信息与资源融入教材，筑牢法律与道德基础，拓展行业视野，丰富学习内容，精进专业技能，构建财务思维，助力职能转型。深植行企发展前沿，与时俱进，彰显专业教材的职业特色。

3.思想引领，突出育人特色。紧跟国家发展战略步伐，大力强化职业教育专业教材培育社会主义事业建设者和接班人的核心功能。将"十四五"规划和2035年远景目标纲要、《会计改革与发展"十四五"规划纲要》、红色会计文化、维护国家信息安全以及发挥审计监督作用，助力海南自贸港高质量发展等国家战略的思想站位、行业愿景、精神导向，与学生的专业价值追求、人生规划及职业梦想紧密契合，丰富教材的思想内涵。构建职业发展定位、职业精神培育、职业发展能力提升三点一线的教材功能主轴线，将思政元素由浅入深、由表及里地全方位融入从学习目标、项目导读、知识广角，到任务训练以及项目训练中的德技并修与提升模块，形成一条润物细无声的无痕主线，并凝练升华为44个显性思政资源，以思维导图的形式予以感性呈现，覆盖教材全内容，贯穿学习全过程，成为统领本教材的核心灵魂。服务国家发展战略，与时俱进，彰显专业教材的育人特色。

4.专注规范，突出精品特色。紧跟国家职业教育优秀教材建设标准的提升步伐，虚心学习、汲取职教同行优秀教材改革与建设经验，认真研究、探讨2021年修订、公布的《职业教育专业目录》以及2022年修订的《职业教育专业简介》中，与读者群相关的专业教学标准以及面向未来即将发生的新变化，以打造高质量的精品教材为目标，在更新教材内容、丰富资源形式的同时，结合课程特点，修改教学目标、项目导入，增加知识广角，以最新行业发展动态全面更新或修订课程阅读和课程拓展内容，并在体例调整、文字表达、图表呈现等方面进行精心打磨，以期不负国家优秀教材的使命。紧跟新时代国家职业教育优秀教材建设标准的提升步伐，与时俱进，突出精品特色。

本教材在内容组织上，兼顾对外财务报表与对内管理报表的“双核”并立，以更好地发挥大数据时代财务报表分析在企业管理和宏观决策中相融并促的双基础作用；在结构布局上，遵循专业技能养成规律，设计（基础、专项、综合）三大模块，涵盖九大项目；在体例设计上，注重对学习能力的培养，建构起有目标、有任务、有实操、有考核、有拓展的闭环路径；在学习形式上，倡导团队合作、企业调研、岗位实践等多种开放形式，培养学生的职业认同感和实践创新能力；在内容整合上，相比同类教材，增加了成本费用报表和合并财务报表的分析内容，实现了专业教材与产业发展的同频共振；在配套服务上，利用“财济书院”智能教学互动平台，通过教学内容多元呈现、教学过程双线互动、教学反馈有效追踪等功能支持，提升课堂教学的趣味性与有效性。本教材适用于高等职业院校财经与管理类专业教学、在职财务人员与管理人员培训以及相关社会培训使用。

本次教材修订由李昕、盛立军任主编，李冬云、梁雪、郑浣非、刘骅任副主编，张开宇、李鑫、刘维华参与了具体的编写工作。其中：项目一由张开宇编写，项目二由李冬云编写，项目三由梁雪编写，项目四由李鑫编写，项目五由郑浣非编写，项目六由刘骅编写，项目七及各项目的学习目标、项目导读、项目训练中的德技并修与提升模块由李昕编写，项目八由刘维华编写，项目九由盛立军编写，配套的微课由李昕、刘骅、梁雪设计制作完成。来自企业界的专家——吉林省正高级会计师评委会专家、长春市会计拔尖人才培养专家组组长、长春市大中型企业实施《企业会计准则》专家组组长，具有多年企业实践经验的正高级会计师商振东同志为本次教材修订提供了专业性的指导，并与李昕教授共同对全书进行了总纂。

在本次教材修订再版之际，真诚地感谢东北财经大学出版社——作为有高度社会责任感和专业精神的全国百佳图书出版单位，为编写团队提供了高质量专业平台、专业指导与专业服务；真诚地感谢全国各地的广大读者朋友们，共同的职业偏好与专业追求，让我们以书为友，在学习成长中守望相助，共同参与、见证了本教材的建设成长历程；真诚地感谢以张旭凤编审为代表的出版社的编辑同仁们，是你们坚守传承的匠心精神和不断提升的专业规范，鞭策编写团队以不断超越自我的勇气和守正创新的精神，共同推动本教材通过每一次修订，在实现高质量发展目标的道路上，登上新阶梯，结出新硕果，并在精诚合作中，为推进我国技能型社会建设，办好让党放心、让人民满意的职业教育，助力中华民族的伟大复兴，踔厉奋发，笃行不怠。

在本教材的编写、修订过程中，参阅了许多专家、学者公开出版的专著和教材，以及相关网站的信息资源，在此一并表示感谢。受编者学识水平和编写时间所限，书中不足之处在所难免，恳请读者不吝赐教。

编　者

2022年11月

目录

课程思政资源配置导图

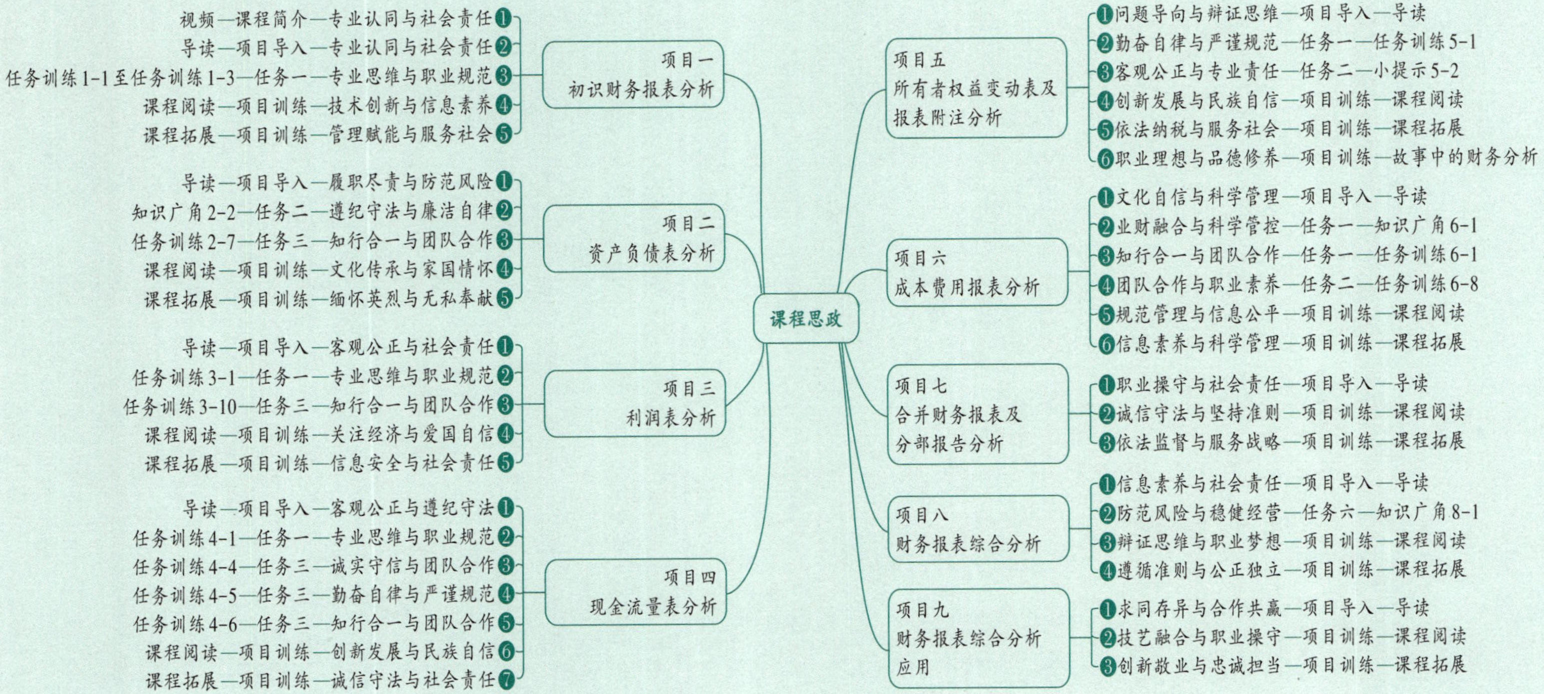
课程思政
项目一 初识财务报表分析
视频—课程简介—专业认同与社会责任 1
导读—项目导入—专业认同与社会责任 2
任务训练1-1至任务训练1-3—任务一—专业思维与职业规范 3
课程阅读—项目训练—技术创新与信息素养 4
课程拓展—项目训练—管理赋能与服务社会 5
项目二 资产负债表分析
导读—项目导入—履职尽责与防范风险 1
知识广角2-2—任务二—遵纪守法与廉洁自律 2
任务训练2-7—任务三—知行合一与团队合作 3
课程阅读—项目训练—文化传承与家国情怀 4
课程拓展—项目训练—缅怀英烈与无私奉献 5
项目三 利润表分析
导读—项目导入—客观公正与社会责任 1
任务训练3-1—任务一—专业思维与职业规范 2
任务训练3-10—任务三—知行合一与团队合作 3
课程阅读—项目训练—关注经济与爱国自信 4
课程拓展—项目训练—信息安全与社会责任 5
项目四 现金流量表分析
导读—项目导入—客观公正与遵纪守法 1
任务训练4-1—任务一—专业思维与职业规范 2
任务训练4-4—任务三—诚实守信与团队合作 3
任务训练4-5—任务三—勤奋自律与严谨规范 4
任务训练4-6—任务三—知行合一与团队合作 5
课程阅读—项目训练—创新发展与民族自信 6
课程拓展—项目训练—诚信守法与社会责任 7
项目五 所有者权益变动表及报表附注分析
1 问题导向与辩证思维—项目导入—导读
2 勤奋自律与严谨规范—任务一—任务训练5-1
3 客观公正与专业责任—任务二—小提示5-2
4 创新发展与民族自信—项目训练—课程阅读
5 依法纳税与服务社会—项目训练—课程拓展
6 职业理想与品德修养—项目训练—故事中的财务分析
项目六 成本费用报表分析
1 文化自信与科学管理—项目导入—导读
2 业财融合与科学管控—任务一—知识广角6-1
3 知行合一与团队合作—任务一—任务训练6-1
4 团队合作与职业素养—任务二—任务训练6-8
5 规范管理与信息公平—项目训练—课程阅读
6 信息素养与科学管理—项目训练—课程拓展
项目七 合并财务报表及分部报告分析
1 职业操守与社会责任—项目导入—导读
2 诚信守法与坚持准则—项目训练—课程阅读
3 依法监督与服务战略—项目训练—课程拓展
项目八 财务报表综合分析
1 信息素养与社会责任—项目导入—导读
2 防范风险与稳健经营—任务六—知识广角8-1
3 辩证思维与职业梦想—项目训练—课程阅读
4 遵循准则与公正独立—项目训练—课程拓展
项目九 财务报表综合分析应用
1 求同存异与合作共赢—项目导入—导读
2 技艺融合与职业操守—项目训练—课程阅读
3 创新敬业与忠诚担当—项目训练—课程拓展

本书配套微课资源一览表

项 目	任 务	序号	微课资源名称	页码
项目一 初识财务报表分析	任务一	1	微课 1-1　财务报表是什么？编制财务报表是为什么？	3
	任务二	2	微课 1-2　财务报表分析和财务报表分析方法	11
		3	微课 1-3　财务报表分析的基本方法之一——比较分析法	11
		4	微课 1-4　财务报表分析的基本方法之二——比率分析法	13
		5	微课 1-5　财务报表分析的基本方法之三——因素分析法	14
		6	微课 1-6　财务报表分析的基本方法之四——趋势分析法	15
项目二 资产负债表分析	任务一	7	微课 2-1　初识资产负债表分析	26
	任务二	8	微课 2-2　货币资金项目的分析	29
		9	微课 2-3　应收账款项目的分析	30
		10	微课 2-4　存货项目的分析	32
		11	微课 2-5　固定资产项目的分析	33
		12	微课 2-6　短期借款项目的分析	35
		13	微课 2-7　预计负债项目的分析	38
		14	微课 2-8　实收资本项目的分析	38
	任务三	15	微课 2-9　掌握资产负债表的综合分析方法	41
项目三 利润表分析	任务一	16	微课 3-1　初识利润表分析	62
	任务二	17	微课 3-2　费用类项目的分析	71
	任务三	18	微课 3-3　掌握利润表的综合分析方法	76
项目四 现金流量表分析	任务一	19	微课 4-1　初识现金流量表分析	90
	任务三	20	微课 4-2　现金流量的比率分析	109

续表

项 目	任 务	序号	微课资源名称	页码
项目五 所有者权益变动表及报表附注分析	任务一	21	微课5-1 初识所有者权益变动表分析	127
	任务二	22	微课5-2 初识财务报表附注分析	136
项目六 成本费用报表分析	任务一	23	微课6-1 初识成本费用报表分析	162
	任务二	24	微课6-2 主要产品单位成本项目的分析	173
	任务三	25	微课6-3 掌握费用报表的分析方法	177
项目七 合并财务报表及分部报告分析	任务一	26	微课7-1 初识合并财务报表分析	198
项目八 财务报表综合分析	任务二	27	微课8-1 财务报表综合分析之一——盈利能力分析	229
	任务三	28	微课8-2 财务报表综合分析之二——营运能力分析	234
	任务六	29	微课8-3 财务报表综合分析之三——综合分析指标体系	242
项目九 财务报表综合分析应用	任务一	30	微课9-1 杜邦财务分析体系的应用	256

项目一 初识财务报表分析

1

学习目标

知识目标：

熟悉财务报表的内涵及种类，了解财务会计报告的组成内容与相互关系。

技能目标：

1. 能完成会计循环过程中各专业岗位的工作任务；
2. 能识别、确认企业经济活动的基本状况；
3. 能运用财务报表分析的基本方法开展基础财务分析工作。

素质目标：

1. 培养学生明礼守时、主动参与教学活动的自律意识和及时、规范地记录、整理学习笔记的习惯；
2. 培养学生对专业的认同感、信息共享意识和精益求精、不断提升服务水平的职业精神。

项目导读

知道不知道，共享经济的今天，财务报表有多重要

财务报表分析课程介绍

今天我们生活的时代，是一个全球经济一体化的共享时代。共享经济的基础是信息共享，而财务人员提供的财务报表是共享经济信息中最基础、最客观、最准确、最及时，也是最受广泛关注与被利用最多的信息。财务报表真的有这么重要吗？

创业者创办企业需要投入创业资金，投多少？以什么形式投？资金从哪来？风险是大是小？这些是企业的底子，看报表！企业经营得怎么样？是赔是赚？这些是企业的面子，看报表！企业手头是否有钱（现金流）？业绩是否“漂亮”？这些也是企业的面子，看报表！企业能否可持续地发展下去？投资人的未来潜在利益如何？这是企业的“奶酪”，看报表！税务机关、供应商、客户、银行、企业职工等所有与企业有利益关系的单位及个人，预判其是否能在企业中获得自身的利益？还要看报表！

人们常说会计是国际通用的商业语言，在全球经济一体化、构建人类命运共同体的今天，国与国之间的资本流通、投资活动、融资活动以及贸易往来等一切经济活动的开展，都必须通过会计语言进行分析、比较、评价和判断，最终做出决策。而会计语言的载体与形式，仍然是财务报表。是财务报表使得各国企业之间的比较、交流、合作以及利益共享成为可能。

任务一 了解财务报表分析的基础知识

在企业的日常核算中，企业发生的各项经济业务都已按照一定的会计程序，在有关的会计账簿中进行了全面、连续、分类、汇总的记录和计算。尽管账簿资料是按照会计科目分类汇总的，但其提供的核算资料仍然相对分散，不能集中、概括、系统、全面地提供企业经营管理所需要的完整的会计信息。企业的管理者、投资人、债权人和政府财政、税务等部门以及其他与企业有利害关系的单位和个人，不能直接使用这些分散的会计记录来分析和评价企业的财务状况和经营成果，并据此做出正确的决策。因此，有必要定期地将日常会计核算资料加以分类、调整、汇总，按照一定的表格形式编制成财务报表，以总括、综合地反映企业的经济活动过程和结果，为有关方面进行管理和决策提供所需的会计信息。

微课 1-1

财务报表是什么？编制财务报表是为什么？

财务报表是对企业财务状况、经营成果和现金流量的结构性表述，是财务会计报告的重要组成部分，是企业向外传递会计信息的主要途径。财务报表主要包括资产负债表、利润表、现金流量表、所有者权益变动表及附注。

一、财务报表的内涵

资产负债表是反映企业在某一特定日期财务状况的财务报表。资产负债表能提供企业拥有或者控制的资源及其分布、财务结构、资产的变现能力、偿债能力和企业适应环境变化的能力等方面的信息。

利润表是反映企业在一定会计期间经营成果的财务报表。利润表能提供企业利润的形成渠道、企业的获利能力、成本费用的高低以及控制情况等方面的信息。

现金流量表是反映企业在一定会计期间现金和现金等价物流入和流出状况的财务报表。现金流量表能提供企业经营活动、投资活动和筹资活动等所产生的现金流量等方面的信息。

所有者权益变动表是反映企业在一定会计期间构成所有者权益的各组成部分当期增减变动情况的财务报表。所有者权益变动表能提供所有者权益的取得渠道、结构变动及其原因等方面的信息。

财务报表附注是对财务报表中列示项目所作的进一步说明，以及对未能在报表中列示项目的补充说明等。这些信息有助于报表使用者进一步理解和分析企业的财务状况、经营成果、现金流量以及所有者权益变动情况等信息。

二、财务报表的种类

不同性质的会计主体，由于会计核算的具体内容和经济管理的要求不同，其财务报表的分类也不尽相同。财务报表可以根据需要，按照不同的标准进行分类。

1.按反映的内容不同，可以分为静态财务报表和动态财务报表。静态财务报表是反映一定时点资产、负债和所有者权益情况的财务报表，如资产负债表；动态财务报表是反映企业一定时期内资金耗费和收回情况的报表，如利润表和现金流量表。

2.按编制的时间不同，可以分为月度财务报表（月报）、季度财务报表（季报）、半年度财务报表（半年报）和年度财务报表（年报）。月报要求简明扼要，及时反映企业资金的变动情况和问题，如每月编制的资产负债表、利润表等；年报要求揭示完整、反映完全，总结企业全年的经济活动，为决策者评价企业本期经营状况和预测以后期间的经营状况提供依据，如所有者权益变动表和现金流量表；季报在会计信息的详细程度方面，介于月报和年报之间。股份有限公司还应编制半年度财务报表，半年报比年报提供的资料略为简单。

【知识广角1-1】

由于半年度、季度和月度财务报表都是在一个会计年度内编制的，所以统称为中期财务报表。在我国，财务报表的会计期间有年、半年、季、月四种。年度财务报表的会计期间是指公历每年的1月1日至12月31日；半年度财务报表的会计期间是指公历每年的1月1日至6月30日，或7月1日至12月31日；季度财务报表的会计期间是指公历每一季度，即公历每年的1月1日至3月31日、4月1日至6月30日、7月1日至9月30日、10月1日至12月31日；月度财务报表的会计期间是指公历每月1日至该月最后一日。

3.按编制单位的不同，可以分为单位财务报表和汇总财务报表。单位财务报表是指企业编制的反映单位本身的财务状况和经营成果的财务报表；汇总财务报表是由单位主管部门或上级机关，根据所属单位报送的财务报表，连同本单位财务报表汇总编制的综合性财务报表。

4. 按编制主体的不同，可以分为个别财务报表和合并财务报表。个别财务报表是指投资企业或接受投资企业编制的，只反映投资企业或接受投资企业本身的财务状况和经营成果的财务报表；合并财务报表是指投资企业在对外投资占被投资企业的资产总额半数以上（或者实质上拥有被投资企业控制权）的情况下，根据投资企业和被投资企业的个别财务报表编制的，反映投资企业与被投资企业整体的财务状况和经营成果的财务报表。

5. 按服务对象的不同，可以分为内部财务报表和外部财务报表。内部财务报表是指适应企业内部管理的需要，供企业内部管理职能部门和决策人使用的财务报表，它不对外公开，不需要统一规定格式，针对性强，如成本表、存货明细表等；外部财务报表是指为满足与企业有经济利益关系的外部使用者的需要，按照国家统一的《企业会计准则》和《企业财务会计报告条例》的规定编制的财务报表，如资产负债表、利润表等。

三、会计要素

会计要素是对会计对象的基本分类，是会计对象的具体化。会计要素也是财务报表形成的基础。会计要素主要包括资产、负债、所有者权益、收入、费用和利润。资产、负债和所有者权益是反映企业财务状况（资金运动相对静态状况）的会计要素，也是形成资产负债表的要素；收入、费用和利润是反映企业经营成果（资金运动显著变动状况）的会计要素，也是形成利润表的要素。

1. 资产

资产是指企业过去的交易或者事项形成的、由企业拥有或者控制的、预期会给企业带来经济效益的资源。

资产按其流动性一般分为流动资产和非流动资产两大类。

资产的基本特征如下：

（1）资产是企业由过去的交易或事项形成的资源，而不是由未来的交易或事项形成的资源。也就是说，资产必须是现实的资产，而不能是预期的资产，是企业在过去一个时期里，已经发生的交易或事项所形成的结果。

（2）资产应当为企业所拥有或控制。由企业拥有或控制，是指企业拥有某项资源的所有权，或者虽然不享有某项资源的所有权，但该资源能被企业所控制。

（3）资产预期会给企业带来经济利益。它是指资产具有直接或者间接导致现金和现金等价物流入企业的潜力。预期不能带来经济利益的，就不能确认为企业的资产。

同时满足以下条件，并符合资产定义的资源，可确认为资产：

第一，与该资源有关的经济利益很可能流入企业；

第二，该资源的成本或者价值能够可靠地计量。

2. 负债

负债是指由过去的交易或者事项形成的、预期会导致经济利益流出企业的现时义务。现时义务是指企业在现时条件下已承担的义务。未来发生的交易或者事项形成的义务，不属于现时义务，不应当确认为负债。

负债按偿还期长短分为流动负债和非流动负债。

负债的基本特征如下：

（1）负债是由过去的交易或事项而形成的。也就是说，导致负债的交易或事项必须已经发生。

（2）负债是企业承担的现时义务。由于具有约束力的合同或法定要求，义务在法律上可能是强制执行的。另外，义务还可能产生于正常的业务活动、习惯以及为了保持良好的业务关系或公平处事的愿望。

（3）现时义务的履行通常关系到企业放弃含有经济利益的资产，以满足对方的要求。

（4）负债通常是在未来某一时日通过交付资产（包括现金和其他资产）或提供劳务来清偿。

同时满足以下条件，并符合负债定义的现时义务，可确认为负债：

第一，与该业务有关的经济利益很可能流出企业；

第二，未来流出的经济利益的金额能够可靠地计量。

3.所有者权益

所有者权益是指企业资产扣除负债后，由所有者享有的剩余权益。对于股份有限公司来说，其所有者权益又称为股东权益。

所有者权益按其来源不同可分为以下三类：

（1）所有者投入的资本，是指所有者投入企业经营活动的各项财产物资。

（2）直接计入所有者权益的利得和损失，是指不应计入当期损益、与所有者投入资本或者利润分配无关，但会引起所有者权益发生增减变动的利得或者损失。

（3）留存收益，是指企业从历年实现的利润中提取或形成的留存于企业的内部积累，包括盈余公积和未分配利润。它是留于以后年度分配的利润或者尚未分配的利润。

4.收入

收入是指企业在日常活动中形成的、会导致所有者权益增加的、与所有者投入资本无关的经济利益的总流入，包括商品销售收入、劳务收入、利息收入、使用费收入、租金收入、股利收入等，但不包括为第三方或客户代收的款项。

收入按其来源的不同，可以分为商品销售收入、提供劳务收入和让渡资产使用权等取得的收入；收入按企业经营业务的主次不同，可以分为主营业务收入和其他业务收入。

收入在企业履行了合同中的履约义务即在客户取得相关商品控制权时确认。

5.费用

费用是指企业在日常经营活动中发生的、会导致所有者权益减少的、与向所有者分配利润无关的经济利益的总流出。费用与收入相配比，即为企业经营活动中取得的盈利。

费用可按不同标准进行分类：

（1）费用按经济内容（或性质）进行分类，可分为劳动对象方面的费用、劳动手段方面的费用和活劳动方面的费用三大类。

（2）费用按照经济用途进行分类，可分为直接材料费用、直接人工费用、其他直接费用、制造费用和期间费用。

（3）费用按照同产量之间的依存关系进行分类，可分为固定费用和变动费用。

费用只有在经济利益很可能流出企业，从而导致企业资产减少或者负债增加，且经济利益的流出额能够可靠计量时才能予以确认。

6.利润

利润是指企业在一定会计期间的经营成果。利润能够反映企业在一定会计期间的经营业绩和获利能力，反映企业的投入产出效率和经济效益，有助于企业投资人和债权人据此进行盈利预测，评价企业经营绩效以及做出正确的决策。利润包括收入减去费用后的净额、直接计入当期利润的利得和损失等。利润的构成有营业利润、利润总额和净利润三个层次。

企业的资产、负债和所有者权益之间存在下列数量关系：

资产=负债+所有者权益

它反映了企业在某一时点的财务状况。

企业的收入、费用和利润之间存在下列数量关系：

收入-费用=利润

它反映了企业在一定时期的经营成果。

四、财务报表的作用与编制要求

（一）财务报表的作用

编制财务报表的目的，在于提供有助于财务报表的使用者进行经济决策的财务信息。企业财务报表的使用者包括现有和潜在的投资人、债权人、企业经营者、政府部门和社会公众等。财务报表的具体作用表现在以下四个方面：

1.有助于投资人和债权人等了解企业的财务状况与经营成果，并进行合理决策

企业现有和潜在的投资人要依据财务报表提供的信息，做出是否投资以及如何投资等决策；债权人要做出是否贷款以及贷款规模等决策；政府部门（包括财政、税务、市场监管以及债券管理机构等）可以根据财务报表提供的信息，了解企业执行国家法规的情况以及是否及时足额纳税等情况。

2.有助于企业加强和改善内部经营管理

企业管理者可以通过财务报表了解企业的财务状况和经营成果，检查企业预算和计划的执行情况，以利于加强和改善企业经营管理，合理利用资源以及做出科学的经营决策。

3.有利于国家经济管理部门制定宏观产业政策，进行宏观调控

国家经济管理部门通过层层汇总的财务报表，可以掌握某一行业、地区、部门乃至全国企业的经济活动情况，进行国民经济的宏观调控，促进社会资源的有效配置。

4.有利于促进资本市场的健康发展

上市公司通过财务报表分析，定期公布有关企业的财务状况、经营成果、投资风险、盈利能力等一系列反映企业经营管理水平方面的分析指标，有助于有价证券买卖双方交流信息、选择机会，促进证券市场的良性运行和健康发展。同时，金融机构为保证发放借款等信贷资金的安全性，也会通过财务报表分析等对企业的信用程度、偿债能力和盈利能力

等做出准确判断，从而有利于加强金融监管、防止金融犯罪，促使企业合理地进行负债经营，保证金融秩序的正常与稳定。

【知识广角1-2】

目前，会计界对财务报表目标的认识有两种观点，即“决策有用观”和“受托经管责任观”。决策有用观的代表是美国注册会计师协会、美国财务会计准则委员会以及美国著名会计学家亨得里克森等，他们强调财务报表应向会计信息使用者提供据以进行经济决策所需的信息。受托经管责任观的代表人物是井尻雄士和理查德·M. 西尔特等，他们认为受托责任的产生在于资源的所有权和经营权的分离，作为资源受托方，必须如实向资源的委托方报告其受托责任的履行过程和结果。

（二）财务报表的编制要求

为了使财务报表能够最大限度地满足各有关方面的需求，实现编制财务报表的基本目的，充分发挥财务报表的作用，企业在编制财务报表时应当做到真实可靠、相关可比、全面完整、编报及时、便于理解五个方面。

1. 真实可靠

企业财务报表必须如实地反映企业的财务状况、经营成果和现金流量等情况，使财务报表各项目的数据建立在真实可靠的基础上。因此，财务报表必须根据核实无误的账簿资料编制，不得以任何方式弄虚作假。财务报表所提供的资料不真实或者可靠性很差，不仅不能发挥财务报表的应有作用，而且还会由于错误的信息，导致财务报表使用者对企业的财务状况、经营成果和现金流量等情况做出错误的评价与判断，致使财务报表使用者做出错误的决策。

2. 相关可比

企业财务报表所提供的财务信息必须与报表使用者进行决策所需要的信息相关，并且便于财务报表使用者在不同企业之间及同一企业前后各期之间进行比较。只有提供相关且可比的信息，才能使财务报表使用者明确企业在整个社会特别是同行业中的地位，了解、判断企业过去和现在的经营状况，预测企业未来的发展趋势，进而为报表使用者的决策服务。

3. 全面完整

企业财务报表应当全面地披露企业的财务状况、经营成果和现金流量等情况，完整地反映企业财务活动的过程和结果，以满足各有关方面对财务信息资料的需要。为了保证财务报表的全面完整，企业在编制财务报表时，应当按照有关准则、制度规定的格式和内容填写，特别是对于企业某些重要的事项，应当按照要求在财务报表附注中说明，不得漏编漏报。

4. 编报及时

企业财务报表所提供的资料，具有很强的时效性。只有及时编制和报送财务报表，才能为财务报表使用者提供决策所需的信息资料。否则，即使财务报表的编制非常真实可靠、全面完整且具有相关可比性，但由于编报不及时，也可能失去其原有的价值。随着市场经济和信息技术的迅速发展，财务报表的及时性要求变得日益重要。

5.便于理解

便于理解是指财务报表提供的信息可以为使用者所理解。企业对外提供的财务报表是为广大财务报表使用者提供企业过去、现在和未来的有关资料，为企业目前或潜在的投资人和债权人提供决策所需的财务信息。因此，编制的财务报表应当清晰明了。如果提供的财务报表不可理解，使用者就不能据以做出准确的判断，所提供的财务报表也会毫无用处。当然，财务报表的这一要求是建立在财务报表使用者具有一定的财务报表阅读能力的基础上的。

五、财务报表分析的主体与目的

财务报表分析起源于19世纪末至20世纪初，最早由银行家所倡导。作为银行家，在决定是否向企业发放贷款时，最关心的是申请贷款的企业能否按时还本付息。为确保自身权益，尽量避免放贷风险，银行家逐渐感到，单凭企业经营者的个人信用、对企业经营状况的主观判断和经验估测作为放贷依据是不可靠的。于是，在决定放贷之前，银行要求企业提供财务报表，依据财务报表对企业进行信用调查和分析，借以判断企业的偿债能力，财务报表分析也就由此而产生。

由于银行在财务报表分析中发挥了特有的洞察力，对贷款企业的发展前途以及其在本行业的地位与经营状况做出了较准确的判断，因此，这种分析结果不但为银行本身所利用，也引起了企业其他投资者的兴趣，他们往往以银行对企业的评价作为自己行为决策的参考。此外，企业之间进行交易往来时，也很自然地借用银行的分析结论作为对对方企业实施经营方针的重要参考。银行对企业进行财务报表分析的重要作用越来越被人们所认识，各家银行纷纷开办专门的经营咨询机构，通过提供财务报表分析资料和其他调查资料为企业及其他有关单位或个人的经营决策提供咨询服务和业务方面的指导。

随着社会生产实践活动内容的日益丰富和经验的不断积累，财务报表分析从金融机构用以观察借款企业偿还能力的手段，发展到投资单位或个人作为在投资时确认对其是否有利的手段。比如，当年德国从普法战争中得到了大量的产业资源和战争赔款，为了追求投资效果，曾利用银行对不同行业和企业的财务报表资料进行了充分的分析与论证，最终做出正确的投资决策。于是，财务报表分析由信用分析阶段进入到投资分析阶段。伴随着市场经济的飞速发展，各行各业在激烈的市场竞争中面临着更多的经营风险和财务风险的挑战，财务报表分析在企业加强管理、政府增强决策的科学性等诸多方面发挥着日益重要的作用。

财务报表分析的目的就是通过财务报表提供的会计信息，揭示数字背后的经济信息，了解企业的生产经营状况和未来的发展趋势，为信息使用者进行经济决策提供依据。

当然，不同的财务报表分析主体进行财务报表分析的目的是不同的。

1.投资人分析财务报表的目的

投资人包括企业所有者和潜在的投资者。他们进行财务报表分析的最根本目的是了解企业的盈利能力状况，因为盈利能力是投资人资本保值和增值的关键。但是投资人仅关心盈利能力还是不够的。为了确保资本保值增值，他们还要研究企业的权益结构、支付能力及营运状况。只有投资人认为企业有着良好的发展前景，企业的所有者才会保持或增加投资，潜在投资者才会把资金投入该企业。否则，企业的股东将会尽可能抛售股票，潜在投资者将会转向其他企业投资。另外，对企业所有者而言，财务报表也可用来评价企业经营者的经营业绩，发现经营过程中存在的问题，从而通过行使股东权利，为企业未来发展指明方向。

2.债权人分析财务报表的目的

债权人包括向企业发放贷款的银行及金融机构，以及购买企业债券的单位与个人等。债权人进行财务报表分析的目的与经营者和投资者都不同。他们一方面从各自经营或收益目的出发，愿意将资金贷给某企业；另一方面又要非常小心地观察和分析该企业有无违约或破产清算的可能性。一般情况下，银行、金融机构及其他债权人不仅要求本金及时收回，而且要得到相应的报酬或收益，而收益的大小又与其承担的风险程度相适应。通常偿还期越长，风险越大。因此，从债权人角度进行财务报表分析的主要目的，一是看其对企业的借款或其他债权是否能及时、足额收回，即研究企业偿债能力的大小；二是看债权人的收益状况与风险程度是否相适应。为此，还应将偿债能力与盈利能力结合起来进行分析。

3.经营者分析财务报表的目的

经营者主要是指企业的经理以及各分厂、部门、车间的管理人员。他们进行财务报表分析的目的是综合性和多方面的。从对所有者负责的角度，他们首先也关心盈利能力，但这只是他们的总体目标。在对财务报表的分析中，他们不仅关心盈利的结果，还关心盈利的原因及过程，所以要进行资产结构分析、营运状况与效率分析、经营风险与财务风险分析、支付能力与偿债能力分析等。其目的是及时发现生产经营中存在的问题与不足，并采取有效措施解决这些问题，不仅使企业能用现有资源实现更多盈利，而且能使企业盈利能力保持持续增长。

4.政府有关部门分析财务报表的目的

政府有关部门是指市场监督、财政、税务以及审计等部门。它们主要关注国家资源配置和运用情况，其进行财务报表分析的目的，一是监督检查党和国家的各项经济政策、法规、制度在企业的执行情况；二是保证企业财务报表以及相关信息的真实性、准确性，为宏观决策提供可靠依据。

5.业务关联单位分析财务报表的目的

业务关联单位是指材料供应者、产品购买者等。这些单位出于保护自身利益的需要，也非常关心往来企业的财务状况，并进行财务报表分析。他们在分析时主要关注的是企业的信用状况，包括商业上的信用和财务上的信用。商业信用是指按时、按质完成各种交易的行为；财务信用则是指及时清算各种款项的信誉。对企业信用状况进行分析，既可以通过对企业支付能力和偿债能力的评估来进行，又可以通过对企业利润表中反映的企业交易完成情况进行分析判断来说明。

6.企业内部职工分析财务报表的目的

企业内部职工最关注的是企业为其提供的就业机会及其稳定性、劳动报酬高低和职工福利好坏等方面的信息。而这些情况又与企业的债务结构及其盈利能力密切相关。因此，依据企业财务报表，除了需要分析以上信息外，还需关注和评价有关职工福利等方面的情况。

任务训练 1-1

编制会计循环图，说明其与财务报表的关系。

任务训练 1-2

编制财务报表的分类图，解读不同分类下财务报表发挥的不同作用。

任务训练 1-3

以表格方式归纳、分析不同分析主体分析财务报表时的关注点。

任务二

掌握财务报表分析的基本方法

财务报表分析的方法是指分析工作中用来测算数据、权衡效益、揭示差异、查明原因的具体方法，它是为达到分析目的所采用的手段和措施。财务报表分析的基本方法主要有以下四种。

微课 1-2

财务报表分析和财务报表分析方法

子任务 1　掌握比较分析法的应用

比较分析法是通过指标对比，从数量上确定差异，并进一步分析差异产生原因的分析方法，它是财务报表分析中最基本的方法。具体公式如下：

微课 1-3

财务报表分析的基本方法之一——比较分析法

实际指标-标准指标=差异

差异又分为有利差异和不利差异两种。正指标大于零或反指标小于零的差异为有利差异；反指标大于零或正指标小于零的差异为不利差异。

【知识广角 1-3】

使企业收益越大越有利的指标为正指标，如营业收入（或利润）、利润率等；使企业支出越小越有利的指标为反指标，如营业外支出等。

比较分析法中常用的比较标准有：

1. 公认标准

公认标准是指各类企业在不同时期都普遍适用的指标评价标准。如流动比率的公认标准是2∶1，速动比率的公认标准为1∶1等。通过与公认标准指标进行比较，可以了解企业的实际指标与社会公认标准指标之间的差距，并进一步查明产生差异的原因。

2.目标标准

目标标准是指企业通过努力应该达到或实现的理想标准，如企业制订的计划或定额。通过与目标标准指标进行比较，可以了解指标的完成情况，揭示产生差异的原因，提出有针对性的改进措施，以强化企业管理。

3.行业标准

行业标准是指某项指标的同行业平均水平或同行业先进水平，如60寸LED液晶（3D、曲面黑水晶屏）电视机的利润率的行业平均水平为15%，行业先进水平为18%。通过与行业标准指标进行比较，可以揭示本企业与先进企业之间的差距，了解本企业在同行业竞争中所处的地位。

4.历史标准

历史标准是指某项指标的历史同期数或历史最高水平，即企业过去曾经达到的标准。通过与历史标准进行比较，可以揭示企业生产经营的变化趋势、目前存在的差距以及今后的努力方向。

【知识广角1-4】

运用行业标准通常有三个限制条件：

第一，同行业内的两个企业并不一定是可比的。例如，同是石油行业的两个企业，一个企业从市场购买原油生产石油产品，另一个企业则是融开采、生产、提炼及销售石油产品为一体，这两个企业的经营情况就是不可比的。

第二，一些大的企业往往跨行业经营，企业的不同经营业务可能有着不同的盈利水平和风险程度，这时用行业统一标准进行评价显然是不合适的。解决这一问题的方法是将企业经营的不同业务的资产、收入、费用、利润等分项报告。

第三，应用行业标准还受不同企业采用的不同会计政策、会计估计方法的限制，同行业企业如果采用不同的会计政策、会计估计方法，也会影响评价的准确性。例如，存货发出的计价方法不同，不仅可能影响存货的价值，而且可能影响成本的水平。因此，在采用行业标准时，要注意这些限制。

任务训练1-4

通过查找有关资料，对华隆公司A产品的销售收入进行比较分析，见表1-1。

表1-1 **A产品销售收入比较分析表** 单位：元

项目	本公司销售收入			先进企业销售收入	增加或减少		
	上年数	本年计划数	本年实际数		本年实际数与上年数相比	本年实际数与本年计划数相比	本年实际数与先进企业相比
A产品销售收入	405 000	420 000	450 000	500 000	45 000	30 000	−50 000

注：假定先进企业与本企业同等规模。

从表1-1中可以看出，华隆公司A产品本年的销售收入虽然较上年增加了45 000元，较计划增加了30 000元，但仍低于同行业先进企业50 000元。说明该产品在销售方面虽然取得了一定成绩，但与先进企业相比还有较大差距，应进一步分析其中的原因，以提出有效的改进措施。

【小提示1-1】

运用比较分析法，应注意比较指标在内容、时间、计价标准上的可比性。只有口径一致，才能使比较的结论客观、可信。

子任务2　掌握比率分析法的应用

微课1-4

财务报表分析的基本方法之二——比率分析法

比率分析法是一种特殊形式的比较分析法，它是通过计算两项相关数值的比率，来揭示企业财务活动的内在联系，分析经济现象产生原因的分析方法。由于它使用相对数指标进行比较分析，不受规模限制，因此在实际工作中得到了广泛的应用。

比率分析法常用的形式有：

1. 相关比率分析

相关比率分析是将两个性质不同但又相关的指标加以对比，算出比率，用以分析经济现象的分析形式。该形式能揭示企业活动的内在相互关系，所以在财务报表分析中应用广泛，多用于对财务指标的分析，如流动比率、资产负债率、总资产报酬率等指标均属此类。

2. 构成比率分析

构成比率分析是计算某一指标各组成部分的数额占总体数额（各项目之和）的比重（比率），通过评价该指标内部结构的变动，来分析经济现象的分析形式。该形式能揭示部分与整体的内在相互关系，所以多用于编制垂直比较分析报表和进行成本费用构成分析。

任务训练1-5

A、B两个公司均属同一行业，A公司本年度营业收入为4 000万元，利润额为360万元；B公司本年度营业收入为1 000万元，利润额为110万元。你将如何评价A、B两个公司当年的经营成果？

提示：A、B两个公司规模不同，收入与利润产生巨大差异实属正常，所以运用绝对数指标进行比较分析不足以说明问题。如果先计算营业利润率指标，结果就会不言而喻。

$$营业利润率（A公司）=\frac{360}{4\ 000}\times100\%=9\%$$

营业利润率（B公司）$=\frac{110}{1000}\times100\%=11\%$

结论：B公司平均每百元营业收入创造的利润比A公司多2元，自然是B公司经营得好。

【小提示1-2】

运用比率分析法，应注意对比指标的相关性，如果将不具有相关关系的指标进行对比，则对分析财务报表毫无意义。

微课1-5

财务报表分析的基本方法之三——因素分析法

子任务3　掌握因素分析法的应用

因素分析法是把综合指标分解为各个组成要素，确定各要素对综合指标的影响程度和影响方向的分析方法。因素分析法最常见的应用形式是连环替代法。

任务训练1-6

华隆公司B产品本年度的原材料消耗情况见表1-2。

表1-2　**B产品原材料费用资料**

项　目	产品产量（件）	单位产品消耗量（千克）	原材料单价（元/千克）	原材料费用总额（元）
定额数	1 500	32	18	864 000
实际数	1 600	30	21	1 008 000
差异数	+100	−2	+3	+144 000

采用连环替代法进行计算分析的结果见表1-3。

表1-3　**B产品原材料费用差异分析表**

替换次数	因　素			各因素乘积		每次替换的差异		产生差异的因素
	产品产量（件）	单位产品消耗量（千克）	原材料单价（元/千克）	金额（元）	编号	算式	金额（元）	
基数	1 500	32	18	864 000	（1）			
第一次	1 600	32	18	921 600	（2）	（2）-（1）	+57 600	产品产量
第二次	1 600	30	18	864 000	（3）	（3）-（2）	−57 600	单位消耗量
第三次	1 600	30	21	1 008 000	（4）	（4）-（3）	+144 000	原材料单价
各因素影响程度合计							+144 000	综合影响

上述分析表明，原材料单价上涨是原材料费用超支的主要原因，应进一步分析原因，控制原材料采购成本。

【知识广角1–5】

运用连环替代法，应注意替代计算的顺序性、对比计算的连环性、计算结果的假定性。替换顺序的排列规则是：先数量指标，后质量指标；先实物量指标，后价值量指标；先主要因素，后次要因素；先分子，后分母。

连环替代法的简化形式是差额计算法。

任务训练1–7

表1-3中的计算分析过程可简化为如下形式：

产量变动的影响=（1 600−1 500）×32×18=+57 600（元）

单位产品消耗量变动的影响=1 600×（30−32）×18=−57 600（元）

原材料单价变动的影响=1 600×30×（21−18）=+144 000（元）

各因素综合影响为+144 000元。

【小提示1–3】

运用差额计算法，当确定某一因素变动影响时，括号中用该因素的实际指标减标准指标求差异，括号前的因素为实际指标，括号后的因素为标准指标。

子任务4　掌握趋势分析法的应用

微课1–6

财务报表分析的基本方法之四——趋势分析法

趋势分析法是计算连续若干期的相同指标，揭示和预测财务状况或经营成果发展趋势的分析方法，也称为动态比率分析法。

连续若干期的相同指标可以用绝对数，如连续5年的净利润；也可以用相对数，如连续5年的资本收益率等。

趋势分析法包括定基动态比率分析与环比动态比率分析两种形式。

1.定基动态比率分析

定基动态比率分析又称为定基比率分析，它是将某指标在某一时期的数额固定为基期数额而计算出一系列的动态比率（主要包括定基发展速度指标和定基增长速度指标），借以分析该指标同比变动趋势的分析方法。其计算公式为：

$$定基发展速度=\frac{分析期数额}{固定基期数额}\times 100\%$$

$$定基增长速度=定基发展速度-100\%$$

2.环比动态比率分析

环比动态比率分析又称为环比比率分析，它是将某指标在每一分析期的前期数额固定为基期数额而计算出一系列的动态比率（主要包括环比发展速度指标和环比增长速度指标），借以分析该指标环比变动趋势的分析方法。其计算公式为：

$$环比发展速度=\frac{分析期数额}{前期数额}\times 100\%$$

$$环比增长速度=环比发展速度-100\%$$

【知识广角1-6】

在财务报表分析中，经常对总资产、营业利润及净利润等指标进行动态计算与分析，借以揭示企业规模的发展趋势及长期获利能力。

任务训练1-8

华隆公司2015年至2019年连续5年的营业收入分别为20 000万元、21 000万元、25 200万元、27 720万元和29 940万元，营业利润分别为1 000万元、1 200万元、1 440万元、1 512万元和1 560万元。

请评价华隆公司近年来经营成果的发展趋势。

根据上述资料，计算填列动态比率分析表（见表1-4）。

表1-4　**动态比率分析表**　金额单位：万元

项目		2015年	2016年	2017年	2018年	2019年
绝对金额	营业收入	20 000	21 000	25 200	27 720	29 940
	营业利润	1 000	1 200	1 440	1 512	1 560
定基发展速度（%）	营业收入	100	105	126	139	150
	营业利润	100	120	144	151	156
定基增长速度（%）	营业收入	—	5	26	39	50
	营业利润	—	20	44	51	56
环比发展速度（%）	营业收入	—	105	120	110	108
	营业利润	—	120	120	105	103
环比增长速度（%）	营业收入	—	5	20	10	8
	营业利润	—	20	20	5	3

从表1-4的计算结果可知：华隆公司自2015年至2019年的连续5年中，营业收入和营业利润始终保持不断增长的趋势。从增长速度看，2017年达到了高峰，随后速度开始下降，总的经营状况较好。但自2018年开始不仅速度放慢，而且营业利润的增长速度大大低于营业收入的增长速度，需要进一步在成本费用方面查明原因，及时采取有效措施，力争在2020年扭转这一局面。

项目小结

财务报表是会计核算的最终产品，它是依据日常核算资料编制，用以全面反映企业在一定时期内的财务状况、经营成果、现金流量以及所有者权益变动情况的报告文件。财务报表主要包括资产负债表、利润表、现金流量表、所有者权益变动表及附注。企业在编制财务报表时应当作到真实可靠、相关可比、全面完整、编报及时、便于理解。

财务报表分析的目的受财务报表分析主体和服务对象的制约，不同的财务报表分析主体进行财务报表分析的目的是不同的。财务报表分析主体包括投资人、债权人、经营者、政府有关部门、业务关联单位以及企业内部职工等。财务报表分析常用的方法有比较分析法、比率分析法、因素分析法和趋势分析法。

项目训练

一、知识掌握与应用

● 主要概念

财务报表　会计要素　财务报表分析

● 阅读理解

1.财务报表分析的作用有哪些?

2.不同投资主体进行财务报表分析的目的是什么?

● 知识应用

1.比较分析法和比率分析法有何异同?

2.对财务报表编制最基本的要求是什么?为什么?

二、技能测试与考核

● 技能题

资料：某企业202×年甲产品实际销售收入与计划销售收入的比较数据见表1-5。

表1-5　**甲产品比较数据表**

项　目	实际数	计划数	差异
产品销售收入（万元）	58	66	-8
销售数量（万台）	20	22	-2
销售单价（万元）	2.90	3.00	-0.1

要求：采用差额计算法计算影响销售收入的各因素的影响程度。

● 能力题

【案例分析】商业银行信贷员小周拿到光明公司202×年12月31日的资产负债表，以此计算得出理论上认为较好的有关财务比率（流动比率为2.4，速动比率为1.2）。于是，小周认为该企业财务状况不错，可以放心追加贷款。但信贷主任老苏说："且慢，这些以时点数计算出来的比率有一定问题。"你觉得是什么问题？

● **实训题**

1.资料：江南公司2022年简化的比较利润表见表1-6。

表1-6 **比较利润表（简化格式）**

项目	金额（元）		指标（%）	
	2021年	2022年	2021年	2022年
营业收入	400 000	450 000		
营业成本	280 000	292 500		
营业利润	120 000	157 500		
费用（含所得税）	100 000	126 000		
净利润	20 000	31 500		

要求：填表并对江南公司2022年净利润的构成情况做出简要分析。

2.资料：江南公司丙产品的材料消耗资料见表1-7。

表1-7 **丙产品材料消耗资料表**

项目	单位	计划数	实际数
产品产量	件	200	210
单位产品消耗	千克	20	19
材料单价	元	5	7
材料消耗总额	元	20 000	27 930

要求：运用连环替代法计算分析各因素变动对材料消耗总额的影响。

三、德技并修与提升

● **课程阅读**

信息就是力量

信息论创始人香农说："信息是用来消除随机不定性的东西"。人类通过获得、识别自然界和社会的不同信息来区别不同事物，得以认识和改造世界。知识就是力量。而今在信息时代，我们可以说，信息就是力量，信息、传播信息的技术与基础设施、掌握和运用信息技术的能力，构成了全新的力量之源。

"删繁就简三秋树，领异标新二月花。"新技术、新业态迅速崛起对传统的会计组织方式、会计职能手段等产生了重大而深远的影响，传统的财务会计职能已无法应对管理层对财务信息的多元化需求，需要通过财务人员向管理转型，梳理、过滤、捕捉有价值的信息，并将其转化为生产力。《会计改革与发展"十四五"规划纲要》明确提出：完善业财融合的信息系统架构，拓宽会计信息化服务领域，进一步提升面向管理会计的信息系统建设水平，推进财务信息系统与业务信息系统的深度融合。随着数字化时代的到来，不断涌现的新兴技术也为企业的会计信息化建设提供了新的契机和前景，新技术与管理创新融合为财务人员的职能转变注入了新的活力，赋予了新的内涵。

“盖将自其变者而观之，则天地曾不能以一瞬。”信息技术作为原生推动力驱动着企业经营变革，赋予了财务更多的能力与能量。包括财务云、电子发票、会计大数据、电子会计档案和机器人流程自动化（RPA）在内的信息技术逐步改变了会计数据从采集输入、加工处理、存储到输出传送的整个过程，引发财务人员的工作方式、工作内容、业务载体、专业职能等发生了深刻的变化。企业财务人员唯有主动拥抱信息技术变革，才能以科技创新和流程重塑催生新的发展动能。

“备预不虞，古之善教；安不忘危，圣人常戒。”财务风险一直是微观企业和宏观治理必须面对的重大挑战。财务信息是法人高质量信息的基石，稳定大局、统筹协调、分类施策、精准拆弹，防范化解重大风险，离不开可靠的会计信息。为了推动财税政策的贯彻落实和会计信息质量的全面提升，需要财务人员切实履行监督职责。让新时代财会监督更有力量，需要找准新定位，追求新境界，展现新作为，筑牢财会监督防线，固本培元，构筑新格局。

“纷繁世事多元应，击鼓催征稳驭舟。”面对信息化变革带来的新机遇和新挑战，必须敏锐抓住信息化发展的历史机遇，通过自主创新推进网络强国建设。对于广大财务工作者而言，不仅要守护价值，更要创造价值、发掘信息的更大潜能。让我们激荡思想、开拓思路，与时代共进步，与企业共成长，不断开创信息时代更新、更美的未来！

资料来源　佚名.导读［J］.财务与会计，2022（9）.

● 课程拓展

大数据时代财务分析的新变化

财务分析伴随着社会经济的发展和技术的不断进步已经形成了特有的管理机制，它是一项具有高时效性的工作。财务报表则是财务分析的基础。管理者可以通过财务分析了解和掌握企业的运营状况，制定行之有效的管理制度和政策，进行科学决策，提升综合管理水平，推动企业的可持续发展。而大数据时代的到来，将给企业的财务分析活动带来一系列的重大变化。

一、财务分析的目标更加突出战略导向

在大数据时代，大数据信息化管理已经成为推动提升企业价值战略的重要杠杆，财务系统及资产管理部门需积极提升企业绩效管理能力与风险管理水平，推动企业关键信息的整合，实现更高的利润增长和投资回报，推动会计工作由“核算型”向“价值提升型”的转变。而实现这一转变，企业需要从以下三个方面做出努力。

（1）在客户与业务方面，需要对客户的资金流程进行再造，实现产品、客户资源的最优化配置，使财务的参谋支撑作用得到最大化发挥。

（2）在战略方面，需要对财务管理进行创新，以价值提升为理念，在企业运营过程中全面运用价值管理，积极为企业整体战略出谋划策，充分运用产业价值链、商业模式等管理知识进行分析。

（3）在运营方面，需要集中管理财务，增强集团的管理力度，减少管理层级，同时财务共享中心要正确认识灵活运营与财务管控二者之间的关系。

在“价值提升型”财务体系中，财务人员的工作将聚集于价值管理和创造，其角色也将转变为企业中有资格的业务向导、主动的变革领导者和可咨询相关业务的合作伙伴。但是，由于计量的局限性，目前的财务报表体系并不能以结构化的价值数据反映一些对企业价值创造至关重要的经济资源，如对企业人力资源的反映，尤其是关键性人力资源的反映。在大数据时代，由于对价值评估模式的创新，原来不能量化的资源变得易于获取，这无疑扩大了财务报表的报告范畴，提高了相关性。

二、财务分析变革的方向更加聚焦体系创新

随着大数据时代的来临，企业的财务分析活动也出现了一系列变化。在大数据背景下，对企业的财务管理模式进行创新，应着重考虑现有体制的协调。而财务数据分析作为企业财务分析的重要组成部分之一，其分析结果的准确度直接影响着财务管理水平。

在大数据时代，财务分析应基于大数据分析。在现有的财务管理体制上进行创新的同时，也要认识到财务管理系统信息化建设的协调性、持续性，保持原有体制的扩展性。信息化系统的建设是一个长期而渐进的过程，不能求快，而对现有的系统进行颠覆性的创新，应着眼全局，在整体目标的控制下，不断推进，持续优化。企业可以借助财务云与其系统的协调统一，创建符合企业实际的财务管理中心，对海量的财务数据进行处理、分析，形成财务分析报告，指导企业的经营、决策，最终在不断提升企业信息化水平的同时，打造企业的核心竞争力，助力企业不断发展。

三、财务报告更加趋向实时化

目前，会计人员只有在企业生产经营业务结束后才编制财务报告，而且编制过程漫长，严重影响了会计信息的及时性和利用效率，而大数据技术使实时财务报告成为可能。

实时财务报告是信息技术与大数据技术进行交叉融合的产物，是信息化条件下会计技术和方法发展的必然结果，尤其对业务数据和风险控制“实时性”要求较高的特定行业，如银行、证券、保险等行业，在这些行业中实施实时财务报告迫在眉睫。

在大数据时代，构建企业实时财务报告系统的步骤主要包括：一是将企业内部局域网中的会计信息系统与管理信息系统的数据整合，建立企业的中心数据库，并将企业生产经营活动的数据在企业中心数据库中及时添加和更新；二是建立企业实时财务报告系统网站，并将企业中心数据库与外部互联网连通，及时采集与企业生产经营活动相关的外部数据，实现数据共享和同步更新，并进行相互印证，分析发生差异的原因；三是由企业的会计人员和信息技术人员对数据库中的信息进行技术处理，然后上传至企业实时财务报告系统网站，供财务报告使用者及时阅读、分析和利用，为财务报告使用者提供实时的财务会计信息。

四、财务分析要求更加具有科学性

财务数据是企业最基本的数据之一，其积累量大，分析结果直接影响企业财务管理的最终质量。因此，企业在进行决策分析时，必须坚持客观、公正原则。运用大数据技术，财务分析将不囿于财务统计报表，而是延伸到外部财务环境和企业生产经营的整个资金流通过程，真正实现财务管理全程解析。对做出决策更具有指导意义，其科学性、可信度都将得到提高，为企业的投资和经营活动提供更加科学、合理的依据，使得企业经营中的各方都能对企业有更加全面的了解，推动企业的科学决策。

要应对大数据时代财务分析的新变化，财务人员首先要变革思维模式，创新工作方法，提高专业站位，树立大财务理念。要学会：立足行业发展做分析；面向服务社会需求做分析；助力企业提质增效做分析；依托现代信息手段做分析。在学习并熟练运用大数据、云处理等现代信息技术的同时，还要致力于对企业商业模式进行专业量化，改变财务报表附注中文字描述的呈现方式，为使用者提供更丰富、更及时、更精准、更系统的数据化信息服务，实现大数据时代财务分析的管理赋能。

资料来源 张奇. 大数据财务管理［M］. 北京：人民邮电出版社，2016.有删改.

项目二 2

资产负债表分析

学习目标

知识目标：

1. 了解资产负债表各要素之间的数量关系；
2. 熟悉资产负债表主要项目的分析思路；
3. 明确资产负债表中项目信息与其他主要报表项目信息的对应关系。

技能目标：

1. 能独立编制比较资产负债表；
2. 能熟练运用相关的分析方法进行资产负债表项目分析及综合分析；
3. 能准确计算相关的财务比率指标，并根据与其他主要报表间的依存关系做出全面、客观的评价。

素质目标：

1. 建立起会计作为国际通用商业语言的基本理念；
2. 培养以问题为导向分析问题和解决问题的专业思维；
3. 培养学生对专业岗位责任的敬畏意识和遵纪守法、求真务实、知行合一的职业精神；
4. 培养学生对职业教育的认同感、积极传承红色会计文化的责任意识，以及技能报国的家国情怀。

项目导读

履行好岗位职责　管理好企业家底

一名合格的财务人员，首先是一名诚信、敬业、守则、自律的企业员工；其次要用专业的视角、专业的方法为企业当家理财。随着我国会计准则与国际惯例的趋同，“资产负债表观”深入人心，资产负债表作为企业的家底账或是“财产清单”，越来越受到各方信息使用者的青睐，尤其是对表中重要的资产项目的关注度日益提高。货币资金、应收账款、存货、固定资产、长期股权投资等，通常都是人们全面评价企业财务状况和进行经营风险评估的主要资产项目，而应收账款往往又是人们关注的重中之重。因三角债或资金不能及时回笼而造成财务危机甚至破产的企业比比皆是。应收账款作为企业重要的流动资产，其数额的多少、回款速度的快慢、债务方的资金实力与诚信程度等，都会对本企业资产的安全性、价值的真实性和资产信息的诚信性产生重要影响。分析如下案例，你会想到什么？

东北某大型国有钢铁公司，先后5次销售给深圳某贸易公司价值2亿元的钢材。因该贸易公司老板与这家钢铁公司曾有过贸易往来，而且其长相忠厚，做事看似踏实、稳健，少言寡语，所以钢铁公司对该贸易公司比较信任。双方合同约定，每次交易均由该贸易公司先支付20%的预付款，款到后钢铁公司发货，到货后，该贸易公司通过某银行开具5%的履约保函，证明其有足够的资金可以保证付款，钢铁公司就会全额退还20%的预付款。

没有想到，该贸易公司在把所有钢材售出后，并没有将收回的款项及时支付给钢铁公司，而是用于填补其他急需资金的业务领域。

钢铁公司屡次催款未果，意识到事情的严重性，遂与开具保函的银行联系，洽谈如何降低损失，而钢铁公司高管将承担严重的失职责任。此时，如果把贸易公司告上法庭，那么2亿元的债权也很难追回。由于银行在其中起到了担保的作用，因此银行也积极出面进行协调。

双方最后达成如下协议：当时天然气的配额十分紧缺，该贸易公司与国内的某石油公司有业务往来。因此，该贸易公司拿到了9 600万立方米的天然气配额，又注册了一家公司，专门为该钢铁公司供气，并用天然气贸易形成的利润，偿还了前欠的2亿元债务。

至此，此事落下帷幕。如果此事没有顺利解决，那么该钢铁公司包括总会计师在内的相关高管人员将受到处罚。如果你是该钢铁公司经办此事的财务人员，你能逃脱责任吗?

请思考：

1.财务人员岗位职责的核心是什么？

2. 如果在你的工作中发生类似情况，你首先要怎么做？应该从专业的角度做些什么？

3. 这个案例对于你未来作为财务人员更好地履行社会责任有哪些启示？

任务一

初识资产负债表分析

微课 2-1

初识资产负债表分析

一、资产负债表的性质与作用

资产负债表是反映企业在某一特定日期财务状况的财务报表。它是根据“资产=负债+所有者权益”的会计等式，按照一定的分类标准和一定顺序，将企业一定时日的资产、负债和所有者权益项目予以适当排列，按照一定要求编制而成的。

资产负债表内各项目是按照流动性排列的。资产负债表立足于企业产权角度，反映了企业特定时日的财务状况。一方面，揭示了企业在特定时日所持有的不同形态资产的价值存量；另一方面，反映了企业在特定时日对不同债权人承担的偿债责任和投资人净资产的价值归属。

对于报表使用者来说，资产负债表通常能发挥出以下四个方面的作用：

1. 揭示企业的资产总额及其分布

通过资产负债表的资产项目，可以了解企业拥有的经济资源总额及其分布，可以计算出企业流动资产、长期股权投资、固定资产及无形资产等各项资产在总资产中的比重，分析资产的构成是否合理，从而评价企业的财务状况。

2. 揭示企业的权益总额及其结构

通过资产负债表的权益项目，可以了解企业资产的来源渠道、债权人权益与投资者权益的比率关系以及企业流动负债和非流动负债在债务总额中所占的比重，分析企业财务风险程度以及未来的发展潜力。

3. 了解企业的长短期偿债能力和现金支付能力

短期偿债能力主要靠流动资产的流动性来衡量。资产负债表中流动资产与流动负债的相关信息能够反映资产的流动性，这些信息有助于评价企业的短期偿债能力和现金支付能力。同时，长期投资与长期负债的相关信息能够反映企业的长期偿债能力。

4. 预测企业的财务状况发展趋势

通过资产负债表年末数和年初数的对比分析，可以了解企业财务状况的变动趋势；通过编制比较资产负债表，还可以对这种趋势产生的原因做出更深入的分析与评价。

【知识广角 2-1】

比较资产负债表就是将两个或多个不同时期的资产负债表的项目数据放在一张资产负

债表里，通过编制水平分析表（即横向比较分析）或垂直分析表（即纵向比较分析）进行比较，从而对企业财务状况的发展趋势做出客观评价。

二、资产负债表的格式与内容

资产负债表各类项目在表中的排列结构不同，就形成了不同的资产负债表格式。我国企业的资产负债表采用账户式格式，又称为平衡式资产负债表。账户式资产负债表的平衡关系体现在左方的资产总计等于右方的负债和所有者权益总计，其格式见表2-1。

表2-1　　资产负债表（账户式）　　会企01表

编制单位：欣达公司　　2019年12月31日　　单位：万元

资　产	行次	期末余额	上年年末余额	负债和所有者权益（或股东权益）	行次	期末余额	上年年末余额
流动资产：				流动负债：			
货币资金		280	324	短期借款		200	360
交易性金融资产				交易性金融负债			
应收票据				衍生金融负债			
应收账款				应付票据			
应收款项融资		160	108	应付账款		120	144
预付款项				预收款项			
其他应收款		40	108	应付职工薪酬		40	36
存货		800	540	应交税费		80	108
一年内到期的非流动资产		120	36	其他应付款		240	72
其他流动资产				持有待售负债			
流动资产合计		1 400	1 116	一年内到期的非流动负债			
非流动资产：				其他流动负债			
债权投资			360	流动负债合计		680	720
其他债权投资				非流动负债：			
长期应收款				长期借款		280	180
长期股权投资		400	252	应付债券			
其他权益工具投资				其中：优先股			
其他非流动金融资产				永续债			
投资性房地产				租赁负债			
固定资产		1 800	1 440	长期应付款		280	360

续表

资　产	行次	期末余额	上年年末余额	负债和所有者权益（或股东权益）	行次	期末余额	上年年末余额
在建工程		280	360	预计负债			
生产性生物资产				递延收益			
油气资产				递延所得税负债			
无形资产		120	72	其他非流动负债			
开发支出				非流动负债合计		560	540
商誉				负债合计		1 240	1 260
长期待摊费用				所有者权益（或股东权益）：			
递延所得税资产				实收资本（或股本）		2 000	1 800
其他非流动资产				其他权益工具			
非流动资产合计		2 600	2 484	其中：优先股			
				永续债			
				资本公积		80	108
				减：库存股			
				其他综合收益			
				专项储备			
				盈余公积		320	216
				未分配利润		360	216
				所有者权益（或股东权益）合计		2 760	2 340
资产总计		4 000	3 600	负债和所有者权益（或股东权益）总计		4 000	3 600

账户式资产负债表的优点是能使资产和权益的恒等关系一目了然，尤其是易于比较流动资产和流动负债的对应关系，但要编制比较资产负债表则颇为不便。此外，由于左资产、右负债和权益的格式占据了很多横行的空间，一些项目很难附加括弧注释。

资产负债表的内容包括表首、正表和补充资料三个部分。

资产负债表的表首部分是报表的标志，应具有报表名称、编制单位、编制日期、计量单位及报表编号五个要素。资产负债表是静态报表，编制日期应填列报告期末最后一天的日期。

资产负债表的正表部分是报表的主体，应按“期末余额”“上年年末余额”分项目列示金额。资产类、负债类和所有者权益类各项目按流动性的高低顺序排列。资产负债表的左右两方存在着对应关系：左方反映企业在某个特定日期持有的不同形态的资产价值；右方反映企业对不同的债权人所应承担的偿付责任和属于投资人的资产价值。企业左方的“资产”总计等于右方“负债”总额加上“所有者权益”总额的总计。

在资产负债表的下端，可以根据行业特点和报表充分揭示的需要，列有补充资料。补充资料是报表附注的重要内容，主要反映某些报表使用者需要了解但在报表的基本部分无法反映或难以单独反映的信息内容。它是对资产负债表的补充说明，其目的是帮助报表使用者更好地阅读、理解报表项目，分析企业财务状况。

三、资产负债表各要素之间的关系

资产、负债、所有者权益三个要素是企业财务状况的静态反映，被称为资产负债表的要素。三者形成了反映特定日期财务状况的平衡公式，即：

资产=负债+所有者权益

这个等式是基本会计等式。该等式既揭示了资产负债表项目的内在联系，同时也是检查资产负债表编制正确与否的基本依据。

任务训练 2-1

设计一个简单的资产负债表，体现资产负债表的性质、结构、组成内容要件，正表中列示主要项目，并能根据项目金额解读资产负债表。

任务二

掌握资产负债表项目的分析方法

子任务 1　资产类项目的阅读与分析

资产是构成资产负债表的三大会计要素之一，按其变现能力可以分为流动资产和非流动资产。流动资产包括货币资金、交易性金融资产、应收及预付款项、存货等。非流动资产包括债权投资、长期股权投资、投资性房地产、固定资产、生物资产、无形资产、递延所得税资产等。

一、货币资金

货币资金是指在企业生产经营活动中处于货币形态的那部分资金，是企业资产中流动性最强的资产，具体包括库存现金、银行存款和其他货币资金。其他货币资金又包括外埠存款、银行汇票存款、银行本票存款、信用证保证金存款、信用卡存款和存出投资款等。

一个企业的货币资金越多，说明企业的支付能力和财务适应能力越强。当然，如果货币资金过多，也会导致资金的闲置。在影响货币资金使用效率的同时，还会增加企业的筹资成本。因此，企业应根据自身实际情况，确定和保持一个合理的货币资金持有数量。

微课 2-2

货币资金项目的分析

【知识广角 2-2】

货币资金的内部控制和管理应该依据的规定有《现金管理暂行条例》《支付结算办

法》《银行账户管理办法》以及各单位自己制定的企业内部控制制度的相关规定。企业的经营者应对照这些规定检查货币资金的管理是否有违法、违规的行为。其主要包括：应根据企业的实际需要核定库存现金的限额；不得坐支现金；不得出租、出借银行账户；不得签发空头支票和远期支票；不得套用银行信用；不得保存账外公款等。随着企业内部控制制度的不断完善，货币资金将会在企业的财务管理中发挥更大的作用。

二、交易性金融资产

交易性金融资产是指企业购入的随时能变现并且持有时间不准备超过1年（含1年）的投资，一般包括企业购买的各种股票、债券、基金等。该资产的变现能力非常强，流动性仅次于现金。

交易性金融资产是现金的后备来源，因此，该资产越多，企业的支付能力和财务适应能力就越强，但它与货币资金又有所不同。比较而言，该资产的风险要大于货币资金，尤其是在证券市场尚不完善的时期。因此，对持有该资产的企业来说，应当注意防范风险。此外，该资产是企业利用暂时闲置的资金进行的短期投资，主要的目的是获利，因此，企业还必须结合投资的收益情况进行分析。

交易性金融资产的计量以公允价值为基本计量属性，无论是在其取得时的初始计量还是在资产负债表日的后续计量。企业在持有交易性金融资产期间，其公允价值变动在利润表上均以“公允价值变动损益”计入当期损益；出售交易性金融资产时，不仅要确认出售损益，还要将原计入“公允价值变动损益”的金额转入“投资收益”。

微课2-3

应收账款项目的分析

三、应收及预付款项

应收款项是指企业因销售商品、提供劳务等，应向购货单位和接受劳务单位收取的款项或由其他事项产生的应收款，包括应收账款、应收票据、其他应收款等；预付款项是指企业按照购货合同规定预付给供货单位的款项，主要包括预付账款。

【小提示2-1】

应收账款是因销售、提供劳务等活动形成的债权，不包括应收职工欠款、应收债务人利息和其他应收款；应收账款是流动资产性质的债权，不包括长期债权，如购买的长期债券等；应收账款是本企业应收客户的款项，不包括本企业支付的各类存出保证金，如投标保证金和租入包装物保证金等。

企业应按应收账款余额的一定百分比来提取坏账准备金。首先，企业应收账款的结余越多，发生坏账损失的风险就越大。从这个意义上说，应收账款越少越好。其次，应收账款反映本企业的资金被信用单位占用，并且一般是无偿占用，不付利息，体现的是一种资金沉淀。在企业资金总量一定时，应收账款占用越多，资产的使用效率就越差，并且现金也就越短缺。从这个意义上说，应收账款越少越好。

【知识广角 2-3】

在实务中，有三种估计坏账损失的方法：应收账款余额百分比法、账龄分析法和销售百分比法。

应收票据是指企业因销售商品或提供劳务而收到的商业汇票。按承兑人的不同，商业汇票可分为商业承兑汇票和银行承兑汇票两种形式。

【小提示 2-2】

在资产负债表中，应收票据项目包括带息票据的应收未收利息，但已向银行贴现和已背书转让的应收票据不包括在本项目内，其中已贴现的商业承兑汇票应在财务报表附注中单独披露。

票据的法律约束力和兑付力强于一般的商业信用，尤其是银行承兑汇票，其信用程度更高，风险更小，因此被企业广泛使用。但当应收票据有确凿证据证明不能收回或收回的可能性不大时，也应将这部分应收票据并入应收账款，并计提坏账准备。

其他应收款是指企业发生非购销活动产生的应收债权，包括企业应收的各种赔偿款、存出保证金、备用金以及应向职工收取的各种垫付款项等，有人称之为资产负债表中的“垃圾桶”。其他应收款仅仅是暂付款，一般数额较小、期限较短。其他应收款也是越少越好。在分析时，要通过报表附注仔细分析它的构成、内容和发生时间，特别是其中金额较大、时间较长的款项，要警惕企业利用该项目粉饰利润以及转移销售收入、偷逃税款。

预付账款是指企业在实际购买商品或劳务之前按协议预付的价款，体现的是一种普通的商业信用和资金的无偿占用。预付账款的数额取决于市场环境。对企业来说，预付账款总是越少越好，过多的预付账款则反映出企业的资金管理存在问题。

应收股利是指因股票投资而应收取的现金股利或应收其他单位的利润。由于现金股利多是按照权责发生制原则确认的，而被投资单位宣布分配股利时，一般都是充分考虑了本单位的现金支付能力，因此，应收股利的风险一般较小，比应收账款甚至比应收票据、应收利息的风险还小。所以，应收股利的多少是预测企业未来现金流量的重要依据。

应收利息是指已到付息期但尚未领取的债券利息。债券投资的利息收入一般是按照权责发生制原则确认的，并且企业在预计利息收入时，一般不考虑被投资单位的财务状况和现金支付能力，因此，应收利息的风险要大于应收股利。阅读应收利息时，必须结合被投资单位的现金流量状况，充分考虑其风险，并将其作为估计未来现金流量的依据。

【知识广角 2-4】

在《小企业会计准则》中，将《企业会计准则》规定的“应收股利”和“应收利息”合并为“应收股息”。

微课 2-4

存货项目的分析

四、存货

存货是指企业在正常的生产经营活动中持有以备出售的产品或商品、处在生产过程中的在产品、在生产过程或提供劳务过程中耗用的材料和物料等，包括原材料、在产品、半成品、产成品、库存商品、包装物、低值易耗品、委托代销商品、委托加工物资等。

【小提示 2-3】

界定存货范围时应注意：存货一定是日常活动中持有以备出售或耗用的资产，而不是日常活动中持有的资产，如工业企业自行进行工程建造不属于其日常活动，所以为工程建造而储备的材料物资不属于存货范畴；消耗性生物资产，适用《企业会计准则第5号——生物资产》；通过建造合同归集的存货成本，适用《企业会计准则第15号——建造合同》。

企业的经营者应当从生产经营的需要出发，采用科学的方法，确定合理的存货经济批量，确定最优的存货成本，并以此作为企业存货数量控制的标准。如果企业实际存货金额大于这一标准，则应分析原因，采取必要的措施，降低存货的库存。

此外，由于存货数量大、品种多、易损耗，所以在分析该项目时，不仅要控制库存数量，更要关注库存结构及质量，以保证资产的安全、完整及合理流动。

五、债权投资

债权投资是指到期日固定、回收金额固定或可确定，且企业有明确意图和能力持有至到期的非衍生金融资产，一般是指长期债券投资。

对该资产项目进行分析，通常要突出以下三方面的内容：一是收益水平的分析，一般情况下，其收益率应高于同期银行存款利率，具体收益水平要视债券种类以及所承受的风险大小来定；二是项目构成内容和债务人构成情况的分析，根据报表附注中债权投资明细表等相关内容，结合债务人现金保障情况的相关信息，判断债务人的偿还能力；三是减值情况的分析，根据分析减值准备的计提情况和市场未来变动趋势，判断债权投资的变现性。

六、长期股权投资

长期股权投资是指投资者将其持有的对第三方的投资作为出资投入企业形成的长期股权。

长期股权投资涉及企业的经营发展战略，且有较高的风险，所以企业的经营者在进行长期股权投资时要十分谨慎。

【知识广角 2-5】

《企业会计制度》规定，长期投资发生资产减值时要计提长期投资减值准备，而《小企业会计准则》不要求企业计提资产减值准备。

七、投资性房地产

投资性房地产是指以赚取租金或资本增值，或两者兼而有之为目的而购买和建造的房产和地产。

投资性房地产主要分为三类：出租的土地使用权、长期持有并准备增值后转让的土地使用权和企业拥有并已出租的建筑物。

随着我国市场经济的发展和完善，房地产市场日益活跃。对有些企业而言，投资性房地产业务属于企业的日常生产经营活动，形成的租金收入或转让增值收益应确认为主营业务收入；但对大部分企业而言，投资性房地产业务是与经营活动相关的其他活动，形成的租金收入或转让增值收益构成企业的其他业务收入。

按照我国现行《企业会计准则》的规定：会计报表中必须单独列示"投资性房地产"项目，对该项目的处理可以采用成本模式或者公允价值模式，但应以成本模式为主导。如有确凿证据表明投资性房地产的公允价值能够持续、可靠地获得，就应当采用公允价值模式予以计量。此处需要注意的是，对于已采用公允价值模式计量的投资性房地产，不得再从公允价值模式转为成本模式。也就是说，拥有投资性房地产的企业将相关资产重新估值，由此带来的是资产账面价值的大幅增加，这使得相关会计数据更能反映近年来房地产的增值情况。这种模式下不计提折旧或减值准备，公允价值与原账面价值之间的差额计入当期损益。对于有些企业来说，这一规定的出台给其带来的影响是巨大的，原先企业拥有的物业都被计入了固定资产，采用的是历史成本计价原则，因此，物业的升值与否，并没有体现在报表中。近几年物业升值迅速，因此，企业一旦采用公允价值模式来计量其前几年购入的投资性房地产，必将大大提高其净资产和当期利润。

投资性房地产属于企业实物性投资。该投资金额大，受国家宏观政策、经济发展规划及地方经济发展水平等多种因素的影响。投资风险大，资金回笼较慢。

八、固定资产

固定资产是指企业使用期限超过1年的房屋、建筑物、机器、机械、运输工具，以及其他与生产、经营有关的设备、器具、工具等。

固定资产的特点是：为生产商品、提供劳务、出租或经营管理而持有；使用寿命超过一个会计期间；单位价值较高。

由于企业的经营内容、经营规模等各不相同，固定资产的标准难以要求一致。各企业应根据制度中的规定，结合企业的具体情况，制定适合本企业实际情况的固定资产目录、分类方法、每类或每项固定资产的折旧年限、折旧方法等。

由于固定资产在使用中是逐渐被消耗的，周期较长，因此，企业所拥有的固定资产越多，在总资产中所占比重越大，则资产的流动性和变现能力就越差。固定资产的规模和结构与企业所处的行业性质直接相关。一般情况下，制造业企业的固定资产比重较大。对于需要清理的固定资产，企业应加快清理，通过盘活资产来优化企业资产结构。

微课 2-5

固定资产项目的分析

固定资产折旧的计提方法主要分为两类：一是直线法；二是加速折旧法。二者的区别在于加速折旧法的折旧额前期高于直线法的折旧额，而后期则相反。但从较长时期看，折旧总额相等。采取加速折旧法的企业更多的是出于固定资产成本的快速回收，规避技术进步等原因带来的财务风险或递延税款支付等方面的考虑。

【知识广角2-6】

关于固定资产加速折旧的税收优惠政策，财政部和国家税务总局发布的文件和公告主要有4个：一是2014年10月20日，为了贯彻落实国务院完善固定资产加速折旧政策精神，财政部、国家税务总局发布了《关于完善固定资产加速折旧企业所得税政策的通知》（财税〔2014〕75号）；二是2015年9月17日，为了贯彻国务院常务会议有关决定精神，财政部、国家税务总局发布了《关于进一步完善固定资产加速折旧企业所得税政策的通知》（财税〔2015〕106号）；三是2019年4月23日，为支持制造业企业加快技术改造和设备更新，财政部、税务总局印发了《关于扩大固定资产加速折旧优惠政策适用范围的公告》（财政部、税务总局公告2019年第66号）；四是2022年3月2日，为促进中小微企业设备更新和技术升级，持续激发市场主体创新活力，财政部、税务总局印发了《关于中小微企业设备器具所得税税前扣除有关政策的公告》（财政部、税务总局公告2022年第12号）。在这些文件中，根据不同情况，既有对固定资产价值可以一次性税前扣除和缩短折旧年限的规定，也有允许采用双倍余额递减法或年数总和法进行加速折旧的规定，读者可按照上述文号查阅具体规定。

对固定资产的管理是企业资产管理部门的一项重要工作，也是企业内部控制制度的重要内容。固定资产的管理水平在一定程度上决定了企业资产的使用效率与效益，以及挖潜增效的最终效果。

九、生物资产

生物资产是指有生命的动物和植物。根据生物资产的用途，将生物资产分为消耗性生物资产、生产性生物资产、公益性生物资产三大类。这种分类的目的是便于对不同类别生物资产进行区别确认与计量，便于为信息使用者提供与决策相关的信息。

消耗性生物资产是指为出售而持有的或在将来收获为农产品的生物资产，包括生长中的大田作物、蔬菜、用材林以及存栏待售的牲畜等。

生产性生物资产是指为产出农产品、提供劳务或出租等目的而持有的生物资产，包括经济林、薪炭林、产畜和役畜等。

公益性生物资产是指以防护、环境保护为主要目的的生物资产，包括防风固沙林、水土保持林和水源涵养林等。

十、无形资产

无形资产是指企业拥有或控制的没有实物形态的可辨认非货币性资产。合并商誉并不包括在无形资产之内。可辨认无形资产包括专利权、非专利技术、商标权、著作权、土地使用权、特许经营权等。

资产负债表中的无形资产仅仅是企业所控制的全部无形资源的一部分，有时甚至是很小的一部分。因为相当一部分无形资源，目前还没有理想的或适当的计量方法，如人力资源、品牌、企业文化等。

【知识广角 2-7】

一项无形资源被确认为会计上的无形资产并纳入资产负债表，必须具备三个条件：一是符合无形资产的定义；二是产生的经济利益很可能流入企业；三是成本能够可靠地计量。企业自创的商誉因为不是企业有偿取得的，因此不能作为无形资产入账。

无形资产通常具有以下特征：不具备实物形态；属于非货币性长期资产；企业持有的目的不为销售而为使用；所创造的经济效益具有较大的不确定性。因此，对无形资产的分析必须注意三个方面：一是无形资产的规模与企业有形资产规模的合理组合，这是保证无形资产盈利能力及增值潜力发挥的物质前提；二是无形资产的构成，应特别关注像专有技术等没有法律保护期限的项目，以保证无形资产的质量，这也是保证企业资产质量水平的重要标志；三是无形资产摊销金额的计算和减值准备的足额计提，这是无形资产价值回收、正确确定企业经营成果的根本保障。

十一、递延所得税资产

递延所得税资产，是指在资产负债表债务法下，由于会计和税法对当期应纳所得税的计税基础不同引起实际缴税的期间不同，而导致当期多交税但在以后期间可以扣回的应纳税额。

任务训练 2-2

将学生4~6人分为一组，共同研究确定出与人数相等的资产项目，做成题签随机抽取，学生就抽取到的资产项目，表述其含义、特点及分析时的注意事项，每人答题时间不超过2分钟。

子任务2　负债类项目的阅读与分析

负债是构成资产负债表的三大会计要素之一，按其流动性分为流动负债和非流动负债。流动负债包括短期借款、应付及预收款项、应付职工薪酬、应交税费等。非流动负债又依次分为长期借款、应付债券、长期应付款、预计负债、递延所得税负债等。

一、短期借款

短期借款是指企业为了弥补日常生产经营所需的流动资金的不足，向银行或其他金融机构等借入的期限在1年以下（含1年）的各种借款，包括短期流动资金借款、结算借款、票据贴现借款以及专项储备借款等。

企业应结合对借款的使用情况以及使用效果分析该项目。一定数量的短期借款是企业经营所必需的，但如果数量太大，超过企业的偿债能力，就会给企业的持续发展带来不利影响。短期借款适度与否，可以根据流动负债的总量、目前的现金流量状况和对未来1年内的现金流量的预期来确定。在一个现金流量较差的企业里，过高的短期借款将会增加财务风险。

微课 2-6
短期借款项目的分析

二、应付及预收款项

应付及预收款项具体包括应付票据、应付账款、预收账款、应付股利、应付利息、其他应付款等。

应付票据是指企业因赊购交易而开出、承兑的在不超过1年的期限内，按票据上规定日期支付一定金额的银行承兑汇票和商业承兑汇票。在资产负债表中，“应付票据”项目反映的是尚未到期付款的应付票据面额。

应付账款是企业进行赊购交易而发生的债务，它是由于购进商品或接受劳务等的发生时间与付款时间不一致造成的，表明企业占用了其他企业的资金。在市场经济条件下，应付账款的发生是正常的，但如果超过信用期的应付账款的数额太大且时间较长，则表明企业的信用观念较差。

预收账款是指企业在实际销售商品或提供劳务之前，按协议预先收取的货款，体现的是一种商业信用和资金的无偿占用。在卖方市场条件下多有发生，对企业来说可解决资金临时短缺带来的困难。在企业中，预收账款一般数量不大。

【小提示2-4】

应付账款和应付票据在本质上是一样的，都是企业对外的欠款，两者的区别是：应付账款是用企业的信用做保证，本身没有任何担保；而应付票据是由企业签发的票据，在付款时间上更有保证。应付票据的流动性高于应付账款，因此相对应付账款而言，应付票据的压力和风险较大。

应付股利是指企业尚未支付的现金股利；其他应付款是指企业应付或暂收其他单位或个人的款项，如应付租入固定资产和包装物的租金、存入保证金等。

应付股利和其他应付款均是企业暂时占用的其他单位的资金，品种杂，数量不稳定，分析时要注意与货币资金相对比，以分析货币资金的保证程度和偿还的及时性。

三、应付职工薪酬

应付职工薪酬是指企业为了获取职工提供的服务而给予职工的各种形式的报酬以及其他相关支出。应付职工薪酬的内容除了包括工资和福利费之外，还包括五险一金、工会经费和职工教育经费等，非货币性福利费也属于应付职工薪酬的一部分。

应付工资是指企业在一定时间内应付给职工的劳动报酬，包括构成工资总额的各种工资、津贴、奖金等。一个有信誉且资金不短缺的企业，一般是不会拖欠职工工资的。

应付福利费是指企业在一定时间内应向职工提供的各种福利性支出。提供给职工配偶、子女或其他被赡养人的福利等，也属于职工薪酬。职工福利费主要用于职工医疗费、困难补助、集体福利设施支出等，分析时要注意专款专用，保护职工的合法利益。

对应付职工薪酬进行分析时：一要注意企业是否按国家规定的计提基础和比例及时、足额计提；二要注意分析职工薪酬在使用中是否专款专用，以保护职工的合法利益；三要注意企业有无利用不合理的方式虚增或提前确认职工薪酬，以达到人为增加成本费用、减少当期利润以达到少缴税款的目的。

四、应交税费

应交税费是指企业由于生产经营活动需要向国家交纳的各种税金及费用，在上交之前暂时停留在企业的款项，具体包括增值税、消费税、城市维护建设税、房产税、车船税、城镇土地使用税、所得税、资源税、教育费附加等。税收具有强制性和约束性，因此，分析时要格外注意应交税费的构成及负债形成的原因，即是否严格按照国家税法规定的确认条件及时、足额地予以确认，有无偷漏税或拖欠国家税款的情况发生。如果该项目的金额过多，一般情况下说明该企业有拖欠国家税款的现象，应引起企业的重视。如果该项目为负数，则表明该项目包含企业多交而税务机关将退返给企业或者企业在后续期间将会发生税费的预交数。

五、长期借款

长期借款是指企业从银行或其他金融机构借入的、偿还期在1年以上的债务。长期借款按借款用途可分为基建借款、生产经营借款、技术改造借款；按有无抵押担保可分为抵押借款和无抵押借款；按偿还方式可分为定期偿还借款和分期偿还借款。长期借款的本金、利息以及外币折算差价，均应记入“长期借款”项目。

由于多数企业仍不能通过证券市场融资，资金来源的主要渠道还是银行借款，因此在多数企业的负债结构中，长期借款都占有较大比例，这无疑增大了企业的财务风险。

企业长期举债的目的在于希望通过发挥财务杠杆作用，既有效弥补资金的不足，又不至于陷入长久的财务困境之中。如果企业长期负债增长的同时，利润水平也明显提高，则说明企业长期负债资金使用效益较好，负债经营正确，财务状况发展良好。

六、应付债券

应付债券是指企业为了筹集长期资金而发行的超过1年期债券的实际发行价以及偿还的利息。相对于长期借款，应付债券的风险和压力较大。迫于社会压力，企业偿还债券本金的积极性一般高于偿还银行本息的积极性。但在当前证券市场规模不大的情况下，企业通过发行债券融资受到严格的限制，许多企业还不能或没有资格发行债券。因此，大多数企业的报表上该项目数字为零。对应付债券进行分析：一要注意债券的种类，因为不同种类的债券会给企业带来不同的影响；二要注意债券的付息方式（如一次还本付息、分期付息到期还本、分期还本付息），因为不同的付息方式会给企业各期带来不同的偿债压力。注意上述问题，会更有利于企业做好对未来财务风险的预测和偿还债务的资金筹措。

【小提示2-5】

按照我国《小企业会计准则》的规定，小企业不能对外发行债券，所以在小企业的资产负债表中不包括应付债券项目。

七、长期应付款

长期应付款是指企业对其他单位所发生的付款期限在1年以上的债务，包括采用补偿贸易方式引进国内设备价款和应付融资租入固定资产租赁费等。

因为融资租赁要求企业自有资金的保证相对于长期借款要低，而租赁公司所承担的风险需要从企业支付的较高的租赁费中进行补偿，所以在分析长期应付款时，要特别关注企业运用融资租赁资金时的风险性和稳定性问题。同时，要结合报表附注中对长期应付款具体项目的披露，关注其各项内容的具体数额、增减变动以及由此对企业未来财务状况的影响。

八、预计负债

预计负债是指因或有事项而确定的负债。或有事项是指过去的交易或事项形成的一种状况，其结果须通过未来的不确定性事项发生或不发生予以证实。如未决诉讼、产品质量保证、债务担保等。

微课2-7

预计负债项目的分析

基于过去的交易或事项引起的或有负债，有些是潜在的义务，有些是现时的义务。企业需要预计的负债，仅仅是与或有负债事项相关的现时义务。出于谨慎原则的考虑，企业在考察偿债能力和估计未来的现金流量时，应当充分考虑这些预计负债。一般情况下，预计负债越多，未来的现金流出量也就越大。

九、递延所得税负债

递延所得税负债，是指在资产负债表债务法下，由于会计和税法对当期应纳所得税的计税基础不同引起实际缴税的期间不同，而导致当期少交税但在以后期间需要补交的应纳税额。

任务训练2-3

将学生4~6人分为一组，共同研究确定出与人数相等的负债项目，做成题签随机抽取，学生就抽取到的负债项目，表述其含义、特点及分析时的注意事项，每人答题时间不超过2分钟。

子任务3　所有者权益类项目的阅读与分析

所有者权益是构成资产负债表的三大会计要素之一，按其来源可分为所有者投入的资本，直接计入所有者权益的利得和损失以及留存收益三个类别，包括实收资本（或股本）、其他权益工具、资本公积、其他综合收益、专项储备、盈余公积和未分配利润项目。

微课2-8

实收资本项目的分析

一、实收资本（或股本）

实收资本（或股本）是指企业实际收到的、由投资人按照企业章程或合同、协议的约定投入企业形成法定资本的资本金。投资者作为资本投入企业的各项财产，是企业注册登记的法定资本总额的来源，它表明所有者对企业的基本权益，也是企业持续经营最稳定的物质基础。《中华人民共和国企业法人登记管理条例》规定，除国家另有规定外，企业的实收资本应当与注册资本一致。对于股份公司而言，股本核算的是发行的股票面值总额。

实收资本通常占企业全部所有者权益的绝大比重，是企业所有者权益的主要组成部分。实收资本的变动将会影响企业原有投资者对企业的所有权和控制权，而且对企业的偿债能力、获利能力、财务风险等都会产生重大影响。企业可将该项目与负债比较，观察企业财务结构的稳定性和风险程度。

二、资本公积

资本公积是指企业收到投资者超出其在企业注册资本（或股本）中所占份额的投资，以及直接计入所有者权益的利得或损失。其所有权归属于投资者，但不构成实收资本（不参与利润分红）的那部分资本或者资产。资本公积有其特定来源，主要包括资本（或股本）溢价和其他资本公积等。不同来源形成的资本公积由所有投资者共同享有。对资本公积进行分析时：一要注意其构成内容的来源是否符合对资本公积的认定范畴，保证其合法性；二是注意其数额在本期的增减变动是否合理，防止企业利用该项目人为粉饰企业财务状况或信用形象。

【知识广角2-8】

根据我国《公司法》等法律的规定，企业形成的资本公积主要是用来转增资本（或股本），而不得用于弥补亏损。企业应严格按照资本公积的有关规定进行管理。

三、其他综合收益

其他综合收益是指企业根据其他会计准则规定未在当期损益中确认的各项利得和损失，包括以后会计期间不能重分类进损益的其他综合收益和以后会计期间满足规定条件时将重分类进损益的其他综合收益两类。

四、专项储备

专项储备是根据财政部发布的《企业会计准则解释第3号》的规定，在报表中列示的所有者权益项目。用于反映高危行业企业按国家规定提取的安全生产费的期末账面价值。该项目应根据“专项储备”科目的期末余额填列，预示着国家更加重视高危行业，以制度约束做好风险防范的资金储备。

【小提示2-6】

根据财政部新发布的文件要求，在所有者权益变动表中也相应新增“专项储备”项目。

五、盈余公积

盈余公积是指企业按照规定从税后利润中提取的积累资金。盈余公积按其用途，分为法定盈余公积和任意盈余公积。法定盈余公积在其累计提取额未达到注册资本的50%时，均应按税后利润（扣除被没收的财产损失、支付各项税费的滞纳金和罚款、弥补企业以前年度亏损）的10%提取。在股份有限公司，除了按规定提取法定盈余公积外，还可以根据公司章程或者股东大会决议，提取任意盈余公积。按规定，这部分公积金可以转增资本，也可以弥补亏损。

盈余公积金的数量越多，反映企业资本积累能力、弥补亏损能力和股利分配能力以及应付风险的能力越强。对盈余公积进行分析时：一要注意盈余公积的计提是否及时、足额；二要注意盈余公积的使用是否合理、合法。

六、未分配利润

未分配利润是指企业留待以后分配的结存利润。它是企业实现的利润扣除交纳的所得税、提取的各种盈余公积和分发利润（或股利）后的余额，是留于以后年度分配的利润或者尚未分配的利润。相对于所有者权益的其他部分来说，企业对于未分配利润的使用和分配有较大的自主权。从数量上看，未分配利润是期初未分配利润加上本期实现的税后利润，减去提取的各种盈余公积和分发利润（或股利）后的余额。这部分利润越多，说明企业当年和以后年度的积累能力、股利分配能力以及应付风险的能力就越强。分析时应注意企业当年的利润分配政策是否有改变。

在资产负债表中，如果该项目金额为负数，则表示企业有尚未弥补的亏损，必将冲减所有者权益的数额。

【小提示2-7】

盈余公积和未分配利润的形成与投资人的投资行为无关，是由企业生产经营活动取得的利润形成的。盈余公积属于企业的资本增值，是企业的内部积累。企业只有实现了利润，才能形成未分配利润。盈余公积和未分配利润均来自企业税后利润分配的结果，二者之和又称为留存收益。留存收益的增减变化取决于企业的盈利状况和企业的利润分配政策。留存收益增加，将有利于保全企业资本，增长企业实力，降低企业筹资风险，缓解企业财务压力。

任务训练2-4

将学生4~6人分为一组，共同研究确定出与人数相等的所有者权益项目，做成题签随机抽取，学生就抽取到的所有者权益项目，表述其含义、特点及分析时的注意事项，每人答题时间不超过2分钟。

任务训练2-5

根据你掌握的资产负债表各类项目的阅读与分析方法，解读【任务训练2-1】你所设计的资产负债表中的各个项目，并做出简要的分析判断。

任务三

掌握资产负债表的综合分析方法

对资产负债表进行综合分析，一般采用的方法是通过编制资产负债表的水平分析表来进行横向比较分析，通过编制资产负债表的垂直分析表来进行纵向比较分析，并就资产结构、资本结构、偿债能力和营运能力做出具体分析，在此基础上对企业的财务状况做出全面评价。

微课2-9

掌握资产负债表的综合分析方法

任务训练2-6

根据欣达公司的资料（见表2-1），编制资产负债表的水平分析表和垂直分析表（见表2-2和表2-3），介绍资产负债表的综合分析方法。

表2-2　　资产负债表（水平分析表）

编制单位：欣达公司　　2019年12月31日　　金额单位：万元

资产	期末余额	上年年末余额	增（减）		负债和所有者权益	期末余额	上年年末余额	增（减）	
			金额	比重（%）				金额	比重（%）
流动资产：					流动负债：				
货币资金	280	324	-44	-13.58	短期借款	200	360	-160	-44.44
交易性金融资产					交易性金融负债				
应收票据					衍生金融负债				
应收账款	160	108	52	48.15	应付票据				
应收款项融资					应付账款	120	144	-24	-16.67
预付款项					预收款项				
其他应收款	40	108	-68	-62.96	应付职工薪酬	40	36	4	11.11
存货	800	540	260	48.15	应交税费	80	108	-28	-25.93
一年内到期的非流动资产	120	36	84	233.33	其他应付款	240	72	168	233.33
其他流动资产					持有待售负债				
流动资产合计	1 400	1 116	284	25.45	一年内到期的非流动负债				
非流动资产：					其他流动负债				
债权投资		360	-360	-100.00	流动负债合计	680	720	-40	-5.56
其他债权投资					非流动负债：				
长期应收款					长期借款	280	180	100	55.56
长期股权投资	400	252	148	58.73	应付债券				
其他权益工具投资					其中：优先股				
其他非流动金融资产					永续债				
投资性房地产					租赁负债				
固定资产	1 800	1 440	360	25.00	长期应付款	280	360	-80	-22.22

续表

资产	期末余额	上年年末余额	增(减)		负债和所有者权益	期末余额	上年年末余额	增(减)	
			金额	比重(%)				金额	比重(%)
在建工程	280	360	-80	-22.22	预计负债				
工程物资					递延收益				
生产性生物资产					递延所得税负债				
油气资产					其他非流动负债				
无形资产	120	72	48	66.67	非流动负债合计	560	540	20	3.70
开发支出					负债合计	1 240	1 260	-20	-1.59
商誉					所有者权益：				
长期待摊费用					实收资本	2 000	1 800	200	11.11
递延所得税资产					其他权益工具				
其他非流动资产					其中：优先股				
非流动资产合计	2 600	2 484	116	4.67	永续债				
					资本公积	80	108	-28	-25.93
					减：库存股				
					其他综合收益				
					专项储备				
					盈余公积	320	216	104	48.15
					未分配利润	360	216	144	66.67
					所有者权益合计	2 760	2 340	420	17.95
资产总计	4 000	3 600	400	11.11	负债和所有者权益总计	4 000	3 600	400	11.11

表 2-3 **资产负债表(垂直分析表)**

编制单位：欣达公司　　2019年12月31日　　金额单位：万元

资产	期末余额		上年年末余额		负债和所有者权益	期末余额		上年年末余额	
	金额	比重(%)	金额	比重(%)		金额	比重(%)	金额	比重(%)
流动资产：					流动负债：				
货币资金	280	7	324	9	短期借款	200	5	360	10
交易性金融资产					交易性金融负债				
应收票据					衍生金融负债				
应收账款	160	4	108	3	应付票据				
应收款项融资					应付账款	120	3	144	4
预付款项					预收款项				

续表

资产	期末余额		上年年末余额		负债和所有者权益	期末余额		上年年末余额	
	金额	比重（%）	金额	比重（%）		金额	比重（%）	金额	比重（%）
其他应收款	40	1	108	3	应付职工薪酬	40	1	36	1
存货	800	20	540	15	应交税费	80	2	108	3
一年内到期的非流动资产	120	3	36	1	其他应付款	240	6	72	2
其他流动资产					持有待售负债				
流动资产合计	1 400	35	1 116	31	一年内到期的非流动负债				
非流动资产：					其他流动负债				
债权投资			360	10	流动负债合计	680	17	720	20
其他债权投资					非流动负债：				
长期应收款					长期借款	280	7	180	5
长期股权投资	400	10	252	7	应付债券				
其他权益工具投资					其中：优先股				
其他非流动金融资产					永续债				
投资性房地产					租赁负债				
固定资产	1 800	45	1 440	40	长期应付款	280	7	360	10
在建工程	280	7	360	10	预计负债				
工程物资					递延收益				
生产性生物资产					递延所得税负债				
油气资产					其他非流动负债				
无形资产	120	3	72	2	非流动负债合计	560	14	540	15
开发支出					负债合计	1 240	31	1 260	35
商誉					所有者权益：				
长期待摊费用					实收资本	2 000	50	1 800	50
递延所得税资产					其他权益工具				
其他非流动资产					其中：优先股				
非流动资产合计	2 600	65	2 484	69	永续债				
					资本公积	80	2	108	3
					减：库存股				
					其他综合收益				
					专项储备				
					盈余公积	320	8	216	6
					未分配利润	360	9	216	6
					所有者权益合计	2 760	69	2 340	65
资产总计	4 000	100	3 600	100	负债和所有者权益总计	4 000	100	3 600	100

一、总量变动及发展趋势分析

对企业资产负债表进行综合分析，首先要通过资产和权益总量的变动情况，分析其规模增长的速度是否合理，财务状况的发展趋势是否有利。

从表2-2中可以看出，欣达公司2019年年末资产和权益总量较年初增加了400万元，增幅11.11%，这个增长速度是可喜的。如果按这种趋势发展下去，该企业用9年多的时间，就可以实现资产总量环比翻一番。从资产项目看，流动资产和非流动资产都有所增加。流动资产增幅大，表明企业资产的流动性增强，资金运营将会更顺畅；非流动资产虽然总量及增幅不大，但增长点集中在固定资产项目上，表明企业生产能力的扩大或生产工艺水平的提高，将会为企业带来新的利润增长点。从权益项目看，负债总量减少，所有者权益增加，表明资产增长的资金来源全部通过自有资金的增加取得，不仅如此，通过本期的经营和财务管理活动，还减轻了企业的债务负担，降低了财务风险。初步评价为：该企业财务状况良好。要对企业的财务状况做出准确、客观的判断和评价，还需要进行深入分析。

二、资产结构及其合理性分析

资产结构是指企业流动资产与非流动资产各个项目占资产总额的比重。企业的资产要最大限度地发挥其功能，就必须有一个合理的配置。资产结构分析就是通过分析资产负债表中各类资产占总资产的比重，以及各类资产之间的比例关系，来反映企业各种经济资源的配置情况。

对资产结构的合理性进行分析，可以看出企业的行业特点、经营特点和技术装备特点。工业企业的非流动资产往往大于流动资产，而商品流通企业的情况正好相反。在同一行业中，流动资产和流动负债较高的企业稳定性差，却较灵活；而那些非流动资产和自有资本占较大比重的企业资产基础较厚，但灵活性差；长期投资较高的企业，金融利润和风险都高；无形资产持有多、增长快的企业，开发创新能力强；而固定资产折旧比例较高的企业，技术更新换代快。

从表2-3中可以看出，欣达公司2019年年末的流动资产所占比重（35%）比年初（31%）有所增长，表明企业资产的流动性增强，偿还能力、支付能力和应变能力有所提高；虽然非流动资产的比重有所降低，但也占总资产的65%，可见，欣达公司是一个技术密集型的工业企业。尤其是在建工程比重下降，固定资产在全部资产中所占比重由年初的40%提高到年末的45%，表明企业固定资产投资已见成效，未来的生产能力和产品质量均会得到显著提高。

从表2-2中可以看出，欣达公司固定资产项目本年增幅达25%，表明固定资产更新速度较快，平均四年完成一次更新，这种变化对企业未来的发展十分有利；其他应收款数量减少、比重降低，无形资产增幅较大（达66.67%）、比重提高，均对企业十分有利；对债权投资的减少和长期股权投资的增加要结合投资效果做出评价。值得注意的是，货币资金数量减少，比重下降，是否会影响下一年度的营运，还要结合企业的经营情况做具体的分析；应收账款和存货的绝对额和相对比重均有增加，应结合当年的经营业绩（营业收入的增长情况）和明年的预计销售增长情况进行详细分析。

三、资本结构及其稳健性分析

资本结构是指各种资本的构成及其比例关系。其实质是债务资本在资本结构中安排多大的比例。

对企业经营者而言，资本结构分析的主要目的是优化资本结构和降低资本成本。优化资本结构表现为吸收更多的权益资本，保持企业良好的财务形象，降低财务风险，以便更好地筹资和投资。企业在提高承担财务风险能力的同时，还应尽量降低筹资成本。由于债务利息率通常低于股票股利率，而且债务利息从税前利润中支付，企业可以少交所得税，使得债务筹资可以降低企业资本成本，发挥财务杠杆的作用。同时必须看到，它也会加大企业的财务风险。因此，只有在一定限度内合理提高债务资本的比例，才能在最大限度内规避财务风险，同时降低综合资本成本。

从表2-3中可以看出，欣达公司的债务资本所占比重明显低于自有资本，并且年末（31%）较年初（35%）还有所降低。在债务资本内部，短期债务资本和长期债务资本的比重均有不同程度的降低。而引起自有资本总量增长、比重提高的主要原因是实收资本总量的增长。盈余公积和未分配利润总量与比重的同时增长，表明企业自有资本实力雄厚，对债务资本的保证程度高，企业的资本结构合理，具有较强的规避财务风险的能力，也有利于吸收投资和开展筹资活动。但同时应该注意，短期借款的集中偿还势必会引起当期财务费用的提高；应付账款的减少，必然会引起当期现金流出量的增加；应付股利的增长势必会引起下一年度现金流出量的增加，企业还应对现金保证支付程度做出分析。

四、偿债能力及其安全性分析

偿债能力是指企业按时偿还到期债务的能力。它是反映企业财务状况和企业资信力的重要标志。

（一）短期偿债能力分析

对短期偿债能力进行分析常用的指标有：营运资金、流动比率和速动比率。

在大多数情况下，短期债务需要用货币资金来偿还，因而各种资产的变现速度也直接影响着企业的短期偿债能力。

1.营运资金

营运资金=流动资产-流动负债

该指标反映企业用流动资产偿还了流动负债后，还有多少可用于生产经营。根据表2-2的资料，欣达公司该指标计算如下：

年末营运资金=1 400-680=720（万元）

年初营运资金=1 116-720=396（万元）

该指标年末较年初增加了324万元，说明营运资金充裕，企业资产的流动性增强，从而具有较强的支付能力、偿债能力和应变能力。

2.流动比率

$$流动比率=\frac{流动资产}{流动负债}$$

该指标表示企业流动资产对流动负债的保证倍数，即平均每元流动负债相应地有多少流动资产做保证。国际公认的标准为2，我国较好的标准为1.5。

根据表2-2的资料，欣达公司该指标计算如下：

年末流动比率=1 400÷680=2.06

年初流动比率=1 116÷720=1.55

欣达公司该项指标的年初数和年末数均达到了国内较好水平，且年末较年初又有所提高，表明企业短期偿债能力增强，偿还债权人的短期债权有充分保证。

3.速动比率

$$速动比率=\frac{速动资产}{流动负债}$$

速动资产=流动资产-存货-预付账款

速动比率表示企业速动资产对流动负债的保证倍数，即平均每元流动负债相应地有多少变现速度较快的速动资产做保证。国际公认的标准为1，我国较好标准为0.9。

根据表2-2的资料，欣达公司该指标计算如下：

年末速动比率=（1 400-800）÷680=0.88

年初速动比率=（1 116-540）÷720=0.80

显然，该指标年末数较年初数有所提高，已接近国内较好水平，进一步证明企业短期偿债能力有所提高，偿还债权人的短期债权有充分保证。

【小提示2-8】

反映短期偿债能力的指标并非越大越好，而是适度最好。指标过小，表明企业债权人的权益缺少保障；指标过大，表明企业闲置资金过多，影响资产的使用效益。

（二）长期偿债能力分析

长期偿债能力是指企业偿还到期长期债务的能力，具体包括偿还本金和支付利息的能力。进行长期偿债能力分析应与企业的盈利能力分析结合起来，因为从长远观点来看，利润是企业货币资金的基本来源，也是最具有可持续增长能力的稳定资金来源。货币资金的变动最终取决于企业利润的形成，必然要与资本成本发生相互联动的关系，所以对长期偿债能力进行分析必须要和企业的资本结构结合起来。

常用的分析长期偿债能力的指标有：资产负债率、已获利息倍数等。

1.资产负债率

$$资产负债率=\frac{负债总额}{资产总额}\times 100\%$$

该指标表示在企业全部资产中，债务资本所占的比重。它是国际公认的反映企业偿还能力和经营风险的重要指标。不同行业的资产负债率有较大的差异，银行和商品流通企业的资产负债率都比较高。银行的资产负债率经常都在80%以上，低于30%的资产负债率过于保守；45%~60%的资产负债率是比较令人满意的稳健经营状态；70%的资产负债率一般被认为触碰了风险警戒线；如果超过85%的资产负债率就表示企业经营状态严重失衡，处于高风险状态。

根据表2-3的资料，欣达公司该指标计算如下：

年末资产负债率=1 240÷4 000×100%=31%

年初资产负债率=1 260÷3 600×100%=35%

显然，该指标年末数较年初数有所降低，而且该企业的债务资本仅占全部资本的1/3左右，说明企业的资本充裕、稳定，对偿还债权人的长期债权保证程度高，财务风险小。

【知识广角2-9】

中国上市公司的资本结构与发达国家及一些发展中国家相比，非流动负债、总负债占总资产的比例较低，所有者权益占总资产的比例较高。相应地，中国上市公司税前盈利的分配中，作为债务份额的利息比重比发达国家低得多，而税前利润的比重很高。另外，中国上市公司与发达国家的上市公司相比，往往更依赖对外融资，特别是较高水平的股权融资。此外，有些财务指标账面值和市场价值的差异在中国比在其他国家要大得多。因此，中国在发展股票市场的同时，也应加快债券市场的发展。

2.已获利息倍数（利息保障倍数）

$$已获利息倍数=\frac{息税前利润}{利息支出}=\frac{利润总额+利息支出}{利息支出}$$

欣达公司2018年和2019年的利润总额分别为746万元和1 493万元，利息支出分别为68万元和140万元（假定财务费用均为利息支出）。该指标计算如下：

$$2019年已获利息倍数=\frac{1\ 493+140}{140}=11.66（倍）$$

$$2018年已获利息倍数=\frac{746+68}{68}=11.97（倍）$$

虽然已获利息倍数2019年较2018年有所降低，但均超过10倍，表明企业偿还长期债务的能力较强。

五、营运能力及其效率性分析

营运能力是指企业基于外部市场环境的约束，通过内部资源的配置组合而对财务目标所产生的作用的大小。资产运营状况直接关系到资本增值的程度。资产运营效率越高，获利能力就越强，资本增值就越快。反之，资产运营效率越低，获利能力就越弱，资本增值就越慢。营运能力指标包括：营业周期、存货周转率、应收账款周转率、流动资产周转率和总资产周转率。在全部资产中，流动资产特别是其中的应收账款和存货两项，不仅流动性较强，而且最能体现企业的经营能力与管理效率。

1.应收账款周转率

应收账款周转率是指企业一定时期赊销收入净额与应收账款平均余额的比率，用以反映应收账款的收款速度。

$$应收账款周转率（周转次数）=\frac{赊销收入净额}{应收账款平均余额}$$

其中：赊销收入净额=营业收入-现销收入-销售退回、折让、折扣

$$应收账款平均余额=\frac{期初应收账款余额+期末应收账款余额}{2}$$

根据表2-2以及项目三中表3-1的资料，假定营业收入的30%为赊销收入，2018年期初应收账款余额为52万元，则：

$$2019年应收账款周转率（周转次数）=\frac{18\,889\times 30\%}{(160+108)\div 2}=42.29（次）$$

$$2018年应收账款周转率（周转次数）=\frac{12\,521\times 30\%}{(108+52)\div 2}=46.95（次）$$

显然，应收账款的周转速度减慢，表明企业应收账款风险程度提高，资金的使用效率降低。

2.存货周转率

存货周转率是指一定时期内企业营业成本与存货平均余额的比率。它是衡量企业销售能力和存货管理水平的指标。

$$存货周转率（周转次数）=\frac{营业成本}{存货平均余额}$$

其中：$$存货平均余额=\frac{期初存货余额+期末存货余额}{2}$$

根据表2-2以及项目三中表3-1的资料，已知2018年期初存货余额为360万元，则：

$$2019年存货周转率（周转次数）=\frac{12\,000}{(800+540)\div 2}=17.91（次）$$

$$2018年存货周转率（周转次数）=\frac{8\,840}{(540+360)\div 2}=19.64（次）$$

显然，存货的周转速度减慢，还应结合其他相关资料对存货的占用规模是否适度、结构是否合理等做进一步的分析。

综合以上分析，可对欣达公司的整体财务状况做出如下评价：企业规模适度扩大，资产结构变动合理，资本结构稳定、安全，企业偿债能力较强，营运资金较充裕，支付能力、应变能力均有提高，财务风险降低，但资产的营运能力下降，投资的效益性还有待于提高，企业应在强化对应收账款的管理、盘活存货资产以及提高企业理财效益上做深入的研究。

任务训练 2-7

将学生4～6人分为一组，运用所学方法，以欣达公司为例，提炼分析思路、重点项目，以数据为佐证，对欣达公司的财务状况做出综合的分析评价，字数不超过800字，在规定时间内上交。任课教师将根据个人成绩与质量评定小组得分，记入平时考核成绩。

项目小结

本项目在介绍了资产负债表的性质与作用、结构与内容的基础上，详细讲解了资产负债表主要项目的阅读与分析方法，并采用案例分析的方法，介绍了资产负债表的综合分析方法在实践中的应用。其内容包括总量分析、资产与资本结构分析、偿债能力分析及营运能力分析。其中既有定量分析，又有定性分析。为全面、客观地评价企业的财务状况，分析时还应与其他主要报表及报表附注的相关内容结合起来进行。

项目训练

一、知识掌握与应用

● 主要概念

资产负债表　交易性金融资产　流动比率

● 阅读理解

1. 分析资产负债表的意义是什么？
2. 资产负债表能否表明企业某一年度发生的变化？为什么？

● 知识应用

1. 对存货项目的分析应注意哪些问题？
2. 应付职工薪酬项目有什么特点？分析时需注意哪些问题？

二、技能测试与考核

● 能力题

【案例分析】资料：新华股份有限公司202×年资产负债表见表2-4：

表2-4　资产负债表

编制单位：新华股份有限公司　　202×年12月31日　　单位：万元

资产	期末余额	上年年末余额	负债和所有者权益	期末余额	上年年末余额
流动资产：			流动负债：		
货币资金	25 000	20 000	短期借款	27 500	18 800
交易性金融资产	10 000	14 000	应付账款	7 750	6 800
应收账款	12 500	7 750	应付职工薪酬	4 765	3 700
存货	42 500	48 500	其他流动负债	1 650	2 244
其他流动资产	24 255	18 955	流动负债合计	41 665	31 544
流动资产合计	114 255	109 205	非流动负债：		
非流动资产：			长期借款	21 000	19 200
长期股权投资	25 500	21 100	应付债券	90 500	90 500
固定资产	329 250	315 500	非流动负债合计	111 500	109 700
无形资产	47 000	45 500	负债合计	153 165	141 244

续表

资产	上年年末余额	期末余额	负债和所有者权益	上年年末余额	期末余额
非流动资产合计	401 750	382 100	所有者权益：		
			实收资本	250 000	250 000
			资本公积	51 320	53 500
			盈余公积	42 660	41 211
			未分配利润	18 860	5 350
			所有者权益合计	362 840	350 061
资产总计	516 005	491 305	负债和所有者权益总计	516 005	491 305

要求：

（1）编制资产负债表的水平分析表和垂直分析表；

（2）对该企业的财务状况变动趋势做出评价。

● 实训题

1.某企业202×年有关资料见表2-5：

表2-5　　资料表（一）　　单位：万元

资产项目	期末余额	上年年末余额
流动资产：		
货币资金	100	50
交易性金融资产	12	24
应收票据	16	22
应收账款	796	398
预付款项	44	8
其他应收款	24	44
存货	238	652
一年内到期的非流动资产	106	8
其他流动资产	64	14
流动资产合计	1 400	1 220
非流动资产：		
债权投资		
其他债权投资	0	90

续表

资产项目	期末余额	上年年末余额
长期应收款		
长期股权投资	60	
投资性房地产		
固定资产	2 476	1 934
在建工程	20	50
工程物资	16	20
生产性生物资产		
油气资产		
无形资产	12	16
开发支出	16	30
商誉		
长期待摊费用		
递延所得税资产		
其他非流动资产		
非流动资产合计	2 600	2 140
资产总计	4 000	3 360

要求：

（1）编制资产变动的水平分析表；

（2）对资产的变动情况做出分析评价。

2.某企业202×年有关资料见表2-6：

表2-6　**资料表（二）**　单位：万元

负债项目	期末余额	上年年末余额
流动负债：		
短期借款	18 800	27 500
应付票据	3 500	4 000
应付账款	3 300	3 750
应付职工薪酬	2 000	1 635
应交税费	800	2 250
其他应付款	743	1 115

续表

负债项目	期末余额	上年年末余额
其他流动负债	2 400	1 415
流动负债合计	31 543	41 665
非流动负债：		
长期借款	9 200	8 500
应付债券	10 000	12 500
长期应付款	90 500	90 500
递延所得税负债		
非流动负债合计	109 700	111 500
负债合计	141 243	153 165

要求：

（1）编制负债变动的垂直分析表；

（2）对负债的变动情况做出分析评价。

三、德技并修与提升

● 课程阅读

红色会计模范——晋冀鲁豫边区的会计工作

晋冀鲁豫边区是由抗日战争时期刘伯承、邓小平领导的八路军第一二九师在山西、河北、山东、河南四省交界地区创建的革命根据地逐步发展形成的。1941年7月18日晋冀鲁豫边区政府正式成立，经过发展，到抗战胜利时，全区设有太行、太岳、冀南、冀鲁豫4个行政区（二级军区）、下辖22个专区（军分区）、共193个县。由于晋冀鲁豫边区是八路军前方总部和中共中央北方局所在地，抗日战争时期和解放战争时期边区社会生活相对稳定，经济得到较好发展，在此环境下晋冀鲁豫边区的会计工作取得了很大成绩。

一、目前所见出版最早的红色会计教材

中国共产党领导下的会计教育工作早在红军时期就已在部队中开展。根据现有资料记载，笔者目前所知1934年赵镕在瑞金编写的《红军簿记学》应该是在党的领导下最早编写的会计教材，但《红军簿记学》只是一份讲义，因条件所限未能刊印成书。目前发现最早的红色会计教材是1943年4月由八路军野战供给部编写、一二九师政治部出版的《军队财政簿记学》。

该书共分为概论、会计科目、账务、结账、出纳用账、借贷原理、账簿组织、会计工作的几个实际问题、预算、计算、会计年度等11个章节，每个章节后都设有讨论题，属于标准的教材格式。书后附有参考资料，内容为账簿组织系统，包含各种账簿、表单参考格式模板，以及《会计工作实施细则》《出纳工作实施细则》《会计科（股）工作暂行条例》三份会计规则制度。《军队财政簿记学》全书仅176页，但内容丰富、实用，特别是所附各类账簿、表单模板易于实际操作，便于学员快速上岗。书名中“财政”一词体现出军队供给制会计工作的特点，晋冀鲁豫军区以及后来改编成立的“二野”（中国人民解放军第二野战军）在多版军用会计书籍教材中都使用此书名。

二、根据地唯一的“三位一体”会计事业

民国时期著名会计师潘序伦创立的立信会计师事务所、立信会计学校、立信会计图书用品社，形成了著名的“三位一体”立信会计事业。晋冀鲁豫边区的会计工作也采用了这种综合会计实践模式。

《发展企业建设边区建业会计学校开学 建业会计事务所亦举行开幕》这一醒目标题出现在1946年8月2日《人民日报》（第七十六号）的第二版上。

建业会计学校是由隶属于晋冀鲁豫边区政府的冀南银行创办的，创办的目的就是为边区各单位培养专业的会计人才，以适应边区经济发展需要。学校校长由原冀南银行行长胡景沄（胡景沄，山西文水人，1931年毕业于山西银行专科学校，1937年参加八路军，次年加入中国共产党。曾任冀南银行副总经理、总经理，太行工商管理总局局长，华北银行副总经理。中华人民共和国成立后曾任中国人民银行副行长、中国农业银行行长、交通银行董事长、中国人民保险公司总经理等职）担任。新闻中提到的学校董事陈希愈时任冀南银行副总经理，中华人民共和国成立后曾任财政部副部长兼中国人民银行行长。学校日常校务工作由会计专家王凤来副校长负责主持。为便于冀南银行总行领导干部兼顾课业，建业会计学校最初设立在冀南银行总行所在地河北邯郸，后由于战争形势转移到太行山涉县北郭口村。由于处在战争环境，建业会计学校办学条件比较差。学校没有校舍、课桌椅，学员们都是坐着小马扎在村里的一间庙堂和树林里上课。建业会计学校在1946—1948年共举办25期，培养了1 000多名会计人才，为解放区经济发展做出了很大贡献。1948年以建业会计学校为基础，组建、设立了华北财经学院，据笔者所知，该校为中华人民共和国成立以前在中国共产党领导下成立的唯一一所财经类高校（毕业证书如图2-1所示）。

图2-1 华北财经学院毕业证书

建业会计师事务所主任会计师由胡景沄兼任。民国时期一般所称的“会计师”，是依据当时颁布的会计师章程、条例等法规规定，通过考试院组织的会计师考试（早期无考试），由会计师主管部门审查合格后颁发会计师证书。取得会计师证书的人员加入当地会计师公会即可成为执业会计师（类似于如今的注册会计师）。晋冀鲁豫边区政府也曾根据边区会计学会评定推荐，正式授予王凤来、张新周、黄同等会计师称号，这里的会计师称号与如今职称体系中的会计师职称类似，是指具有专业知识的会计人才。晋冀鲁豫边区政府对会计专业人才非常重视，1941年11月1日公布的《晋冀鲁豫边区优待专门技术干部办法》中列举受优待的对象中第三类就是会计师，其第六条规定“会计师及医生视其技术程度每月津贴十五元至五十元，不受第二条至第五条限制”。1945年5月5日边区政府发布通令公布了《关于审计会计出纳工作人员的优待办法》，对会计专业人才工作给予肯定和表扬，并细化了具体优待待遇。

建业会计学校教材由教员们根据实用的财会制度规程，理论结合实际自行编写。教材最初是油印的，后在教学中不断修改完善，1947年陆续出版形成一套“建业会计丛书”。根据1947年10月出版的《实用银行会计》书中内页列出的“建业会计丛书”目录可知，建业会计丛书共有《会计学》《银行会计》《商业簿记（上册）》《商业簿记（下册）》《成本会计（上册）》《成本会计（下册）》《实用银行会计（上册）》《实用银行会计（下册）》《审计学概论》《普通会计算术》等十种（部分书籍如图2-2所示）。这套丛书也是目前发现的中华人民共和国成立以前在中国共产党领导下出版的最完整、最重要的一套会计丛书。

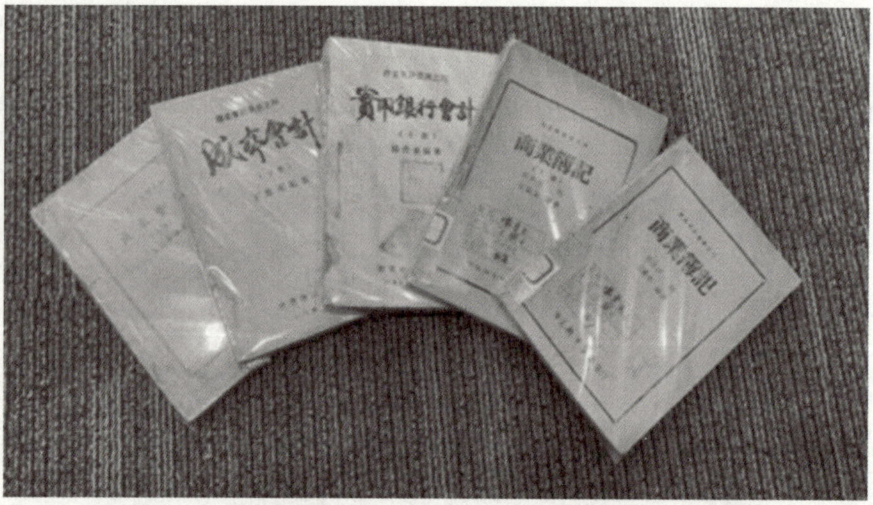

图2-2 “建业会计丛书”部分书籍

三、当时规模最大的会计学会

会计学会是会计人员相互交流、研究学习的团体。目前已知中国共产党领导下成立最早的会计学会是1939年12月成立的陕甘宁边区会计研究会（1942年4月18日又成立了陕甘宁边区会计学会）。

晋冀鲁豫边区的会计学会成立于1945年6月10日，由胡景沄担任学会理事长。会计学会分为三个级次：边区政府设立总会，军队系统、边区各行署以及边区政府直属部门设立特别分会，各县设立地方分会。学会成立初期制定的主要工作任务为：迅速开展会计理论和技术的学习研究活动；积极扩大学会组织，广泛吸收会员，加强学会领导，抽检各部门各专署分会；筹集学会的经费等。学会的活动经费由边区政府支持一部分，大部分来源于会员会费和募集所得经费（不仅包括冀南银行发行的货币，也包括小米、肥皂等生活物资）。会计学会成立3个月内就发展成立了11个特别分会、24个地方分会，会员达1 175人。

会计学会基于解决各行业会计工作中存在的问题，研究改进会计工作和会计制度以及提高会计理论和技能，为准备接收城市培养人才的目的开展学术研究。研究成果通过编辑出版《会计学会会刊》（后更名为《会计月刊》）供会员间相互交流学习。根据现有资料记载，《会计学会会刊》共出版过五期，是目前笔者所见中华人民共和国成立以前在中国共产党的领导下出版的唯一会计类专业刊物。

综上所述，在艰苦的战争环境中，晋冀鲁豫边区的会计工作在各方面都取得了较大成绩，在中国共产党领导的各大革命根据地和解放区会计工作中尤为突出。晋冀鲁豫边区扎实全面的会计工作建设也为新中国会计工作奠定了良好的基础，培养了大批优秀的会计人才。

资料来源　张辉．红色会计模范——晋冀鲁豫边区的会计工作［J］．财务与会计，2021（22）．

● **课程拓展**

致敬抗美援朝战争中的会计英雄

你知道今年是中国人民志愿军抗美援朝出国作战多少周年吗？1950年10月19日中国人民志愿军进入朝鲜，10月25日志愿军打响了抗美援朝战争的第一枪，1951年8月经中共中央批准将10月25日定为抗美援朝纪念日。

抗美援朝是一场举全国之力、全民动员的保家卫国战争，各行各业、各类群体都做出很大贡献。如著名豫剧大师常香玉女士带领剧团在全国多地募捐义演，用义演所得的15亿270万元（人民币旧币）购买一架米格-15型战斗机捐给志愿军的事迹感动全国。如果说在这场保家卫国的战争中，我们的会计工作者也做出了突出的贡献，甚至付出了巨大的牺牲，你能想象得到吗？在多数人的认知中，会计工作只是众多后勤保障工作中的一环，并且主要都在后方工作，危险性并不大。但实际战争情况可能远超出我们今天处于和平时代人的想象。

图2-3是1953年2月21日由中国人民志愿军汽车第二团政治部签发的烈士家属优待证明书，这位名叫商少志的烈士职务是汽二团油材股的会计。志愿军汽车第二团原隶属于华东军区，1951年2月入朝参战，隶属于志愿军后方勤务司令部第五分部，最初番号为汽车四十五团，同年10月改番号为志愿军汽车暂编第二团。抗美援朝后勤运输补给线是一个至关重要的战场，战争初期由于我军没有制空权，防控力量也比较薄弱，美军肆无忌惮地对志愿军补给运输线进行轰炸破坏，导致汽车运输部队战斗减员比例比前线部队还要高。一名普通的汽车运输部队油材股会计，为建成“打不断、炸不烂”的钢铁运输线献出了宝贵生命。

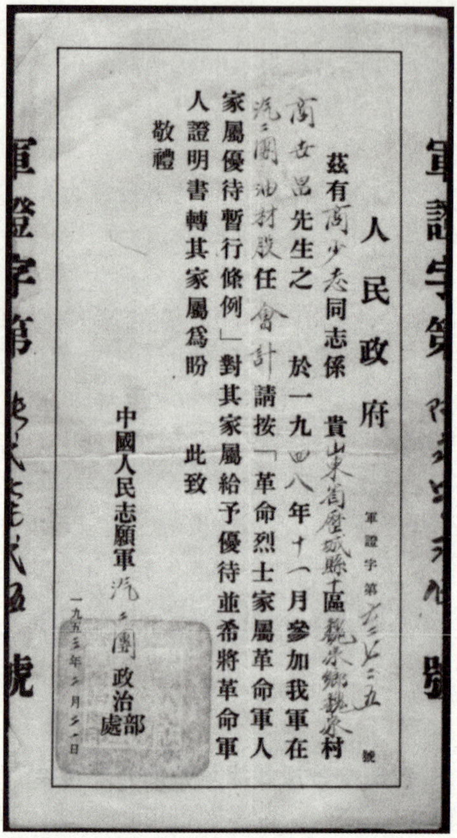

軍證字第　號

人民政府

茲有商少杰同志係　貴山東省歷城縣十區魏家鄉魏家村
商安昌先生之　於一九四八年十一月參加我軍在
汽二團油材股任會計　請按「革命烈士家屬革命軍人
家屬優待暫行條例」對其家屬給予優待並希將革命軍
人證明書轉其家屬為盼　此致
敬禮

中國人民志願軍汽二團政治處部

图 2-3　烈士家属优待证明书

抗美援朝战争爆发时，新中国刚刚成立不久，解放军的全军财务统一工作才刚刚启动。1950年1月7日成立“中央人民政府人民革命军事委员会总后方勤务部财务部”，12月12日中央军委正式批准财务部编制，此时抗美援朝战争已经爆发一个多月。志愿军部队入朝作战初期，财务工作都延续各自部队长期以来形成的管理体系。1951年6月，志愿军成立后方勤务司令部，9月后方勤务司令部成立供给部，内设财务科。1952年8月，总后勤部在北京组织召开志愿军财务会议，全面整顿和重新修订了各项财务标准制度。同年10月，成立后方勤务司令部财务部，开始全面统管志愿军财务工作。1954年中央军委决定，解放军财务部门变更隶属关系由军政首长直接领导，成立“中央人民政府人民革命军事委员会财务部”，10月改称“中国人民解放军财务部”，相应志愿军成立中国人民志愿军财务部，况开田任部长，肖大荃任副部长，两人均在红军时期就从事过会计工作。

朝鲜战场战局变化快，根据作战需要，军内机构随时撤并调整。物资消耗量大，并且物资由国内多方筹措供应，受美军制空权威胁，许多工作只能夜间进行，后勤运输物资损失严重。志愿军后勤系统是以东北军区为主，而当时东北地区尚未统一使用人民币，还在使用东北币，朝鲜战场还涉及朝鲜币结算等事项，解放军最早的随军银行也是在志愿军系统成立的。在异国战场上冒着枪林弹雨的志愿军会计人员工作难度很大，也付出很大牺牲。

位于丹东市的抗美援朝纪念馆一直从事着志愿军烈士信息的统计工作，在其官网上有“烈士名单查询”功能，在“曾任职务”一栏搜索“会计”，共有88人；搜索“出纳”，有1人。由于统计信息来源较多，难免有个别信息存在重复现象，去掉重复信息实际共有82人。

82位在抗美援朝战争中从事会计工作的烈士，年龄最大的38周岁，最小的刚满18周岁，其中有5位是女战士。从所属单位我们可以看到志愿军主要是在团级及以上部队的后勤处、供给处设有会计人员，不仅后勤保障部队有会计，一线作战部队也都设有会计。名单里还有几位伊通抗美援朝担架队队员，他们并不是志愿军战士而是支前的民工人员。1950年11月，吉林省伊通县奉命组织500副担架支队入朝支援，担架支队全员超过3 500人，支队设有2名会计，支队下又分为8个大队，每个大队配置有1名会计。

志愿军烈士统计是一项长期持续的工作，上述名单也并不完整，如上面提到的商少志烈士就不在名单之列。《哈尔滨市志》烈士名录中有一位岩竣烈士，单位及职务标注为志愿军会计，在抗美援朝博物馆的查询系统中，岩竣烈士的信息并没有标注为会计。此外，《宁远县志》中记载有李基础烈士、《杜尔伯特蒙古族自治县志》记载有刘永智烈士、《郑州铁路分局年鉴》记载有韩思源烈士等，都标注为在志愿军担任会计工作，这些人的名字都没有在志愿军烈士查询系统中。

整个抗美援朝战争，到底有多少会计人员奔赴朝鲜战场，没有一个准确数字。这些人可能没有那么显赫的战功，没有可以流传千古、家喻户晓的英雄事迹，也没有很高的荣誉称号，但他们用自己的实际工作、用自己的热血生命完成保家卫国的神圣使命。虽然大部分人在众多英雄里面并没有留意到这个职业群体，但我们会计人应该在这个时刻来缅怀这些在抗美援朝战争中牺牲的会计战士，致敬抗美援朝战争中的会计英雄。他们的付出和牺牲不但捍卫了祖国的荣誉，也为中国会计群体增添了崇高的荣誉。作为出生于和平年代、享受着新中国建设改革成果的未来会计人，我们将以怎样的奉献与坚守去传承先辈们的家国情怀，又将以怎样的职业操守和专业业绩，向这些伟大的会计英雄致敬呢？

资料来源　张辉. 致敬抗美援朝战争中的会计英雄［N］. 中国会计报，2020-10-23.

3

项目三

利润表分析

学习目标

知识目标：

1. 了解利润表的性质、作用与编制基础；
2. 掌握利润表主要报表项目的分析思路与主要分析内容；
3. 熟悉利润表中项目信息与资产负债表相关项目信息的对应关系。

技能目标：

1. 能独立编制比较利润表；
2. 能运用相关的分析方法进行利润表项目分析及综合分析；
3. 能依据与资产负债表相关项目的对应关系，对企业资金运营效率、获利水平以及综合管理水平做出分析评价，并从中发现问题，为企业的管理决策提供依据。

素质目标：

1. 培养学生自觉遵守职业道德准则、行为规范的法律意识和履行企业社会责任的价值认同；
2. 培养学生立足全面企业管理的财务观与逆向思维的成本控制观；
3. 培养学生的信息安全意识与风险防控意识；
4. 培养学生关注国家经济发展的主人翁意识，强化家国情怀和民族自信。

项目导读

从巴菲特的利润表情结看财务人员的社会责任

股神巴菲特作为全球投资的顶级大咖，他创造了三个神话：第一个神话是从1965年到2006年的40年间，巴菲特的投资收益率（你猜有多高?）达到3 600倍！第二个神话是1965年用100美元起家，到现在积累了500多亿美元的财富。第三个神话是他把个人财产的85%（相当于400多亿美元）捐赠给慈善事业，回馈给了社会。助力他成功的因素可能是多方面的，但作为一个理财者或投资人，他的两个最突出的特点或许可以带给我们启发：一是他把80%的时间花在阅读和思考上；二是他长期潜心研究财务报表，而研究的重点就是利润表。巴菲特有句名言：选股票如同选择终身伴侣，买股票实质上是买公司。选择公司当股东做生意，你肯定要先研究一下这家公司的盈利能力，所以巴菲特对利润表有一种独特的情节。他看利润表的目的很简单，就是要研究公司未来的赚钱能力有多强。选公司不是只看现在，更重要的是未来。但预测未来，唯一的依据是它的过去。

巴菲特分析公司财务报表的年限长得超过你的想象。他曾于1988年和1989年买入可口可乐10亿美元的股票，持有9年之后他还在跟踪研究。

巴菲特分析利润表，不仅仅是简单地从历史数据推测未来盈利情况，而是透过利润表数据背后的业务和管理真相，分析过去10年甚至更久的竞争优势和盈利能力如何变化，在此基础上预测未来10年盈利能够保持在什么样的水平上，以判断是否值得投资。而提供利润表的就是我们财务人员。从巴菲特的利润表情结不难看出：企业利润表的信息关系到所有利益相关个人及组织的预测、决策、投资等经济活动。小到企业与个人的经济利益，大到国家财政收入与社会经济秩序的稳定，无不与利润表相关。作为财务人员，提供全面、客观、公正、准确的利润表信息和分析报告，既是专业标准，又是岗位责任。

请思考：

1. 你在利润表上能获取哪些信息？

2. 不同的信息使用者对利润表中信息的关注点各是什么？

3. 为什么说利润表信息的客观、公正会影响到社会经济秩序？

任务一

初识利润表分析

微课3-1

初识利润表分析

一、利润表的性质与作用

利润表又称为损益表，是反映企业在一定会计期间经营成果的财务报表。它是根据“收入-费用=利润”的会计等式编制而成的动态报表。按现行制度规定，企业每个月都应该编制当月的利润表，用以反映当期企业利润的组成以及所得与所耗之间配比效果方面的信息。对利润表的分析，不仅能够了解企业的盈利能力和发展趋势，而且通过与资产负债表结合起来分析，还能评价企业的营运能力、发展能力以及长期偿债能力。同时，将利润表的有关项目与现金流量表的净流量进行比较，还可以了解企业盈利与收现的真实性，判断企业当期的收益质量。

对于财务报表使用者来说，利润表通常能发挥出以下五个方面的作用：

1.反映企业的盈利能力，评价企业的经营业绩

经营管理者通过对利润表的分析，可以了解企业一定会计期间内的收入实现情况和成本费用的支出情况，进而了解企业生产经营活动的成果，即净利润的实现情况，据以判断资本保值增值情况。将利润表中的信息与资产负债表中的信息结合起来分析，还可以了解和掌握企业资金周转情况以及企业的盈利能力，便于判断企业未来的发展趋势，评价企业的管理水平和经营业绩。

2.发现企业经营管理中的问题，为经营决策提供依据

分析企业利润的形成过程及构成，可以为企业的经营决策提供依据。通过分析比较利润表中各项构成要素，并与以前各期相比较，可以了解企业各项收入、费用和利润的升降趋势及其变化幅度，找出原因所在，发现经营管理中存在的问题，以便做出经营与管理决策，促进企业全面改善经营管理，保持利润的稳定增长。

3.揭示利润的变化趋势，预测企业未来的获利能力

现行《企业会计制度》与《企业会计准则第32号——中期财务报告》均要求编制的利润表必须是涉及两个年度的比较报表。通过分析企业前后期的营业利润、投资净收益和营业外收支等项目的增减变动情况，可以预测企业未来的获利趋势。对企业利润总额增减变化的分析，可以判断企业利润变化的趋势，预测企业未来的盈利能力。同时，将利润表中的利润项目与现金流量表中的现金净流量进行比较，可以了解企业盈利与收现的真实性，判断企业当期所实现利润的含金量。

4.帮助投资者和债权人做出正确的投资与信贷决策

由于企业产权关系及管理体制的变动，越来越多的人从经济利益的角度关心企业的利润。企业经营者如此，投资者和债权人更是如此。他们通过对企业利润的分析，揭示出企业的经营潜力及发展前景，从而做出正确的投资与信贷决策。除此之外，利润分析对于国家宏观管理者分析评价企业对国家的贡献也有着极其重要的意义。

5.为企业在资本市场融资提供重要依据

通过利润表反映出的企业盈利能力，是企业能否在资本市场上融资的主要依据。我国法律法规规定，公司最近3年平均可分配利润足以支付公司债券1年的利息，是公司发行债券融资必须符合的条件之一；公司近3年连续盈利，预期利润率超过银行同期存款利率是公司申请公开发行股票融资的必备条件之一；而已上市公司欲通过增发新股或配股或发行可转换公司债券来融资，按相关法规的规定，其近3年平均净资产收益率必须达到规定的标准；影响融资金额大小的普通股股票的发行价也往往采用市盈率定价机制等。这些都充分说明了企业盈利能力的大小，实现净利润的高低，是企业能否在资本市场上融资以及影响融资规模的重要依据。

二、利润表的格式与内容

1.利润表的格式

利润表的格式主要有单步式利润表和多步式利润表两种。我国企业大多采用多步式利润表格式，详见表3-1。

2.利润表的内容

利润表一般由表首、正表和补充资料三部分构成。

利润表的表首主要包括报表名称、编制单位、编制日期、报表编号和计量单位等要素。

利润表的正表是利润表的主体部分，主要反映收入、费用和利润各项目的具体内容及其相互关系。我国利润表的栏目一般设有“本月数”和“本年累计”两栏，“本月数”栏反映表中各项目的本月实际发生数，“本年累计”栏反映各项目自年初起至本月止累计实际发生数。在编制年度财务报表时，应填列上年全年累计实际发生数，并将“本月数”改为“上期金额”，将“本年累计”改为“本期金额”。如果上年度利润表的项目名称和内容与本年度利润表不一致，应对上年度利润表项目的名称和数字按本年度的规定进行调整后，再填入本年利润表的“上期金额”栏。

利润表的补充资料主要是用于列示那些影响本期财务报表金额或未来经营活动，而在本期利润表中主表部分未能具体说明的重要财务信息，以便于报表使用者准确地分析企业的经营成果。

利润表的编制依据是收入、费用与利润三者之间的相互关系，即“收入-费用=利润”。

利润表的正表能提供以下四个方面的信息：

一是企业当期生产经营活动中的成本耗费及其产生的收益情况，这是企业经常性经营损益的主要来源，如果具有较为稳定的可持续性，则有助于了解企业正常生产经营项目的综合获利水平；

二是企业相关的资本利得与损失情况，如投资净收益、营业外收入与营业外支出等，这不但有助于分析企业当期的利润构成以及企业利用全部资产的经营效果，而且有助于了解企业全部资产的完整性以及投资者投入资本的保值与增值状况；

三是其他综合收益（扣除所得税影响后的净额）的构成情况以及对当期综合收益的影响，这将有助于全面披露企业当期所有者权益变动的真实情况，更有助于客观、公正地评价企业的经营业绩；

表3-1　　　　利润表（多步式）　　　　会企02表

编制单位：欣达公司　　　　2022年度　　　　单位：万元

项目	2022年度	2021年度
一、营业收入	18 889	12 521
减：营业成本	12 000	8 840
税金及附加	420	370
销售费用	1 575	1 100
管理费用	3 170	1 370
研发费用		
财务费用	130	60
其中：利息费用	140	68
利息收入	10	8
加：其他收益		
投资收益（损失以“-”号填列）	-46	38
净敞口套期收益（损失以“-”号填列）		
公允价值变动收益（损失以“-”号填列）		
信用减值损失（损失以“-”号填列）		
资产减值损失（损失以“-”号填列）	-55	-50
资产处置收益（损失以“-”号填列）		
二、营业利润（亏损以“-”号填列）	1 493	769
加：营业外收入	16	15
减：营业外支出	16	38
其中：非流动资产处置净损失		
三、利润总额（亏损以“-”号填列）	1 493	746
减：所得税费用	493	246
四、净利润（净亏损以“-”号填列）	1 000	500
五、其他综合收益的税后净额		
六、综合收益总额	1 000	500
七、每股收益：		
（一）基本每股收益		
（二）稀释每股收益		

四是利润表通过提供不同时期的数据，还有助于分析和预测企业未来的经营成果、净利润以及综合收益的发展变动趋势，为企业经营决策提供有用的依据。

三、利润表各要素之间的关系

多步式利润表中净利润的计算步骤如下：

第一步：计算营业利润

营业利润=营业收入-营业成本-税金及附加-销售费用-管理费用-财务费用+投资收益+公允价值变动收益+资产减值损失

营业利润，是指企业在生产经营活动中实现的经营性利润；

营业收入，是指企业经营主要业务和其他业务所确认的收入总额；

营业成本，是指企业经营主要业务和其他业务发生的实际成本总额；

税金及附加，是指企业经营活动发生的消费税、城市维护建设税、资源税、教育费附加及房产税、城镇土地使用税、车船税、印花税等相关税费；

销售费用，是指企业在销售商品过程中发生的包装费、广告费等费用和为销售本企业商品而专设的销售机构的职工薪酬、业务经费等经营费用；

管理费用，是指企业行政管理部门为组织和管理生产经营而发生的各项费用；

财务费用，是指企业为筹集生产经营所需资金而发生的筹资费用；

投资收益，是指企业以各种方式对外投资所取得的收益，如为损失，以“-”号填列；

公允价值变动收益，是指企业按照相关准则规定应当计入当期损益的各项资产或负债公允价值变动的净收益，如为损失，以“-”号填列；

资产减值损失，是指企业各项资产由于减值而发生的损失，如为损失，以“-”号填列。

第二步：计算利润总额

利润总额=营业利润+营业外收入-营业外支出

营业外收入，是指企业发生的与其经营活动无直接关系的各项收入；

营业外支出，是指企业发生的与其经营活动无直接关系的各项支出，其中包括非流动资产处置净损失（净收益以“-”号填列）。

第三步：计算净利润

净利润（净亏损以“-”号填列）=利润总额-所得税

所得税是指企业根据所得税准则确认的应从当期利润总额中扣除的所得税费用。

税后净利润归属于企业所有者，因此，企业若实现了净利润就增加了所有者权益，而发生净亏损则减少了所有者权益。

第四步：计算综合收益总额

综合收益总额=净利润+其他综合收益的税后净额

其他综合收益，是指企业根据企业会计准则规定未在当期损益中确认的各项利得和损失。其他综合收益的税后净额，若是损失以“-”号填列。其他综合收益项目通常根据企业会计准则的相关规定分为下列两类：①以后会计期间不能重新分类计入损益的其他综合收益项目；②以后会计期间在满足规定条件时将重新分类计入损益的其他综合收益项目，此不赘述。

综合收益，是指企业在某一期间除与所有者以其所有者身份进行的交易之外的其他交易或事项所引起的所有者权益变动。综合收益总额项目反映净利润和其他综合收益的税后净额相加后的合计金额。

【小提示3-1】

扣除所得税影响后的其他综合收益净额和综合收益这两项内容是根据2014年修改颁布的《企业会计准则第30号——财务报表列报》的要求在利润表中新增加的项目，中小企业极少涉及，因此，在后续利润表分析中可以省略。

在利润表中，还列示了基本每股收益和稀释每股收益。基本每股收益是指企业普通股股东持有每一股份所能享有的企业利润或承担企业亏损的业绩评价指标；稀释每股收益是指企业存在具有稀释性潜在普通股的情况下，以基本每股收益的计算为基础，在分母中考虑稀释性潜在普通股的影响，同时对分子也作相应调整后的业绩评价指标。

【知识广角3-1】

为了帮助财务报表使用者正确理解和分析利润表，尤其是更好地了解非经常性损益以及会计估计变更对企业本期净利润的影响，我国现行《企业会计制度》规定，在利润表的补充资料部分应填列以下方面的信息：出售、处置部门或被投资单位所得收益；自然灾害发生的损失；会计政策变更与会计估计变更增加（或减少）的净利润；债务重组损失以及其他非正常损益等。

任务训练3-1

设计一个简单的利润表，体现利润表的性质、结构、组成内容要件，正表中列示主要项目金额，并能根据项目金额解读利润表的主要作用。

任务二

掌握利润表项目的分析方法

子任务1　收入类项目的阅读与分析

一、收入类项目的阅读

收入是指企业在日常活动中形成的、会导致所有者权益增加的、与所有者投入资本无关的经济利益的总流入。收入主要包括商品销售收入、提供劳务收入和让渡资产使用权收入。

收入具有以下特点：一是收入形成于企业的日常活动之中，而不是从偶然的交易或事项中产生的；二是收入可能表现为企业资产的增加或负债的减少，或二者兼而有之；三是收入能引起企业所有者权益的增加；四是收入只包括本企业经济利益的流入，而不包括为第三方或客户代收的款项。

对收入项目的确认是收入项目阅读的基础。

1.商品销售收入的确认

企业销售商品应同时满足以下几个条件才能确认为收入：企业已将商品所有权上的主要风险和报酬转移给购货方；企业既没有保留通常与所有权相联系的继续管理权，也没有对已售出的商品实施有效控制；收入的金额能够可靠计量；相关经济利益很可能流入企业；相关的、已发生的或将发生的成本能够可靠计量。

2.提供劳务收入的确认

企业在资产负债表日提供劳务交易的结果能够可靠估计的，应当按照完工百分比法确认提供劳务收入。完工百分比法，是指按照提供劳务交易的完工进度确认收入与费用的方法。

提供劳务交易的结果能够可靠估计，是指同时具备以下条件：收入的金额能够可靠计量；相关的经济利益很可能流入企业；交易的完工进度能够可靠确定；交易中已发生或将要发生的成本能够可靠计量。

3.让渡资产使用权收入的确认

让渡资产使用权应同时满足下列条件才能确认为收入：相关的经济利益很可能流入企业；收入的金额能够可靠计量。

二、收入类项目的分析

对收入类项目进行分析，主要是从营业收入构成变动分析、营业收入增减变动分析以及主营业务收入变动分析三个方面来进行。

1.营业收入构成变动分析

企业可以通过计算各种收入在总收入中的比重来对收入的构成情况进行分析。

任务训练3-2

欣达公司2021年和2022年营业收入的构成情况见表3-2，请做出分析评价。

表3-2 营业收入构成情况表

项目	2021年比重（%）	2022年比重（%）
营业收入	100	100
主营业务收入：	90	92
其中：		
甲产品	35	25
乙产品	48	57
丙产品	7	10
其他业务收入：	10	8
其中：		
材料销售	5	4
运输业务	3	2
出租包装物	2	2

在企业的营业收入中，2022年的构成情况是：主营业务收入占92%，其中甲产品占25%，乙产品占57%，丙产品占10%；其他业务收入占8%，其中材料销售占4%，运输业务占2%，出租包装物占2%。因此，企业要增加收入，重点应放在扩大甲、乙两种产品的销售上。在此基础上，再将其与企业上一年度（2021年）的营业收入构成进行对比分析，从而进一步了解哪种产品的比重上升（下降），上升（下降）的原因是什么，然后根据分析结果做出正确的决策。如甲产品所占比重2022年比2021年下降10%，经分析，其主要原因是该产品已经处于成熟阶段，市场已经饱和，企业应停止扩大生产该产品，以免遭受损失；乙产品所占比重由2021年的48%上升到2022年的57%，经分析，其主要原因是该产品正处于成长期，市场销售潜力仍很大，所以企业应该保持该产品的生产规模；丙产品所占比重虽然不大，但也有一定程度的上升，经分析，该产品正处于上升阶段，市场前景良好，企业应扩大生产和销售，以占有更多的市场份额。

从其他业务收入来看，2022年比2021年降低了2%。其中材料销售降低了1%，运输业务降低了1%，出租包装物的比重没有变化。从企业经营目标来看，这种变化是可喜的，说明企业将经营重点放在了主要业务上，应予以肯定。

2.营业收入增减变动分析

对收入类项目增减变动的分析，可通过编制收入类项目增减变动分析表来进行。

任务训练 3-3

欣达公司2018年至2022年营业收入的增减变动情况见表3-3，请做出分析评价。

表3-3　**营业收入变动情况表**

年度	营业收入（万元）	变动情况	
		变动额（万元）	变动率（%）
2018	6 140	—	—
2019	8 195	2 055	33.47
2020	9 458	1 263	15.41
2021	12 521	3 063	32.39
2022	18 889	6 368	50.86

计算结果表明，该企业营业收入近几年来一直呈上升趋势。2022年企业营业收入比2021年增长了6 368万元，增长率为50.86%。这说明企业的经营状况良好，发展势头稳健。另外，企业经营者还可以进一步将本企业营业收入的增长速度与同行业企业的增长速度进行比较，进而从企业在行业竞争中所处的位置来评价本企业的经营业绩。

3. 主营业务收入变动分析

营业收入项目是反映企业经营主要业务和其他业务所确认的收入总额。由于其他业务收入在整个企业收入中的比重一般不大，因此在进行收入分析时，应重点把握主营业务收入的变动情况。

（1）主营业务收入品种构成及变动情况的分析。

对主营业务收入品种构成及变动情况的分析，可通过编制主营业务收入品种构成及变动情况表来进行。

任务训练 3-4

欣达公司2021年和2022年主营业务收入的构成及变动情况见表3-4，请做出分析评价。

表3-4　**主营业务收入构成及变动情况表**

产品名称	2021年		2022年		差异	
	金额（万元）	比重（%）	金额（万元）	比重（%）	金额（万元）	比重（%）
甲	4 382	38.89	4 722	27.17	340	-11.72
乙	6 010	53.33	10 767	61.96	4 757	8.63
丙	877	7.78	1 889	10.87	1 012	3.09
合计	11 269	100.00	17 378	100.00	6 109	—

从表3-4中可以看出，企业的主要业务是甲、乙、丙三种产品的生产和销售。其中甲产品和乙产品的销售比重较大。前面分析过，乙产品处于成长期，其销售比重2022年比2021年上升了8.63%。甲产品处于成熟期，其销售比重2022年比2021年下降了11.72%，也属于正常范围。而丙产品处于上升期，2022年与2021年比较上升了3.09%，这也是一个好兆头。

从主要产品的销售结构上看，2022年与2021年相比，处于上升期的丙产品的销售比重和处于成长期的乙产品的销售比重均有所增长，而处于成熟期的甲产品的销售比重有所下降，也属于正常情况。

通过对企业主营业务收入构成情况的分析，可以了解企业主要业务构成的变动情况。企业要增加主营业务收入，重点应放在扩大企业主要经营品种的销售上。如果再与连续几年的主营业务收入构成表进行对比，还可以进一步明确哪种产品的比重发生了变化，变化的原因是什么，以及对企业总体收入有何影响等等。然后根据分析结论，结合市场变化，及时调整产品结构，有重点地扩大销售，以占有更多的市场份额。

（2）主营业务收入增长情况的分析。

对主营业务收入增长情况的分析可通过编制主营业务收入增长情况表来进行。

任务训练3-5

欣达公司近年来的主营业务收入增长情况见表3-5，请做出分析评价。

表3-5　主营业务收入增长情况表

年度	主营业务收入（万元）	定基增长速度（%）	环比增长速度（%）
2018	5 740	—	—
2019	7 035	22.56	22.56
2020	8 001	39.39	13.73
2021	11 269	96.32	40.84
2022	17 378	202.75	54.21

从表3-5的资料中可以看出，企业近年来主营业务收入是每年增长的。以2018年为基年，从定基增长速度来看，是逐年递增的，到2022年为止，已经增长了202.75%；从环比增长速度来看，2022年的增长速度是最快的，2020年和2021年的增长速度，也在正常变动的范围之内。若在分析时发现有的年份环比增长速度大幅度降低，则应结合具体情况，进一步分析减慢的原因。

通过编制企业的主营业务收入增长情况表，可以分析企业主营业务收入连续几年的变动趋势，进而判断企业的未来发展趋势。

（3）主营业务收入地区构成的分析。

通过对企业主营业务收入地区构成的分析，可以了解企业的销售市场布局、顾客分布及变动情况等。从消费者的心理与行为表现来看，不同地区有不同的习俗和消费习惯，消费者对不同品牌的产品具有不同的偏好。不同地区的市场潜力则在很大程度上影响企业的未来发展。

子任务2 费用类项目的阅读与分析

一、费用类项目的阅读

微课3-2

费用类项目的分析

费用是指企业在日常活动中发生的、会导致所有者权益减少的、与向所有者分配利润无关的经济利益的总流出，表现为资产减少或负债增加而引起的所有者权益减少。费用包括的主要项目有：营业成本、税金及附加、销售费用、管理费用、财务费用、所得税费用等。

对费用项目的确认是费用项目阅读的基础。费用只有在经济利益很可能流出从而导致企业资产减少或者负债增加，且经济利益的流出额能够可靠计量时才能予以确认。

（1）企业为生产产品、提供劳务等发生的可归属于产品成本、劳务成本等的费用，应当在确认商品销售收入、劳务收入时，将已销售产品、已提供劳务的成本等计入当期损益；

（2）企业发生的支出不产生经济利益，或者即使能够产生经济利益但不符合或者不再符合资产确认条件的，应当在发生时确认为费用，计入当期损益；

（3）企业发生的交易或者事项，导致其承担了一项负债而又不确认为一项资产的，应当在发生时确认为费用，计入当期损益。

【小提示3-2】

费用不包括与所有者分配等有关的资产减少或负债增加。

二、费用类项目的分析

1.营业成本的分析

“营业成本”项目是指反映企业经营主要业务和其他业务发生的实际成本总额。它是与营业收入相关的、已经确定了归属期和归属对象的费用。在不同类型的企业里，营业成本有不同的表现形式：在工业企业里，营业成本表现为已销售产品的生产成本；在商品流通企业里，营业成本表现为已销商品成本。

在对营业成本进行分析时，主要精力应放在主要业务成本的变动上，确定本期与前期或同行业企业的成本差异，从而找出产生差异的原因。

2.税金及附加的分析

“税金及附加”项目是指企业经营业务应负担的消费税、城市维护建设税、资源税、教育费附加及房产税、城镇土地使用税、车船税、印花税等相关税费。税金及附加虽然不构成产品的生产成本，但却是企业为了取得营业收入而必须发生的一项费用支出。在分析时，应注意其计算的准确性和缴纳的及时性。

3.销售费用的分析

“销售费用”项目是指企业在销售商品、提供劳务和让渡资产使用权过程中所发生的各项费用以及为销售本企业商品而专设的销售机构的各项经费支出。

从销售费用的基本构成及功能来看，有些与企业的业务活动规模有关（如运输费、装卸费、整理费、包装费、保险费、销售佣金、差旅费、展览费、委托代销手续费、检验费等）；有些与企业从事销售活动人员的待遇有关（如营销人员的工资和福利费）；也有些与企业的未来发展、市场开拓、企业品牌知名度的扩大等有关。从企业管理层对上述各项费用的有效控制来看，尽管管理层可以对诸如广告费、营销人员的工资和福利费等采取控制或降低其规模等措施，但是，这种控制或降低，或者对企业的长期发展不利，或者影响有关人员的积极性。因此，对利润表进行分析时，应将企业销售费用的增减变动与销售量的变动、与企业当期营销策略的变动结合起来，同时，将销售费用与当期营业收入相配比，计算费用率，并与行业平均水平、先进企业水平相比较，以全面、客观地分析销售费用变动的合理性和有效性。一般认为，在企业业务发展的条件下，企业的销售费用不应当降低。片面追求在一定时期内费用的降低，有可能对企业的长期发展造成不利影响。

4.管理费用的分析

“管理费用”项目是指企业行政管理部门为组织和管理生产经营而发生的各项费用，包括企业在筹建期间发生的开办费、董事会和行政管理部门在企业的经营管理中发生的或者应由企业统一负担的公司经费。与销售费用一样，尽管管理层可以对管理费用中诸如业务招待费、技术开发费、董事会会费、涉外费、租赁费、咨询费、审计费、诉讼费、修理费、管理人员工资和福利费等项支出采取控制或降低其规模等措施，但是，这种控制或降低，或者对公司的长期发展不利，或者影响有关人员的积极性。另外，折旧费、摊销费等是企业以前各个会计期间已经支出的费用，不存在控制其支出规模的问题，对这类费用的处理，更多地受企业会计政策的影响。因此，一般认为，在企业业务发展的条件下，企业的管理费用变动也不会太大，单一追求在一定时期的费用的降低，也有可能对企业的长期发展造成不利影响。

5.财务费用的分析

“财务费用”项目是指企业为筹集生产经营所需资金而发生的筹资费用，包括利息支出（减利息收入）、汇兑损失（减汇兑收益）、金融机构的手续费以及与筹集资金有关的其他费用等。其中，经营期间发生的利息支出构成了企业财务费用的主体。企业贷款利息水平的高低主要取决于三个因素：贷款规模、贷款利息率和贷款期限。

（1）贷款规模。

如果因贷款规模的原因，导致计入利润表的财务费用下降，则企业会因此而降低财务风险。但是也应该看到，企业可能因贷款规模的降低而限制了其发展。

（2）贷款利息率和贷款期限。

从企业融资的角度来看，贷款利息率的具体水平主要取决于一定时期资本市场的供求关系、贷款规模、贷款的担保条件以及贷款企业的信誉等。在利率的选择上，可以采用固定利率、变动利率或浮动利率等。可见，在贷款利率中，既有企业不可控制的因素，也有其可以选择的因素。在不考虑贷款规模和贷款期限的条件下，企业的利息费用将随着利率水平而波动。从总体上说，贷款期限对企业财务费用的影响，主要体现在利率因素上。

由于企业的利率水平主要受一定时期资本市场的利率水平的影响，所以在分析时，不应对企业因贷款利率的宏观下调而导致的财务费用降低给予过高的评价。

总之，财务费用是由企业筹资活动而发生的费用，因此在进行财务费用分析时，应当将财务费用的增减变动和企业的筹资活动联系起来，分析财务费用增减变动的合理性和有效性，发现其中存在的问题，查明原因，采取对策，以期控制和降低费用，提高企业的利润水平。

6.所得税费用的分析

“所得税费用”项目是指企业根据所得税准则确认的应从当期利润总额中扣除的所得税支出。所得税费用应在利润表中单独列示。

所得税费用=应纳税所得额×所得税税率

应纳税所得额=利润总额±纳税调整数额

由利润总额调整为应纳税所得额的调增部分包括：未计入利润总额的应税收入项目（收入类）；税收不允许扣除的支出项目（支出类）、超出税收规定扣除标准的支出金额（支出类）；资产损失和非流动资产的折旧、摊销、折耗金额的纳税调整项目（资产类）；企业计提的各类准备金的纳税调整；房地产开发企业按本期预售收入计算的预计利润的纳税调整；涉及特别纳税调整项目的纳税调整等。

由利润总额调整为应纳税所得额的调减部分包括：已计入利润总额，但税收规定可以暂不确认为应税收入的项目（收入类）；在以前年度进行了纳税调增，根据税收规定从以前年度结转过来在本期扣除的项目金额（支出类、资产类）。例如，不征税收入、免税收入、减计收入以及房地产开发企业本期结转销售收入的预售收入已按规定计算并允许调减的预计利润等。

子任务3　利润项目的阅读与分析

一、利润项目的阅读

1.营业利润的阅读

以营业收入为基础，减去营业成本、税金及附加、销售费用、管理费用、财务费用，加上公允价值变动收益、投资收益以及资产减值损失，即得到企业的营业利润。营业利润是企业在生产经营活动中实现的经营性利润，它是形成企业最终财务成果的核心部分。

2.利润总额的阅读

以营业利润为基础，加上营业外收入减去营业外支出得到利润总额。其中，非流动资产处置净损失应当单独列示。利润总额是企业最终实现的财务成果，它反映了企业的投入产出效率与管理水平的高低。

3.净利润的阅读

净利润又称税后净利，它是以利润总额为基础减去所得税费用后的余额。如果为净亏损则以“-”号填列到利润表当中。税后净利润归属于企业所有者，因此，企业若实现净利润就增加了所有者权益，而发生净亏损则减少了所有者权益。

二、利润项目的分析

1.营业利润的分析

企业营业利润的多少，代表了企业的总体经营管理水平和效果。通常营业利润越多的企业，效益越好。在进行具体分析时，还应注意以下问题：

（1）营业利润不但包括主营业务利润，还包括其他业务利润。所以当企业多元化经营，多种经营业务开展得较好时，其他业务利润会弥补主营业务利润低的缺陷；但如果企业其他业务利润长期高于主营业务利润，则企业应适当考虑产业结构的调整问题。

（2）关注其他业务利润的用途，是用于发展主营业务，还是用于非生产经营性消费。如果是前者，企业的盈利能力会越来越强；如果是后者，企业将缺乏长远盈利能力。

当企业营业利润较小时，应着重分析主营业务利润的大小、多种经营的发展情况和期间费用的多少。如果企业主营业务利润和其他业务利润均较大，但期间费用较高，也会出现营业利润较小的情况，这时，就应重点分析销售费用、管理费用和财务费用项目。分析这几项费用的构成，找出费用居高的原因，严格控制和管理，通过降低费用提高营业利润。

2.利润总额的分析

利润总额的分析，是根据利润表所反映的数据以及有关资料进行的，侧重于根据组成利润总额的几个主要项目来进行比较分析。

任务训练3-6

欣达公司2022年利润总额的构成情况见表3-6，请做出分析评价。

表3-6 利润总额构成情况表 单位：万元

项目	2021年实际	2022年计划	2022年实际
营业利润	769	1 500	1 493
营业外收入	15	14	16
营业外支出	38	12	16
利润总额	746	1 502	1 493

根据表3-6中提供的资料，可以从以下三个方面进行分析：

（1）分析利润总额的增长与完成情况。

首先，将企业2022年利润总额的实际数与计划数进行对比，计算本年利润总额计划的完成程度，并将本年利润总额同上年利润总额进行比较，计算利润增长率，以动态观察企业利润的增长情况。

实际利润总额超额（或没有）完成计划数=实际利润总额-计划利润总额

=1 493-1 502=-9（万元）

$$利润总额计划完成程度=\frac{实际利润总额}{计划利润总额}\times100\%$$

$$=\frac{1493}{1\,502}\times100\%=99.40\%$$

本年利润较上年增长额=本年利润总额-上年利润总额

=1 493-746=747（万元）

$$利润增长率=\frac{利润增长额}{上年利润总额}\times100\%$$

$$=\frac{747}{746}\times100\%=100.13\%$$

上述计算表明，该企业利润总额没有完成预定计划，但与上年比较，利润总额增加了747万元，利润增长率为100.13%。应对计划制订的科学性以及导致计划未完成的原因进行深入分析。

其次，将组成利润总额的各项目的本年实际数同上年实际数进行比较，以便确定各项目对企业经营成果的影响程度。从表中可知，营业外收入增加1万元，使利润总额增加1万元，增长率为0.13%（1÷746×100%）；营业外支出减少22万元，使利润总额增加22万元，增长率为2.95%（22÷746×100%），具体原因有待进一步分析。

（2）分析利润总额构成的变动情况。

企业的利润总额包括营业利润和营业外收支。在一般情况下，营业利润反映了企业正常生产经营活动的成果，而营业外收支项目则反映与其经营活动无直接关系的各项收入和支出。因此，应重点对营业外支出项目进行分析，着重检查是否严格按照国家规定的项目、范围和标准列支，是否违反了国家关于成本开支范围的规定，把应计入产品成本中的费用也挤到营业外支出中，从而在成本指标中造成虚假现象等。

通过营业外收支的分析，可以补充说明企业工作的质量，揭露企业工作中的薄弱环节，并据以制定措施，改进工作。

一般情况下，营业利润是企业生产活动中的主要业务所得，它是利润总额的基本构成因素，在利润总额中占的比重应最大，而营业外收支等在利润总额中所占比重应较小。根据这个原则，在分析时，就要注意企业利润总额的构成是否符合上述情况。如果企业的利润总额是在扩大其他销售利润的基础上完成的，说明企业过多地从事了基本生产经营活动以外的业务活动，若不是产品结构或经营方针进行重大调整，势必会妨碍企业的基本生产经营活动。所以，还应当结合企业的情况做进一步的分析，以查明原因。

（3）对影响利润总额的各个组成部分进行分析。

企业的净利润等于利润总额减去所得税费用后的余额。在正常情况下，企业的非营业利润较少，所得税相对稳定。因此，只要营业利润较大，利润总额和净利润也会较高，在分析时应注意以下问题：

①如果企业的利润总额和净利润主要由非营业利润获得，则该企业利润实现的真实性和持续性应引起报表分析人员的重视。

②如果企业的营业利润主要由投资收益盈利获得，则应肯定以前的投资决策是正确的，但要分析内部经营管理存在的问题，以提高企业内部生产经营活动的创新能力。

3.净利润的分析

净利润是企业在一定时期实现的完全属于股东所有的经营成果，它不仅包括经营性的盈利，而且还包括投资、资本运作等理财性盈利和非经常性损益。因此，净利润的增减变动是利润表上所有项目增减变动的综合结果。在对营业利润和利润总额进行初步分析的基础上，进行净利润的增减变动及其构成的分析时，应将分析的重点放在本期净利润增减变动的主要项目上，尤其应分清经营性、经常性损益项目的影响和非经营性、非经常性损益项目的影响。

对于任何企业来讲，经营性的营业利润必须是构成净利润的最重要的部分，其金额应远远高于非经营性损益项目金额。反之，则企业正常的生产经营能力和生存能力令人怀疑。这一点在分析时应尤为引起重视。

对净利润分析的内容，包括对形成净利润的各项目的增减变动及其结构变动的分析，和对其中变动差异较大的重点项目的分析。

任务训练3-7

根据掌握的利润表各类项目的阅读与分析方法，解读【任务训练3-1】中你设计的利润表的各个项目，并做出简要的分析判断。

任务三

掌握利润表的综合分析方法

微课3-3

掌握利润表的综合分析方法

子任务1　利润表的增减变动分析

通过编制利润表的水平分析表，可以对利润的增减变动情况进行分析。

任务训练3-8

根据表3-1，编制欣达公司利润表的水平分析表见表3-7，请做出分析评价。

表3-7　　**利润表（水平分析表）**　　金额单位：万元

项目	2021年	2022年	增减额	增减百分比（%）
一、营业收入	12 521	18 889	6 368	50.86
减：营业成本	8 840	12 000	3 160	35.75
税金及附加	370	420	50	13.51
销售费用	1 100	1 575	475	43.18
管理费用	1 370	3 170	1 800	131.39
研发费用				
财务费用	60	130	70	116.67
加：其他收益				
投资收益（损失以“–”号填列）	38	–46	–84	–221.05
净敞口套期收益（损失以“–”号填列）				
公允价值变动收益（损失以“–”号填列）				
信用减值损失（损失以“–”号填列）				
资产减值损失（损失以“–”号填列）	–50	–55	–5	10.00
资产处置收益（损失以“–”号填列）				
二、营业利润（亏损以“–”号填列）	769	1 493	724	94.15
加：营业外收入	15	16	1	6.67
减：营业外支出	38	16	–22	–57.89
其中：非流动资产处置净损失				
三、利润总额（亏损以“–”号填列）	746	1 493	747	100.13
减：所得税费用	246	493	247	100.41
四、净利润（净亏损以“–”号填列）	500	1 000	500	100.00
五、其他综合收益的税后净额				
六、综合收益总额	500	1 000	500	100.00
七、每股收益：				
（一）基本每股收益				
（二）稀释每股收益				

结合表3-7，可以对欣达公司的利润增减变动情况进行分析评价。在进行分析时，应对几个关键的指标进行重点分析。

1. 净利润分析。净利润是企业经营的最终成果，是衡量一个企业经营效益的主要指标：净利润多，企业的经营效益就好；净利润少，企业的经营效益就差。欣达公司在2022年实现净利润1 000万元，比2021年增长了500万元，增长率为100%。净利润增长的主要原因是2022年利润总额比2021年增长了747万元，同时2022年所得税费用也比2021年增长了247万元，两者相抵后，2022年净利润仍比2021年增加了500万元。显然，对利润总额的增长还应做进一步的分析。

2. 利润总额分析。利润总额是企业在一定时期内经营活动的税前成果。欣达公司在2022年实现利润总额1 493万元，比2021年增长了747万元，增幅为100.13%。经分析，主要原因是企业的营业利润增长了724万元。另外，2022年营业外收入较2021年增加了1万元，2022年营业外支出较2021年减少22万元，营业外收支共使利润总额增加23万元。两个因素共同作用，使利润总额增长了747万元。显然，营业利润增长是利润总额增长的主要原因。为此，还应对营业利润做进一步的分析。

3. 营业利润分析。营业利润是企业在生产经营活动中实现的经营性利润。欣达公司在2022年实现营业利润1 493万元，比2021年增长了724万元，增幅为94.15%。

经分析，主要原因是2022年营业收入较2021年有较大幅度的增加，增幅为50.86%，虽然营业成本、税金及附加、销售费用、管理费用和财务费用等项均有一定程度的增加，但仍不能抵销营业收入的增长。值得注意的是，2022年管理费用和财务费用较2021年都有大幅度的增加，企业应结合具体情况，分析这两项费用增加的具体原因，从而找出解决的办法。另外，2022年投资净收益出现了负值，说明企业有可能出现了投资失误，在分析时也应引起注意。

子任务2　利润表的构成变动分析

通过编制利润表的垂直分析表，可以对利润构成的变动情况进行分析。

任务训练3-9

根据表3-1，编制欣达公司利润表的垂直分析表见表3-8，请做出分析评价。

表3-8　利润表（垂直分析表）　单位：%

项目	2021年	2022年	变动幅度
一、营业收入	100.00	100.00	—
减：营业成本	70.60	63.53	−7.07
税金及附加	2.96	2.22	−0.74
销售费用	8.79	8.34	−0.45
管理费用	10.94	16.78	5.84
研发费用			

续表

项目	2021年	2022年	变动幅度
财务费用	0.48	0.69	0.21
加：其他收益			
投资收益（损失以“–”号填列）	0.30	–0.24	–0.54
净敞口套期收益（损失以“–”号填列）			
公允价值变动收益（损失以“–”号填列）			
信用减值损失（损失以“–”号填列）			
资产减值损失（损失以“–”号填列）	–0.40	–0.29	0.11
资产处置收益（损失以“–”号填列）			
二、营业利润（亏损以“–”号填列）	6.14	7.90	1.76
加：营业外收入	0.12	0.08	–0.04
减：营业外支出	0.30	0.08	–0.22
其中：非流动资产处置净损失			
三、利润总额（亏损以“–”号填列）	5.96	7.90	1.94
减：所得税费用	1.96	2.61	0.65
四、净利润（净亏损以“–”号填列）	3.99	5.30	1.31
五、其他综合收益的税后净额			
六、综合收益总额	3.99	5.30	1.31
七、每股收益：			
（一）基本每股收益			
（二）稀释每股收益			

从表3–8中可以看出，欣达公司2022年度财务成果的构成情况：营业利润占营业收入的比重为7.90%，比上年度的6.14%增长了1.76%；利润总额占营业收入的比重为7.90%，比上年度的5.96%增长了1.94%；净利润占营业收入的比重为5.30%，比上年度的3.99%增长了1.31%。由此可见，从企业利润的构成上看，盈利能力比上年有所提高。

从营业利润的内部结构变化看，2022年度营业利润所占营业收入比重的提高，主要源于营业成本、税金及附加和销售费用的比重较2021年有所降低。另外，资产减值损失的比重也有所下降，说明企业在成本控制和资产管理上取得了成绩。值得注意的是，2022年的管理费用和财务费用的比重比2021年分别提高5.84%和0.21%，这对公司取得营业利润是个不利的因素，要结合企业具体情况做深入分析。

综上所述，该公司在增收节支、开源节流方面取得了一定成效。

任务训练3-10

将学生4~6人分为一组，运用所学方法，以欣达公司为例，提炼分析思路、重点项目，以数据为佐证，对欣达公司的经营成果做出分析评价，并找出管理中存在的问题，提出解决问题的初步设想。字数不超过800字，在规定时间内上交。任课教师将根据每人成绩与质量评定小组得分，记入平时考核成绩。

项目小结

利润表是反映企业一定时期经营成果的报表，它能够反映企业在一定期间内利润（或亏损）的实现情况以及企业的盈利水平。

本项目以利润表为主线，介绍了利润表的格式、内容及各要素之间的关系，重点阐述了对收入、费用和利润项目的阅读和分析方法，以及对利润表进行综合分析的方法，包括利润额增减变动分析和利润构成的变动情况分析。

项目训练

一、知识掌握与应用

- **主要概念**

营业利润　利润总额　净利润　利润表

- **阅读理解**

1.分析利润表的意义是什么？

2.营业利润、利润总额及净利润之间是什么关系？

- **知识应用**

1.如何通过利润表分析来判断企业经营成果与管理水平？

2.对营业利润的分析应注意哪些问题？

二、技能测试与考核

- **技能题**

通过专业调研或顶岗实习等渠道，了解一家公司的经营状况，并对其某一时期的利润表做出初步的分析评价。

- **能力题**

【案例分析1】资料：华日公司是一家上市公司，它主要生产小型及微处理电子机器。其市场目标主要定位于小规模企业及个人。该公司的产品因其质量优良，价格合理，在市场上很受欢迎，销路很好，该公司也因此发展壮大起来。公司当前正在做2022年的财务状况分析，其财务总监要向总经理汇报2022年公司经营成果的完成情况，并提出分析数据。

公司的会计师小孔主要负责利润的核算和分析工作，财务总监要求小孔对公司2022

年度有关经营成果的资料进行整理和分析，并就公司经营成果的完成情况写出分析的结果，以供公司领导决策时加以考虑。接到财务总监交给的任务后，小孔立即开始搜集公司有关经营成果的资料。具体资料见表3-9：

表3-9 利润表

编制单位：华日公司 2022年度 单位：万元

项目	2022年	2021年
一、营业收入	6 000	5 000
减：营业成本	3 400	2 800
税金及附加	360	300
销售费用	540	400
管理费用	660	500
研发费用		
财务费用	160	200
加：其他收益		
投资收益（损失以“-”号填列）	140	110
净敞口套期收益（损失以“-”号填列）		
公允价值变动收益（损失以“-”号填列）		
信用减值损失（损失以“-”号填列）		
资产减值损失（损失以“-”号填列）	-20	-10
资产处置收益（损失以“-”号填列）		
二、营业利润（亏损以“-”号填列）	1 000	900
加：营业外收入	160	50
减：营业外支出	60	50
其中：非流动资产处置净损失		
三、利润总额（亏损以“-”号填列）	1 100	900
减：所得税费用	300	250
四、净利润（净亏损以“-”号填列）	800	650
五、其他综合收益的税后净额		
六、综合收益总额	800	650
七、每股收益：		
（一）基本每股收益		
（二）稀释每股收益		

要求：请根据以上资料，协助会计师小孔做好以下分析工作：

（1）运用水平分析法编制利润表的增减变动分析表；

（2）运用垂直分析法编制利润表的构成变动分析表；

（3）对公司2022年度的利润完成情况进行综合分析评价。

【案例分析2】资料：顺达公司2020年至2022年的主要财务数据见表3-10：

表3-10　　顺达公司财务数据　　单位：万元

项　目	2020年	2021年	2022年
货币资金	30 000	20 000	5 000
应收账款	200 000	260 000	290 000
存货	400 000	480 000	600 000
固定资产净值	800 000	800 000	800 000
资产总计	1 430 000	1 560 000	1 695 000
应付账款	230 000	300 000	380 000
其他应付款	200 000	210 000	225 000
短期借款	100 000	100 000	140 000
长期借款	300 000	300 000	300 000
股本	100 000	100 000	100 000
留存收益	500 000	550 000	550 000
负债和所有者权益总计	1 430 000	1 560 000	1 695 000
营业收入	4 000 000	4 300 000	3 800 000
营业成本	3 200 000	3 600 000	3 300 000
净利润	300	200	100

要求：对公司三年来的财务状况和经营业绩做出评价，并分析公司在管理上是否存在问题。

● 实训题

1.资料：利民公司202×年度有关利润的资料见表3-11：

表3-11　　利润表（简表）

编制单位：利民公司　　202×年度　　单位：元

项目	计划	实际
营业利润	1 000 112	1 102 740
营业外收入	53 465	62 532
营业外支出	87 409	91 046
利润总额	966 168	1 074 226

要求：根据上表资料，运用水平分析法对利民公司的利润完成情况进行分析。

2.资料：光明公司2022年度的利润表见表3-12：

表3-12 利润表

编制单位：光明公司　　2022年度　　单位：元

项目	2022年	2021年
一、营业收入	1 938 270	2 205 333
减：营业成本	1 083 493	1 451 109
税金及附加	79 469	92 624
销售费用	96 310	93 254
管理费用	188 980	170 500
研发费用		
财务费用	69 500	58 000
加：其他收益		
投资收益（损失以“-”号填列）	42 500	30 000
净敞口减值损失（损失以“-”号填列）		
公允价值变动收益（损失以“-”号填列）		
信用减值损失（损失以“-”号填列）		
资产减值损失（损失以“-”号填列）	-25 650	-24 636
资产处置收益（损失以“-”号填列）		
二、营业利润（亏损以“-”号填列）	437 368	345 210
加：营业外收入	60 000	80 000
减：营业外支出	29 000	22 000
其中：非流动资产处置净损失		
三、利润总额（亏损以“-”号填列）	468 368	403 210
减：所得税费用	196 619	173 389
四、净利润（净亏损以“-”号填列）	271 749	229 821
五、其他综合收益的税后净额		
六、综合收益总额	271 749	229 821
七、每股收益：		
（一）基本每股收益		
（二）稀释每股收益		

要求：根据上表资料，运用垂直分析法对光明公司的利润构成变动情况进行分析。

三、德技并修与提升

● 课程阅读

企稳、绿色、创新

——从2021年年报看中国经济的高质量发展

2022年4月30日，上市公司2021年年报悉数出齐，中国上市公司协会、上海证券交易所、中国证券业协会也陆续发布相关统计数据，回顾了国内上市公司2021年整体经营情况。作为中国经济最为活跃的微观主体，4 600多家上市公司2021年整体表现如何？有哪些特色和亮点呢？

一、营业收入增长明显

根据中国上市公司协会最新统计数据显示，2021年，全市场新增上市公司524家，总家数4 682家，总市值96.53万亿元，规模稳居全球第二。

2021年，上市公司共实现营业总收入64.97万亿元，同比增长19.81%，远高于当年GDP增速。全年共实现净利润5.30万亿元，同比增长19.56%。约八成公司实现收入增长，四成公司收入连续三年持续增长。

按照证监会公布的行业划分标准，19个行业大类中，利润排在前三的行业分别是金融业、制造业和采矿业，上述三个行业合计贡献上市公司整体净利润的近88%。交通运输、仓储和邮政业，文化、体育和娱乐业，住宿和餐饮业等行业扭亏为盈，净利润同比分别增长7 945.84%、335.12%和120.24%。同时，房地产业、租赁和商务服务业等行业受疫情等因素影响，公司盈利修复基础尚不牢固，导致净利润持续下滑。

作为中国宏观经济里面最重要、最有活力的微观主体，上市公司在2021年的表现可圈可点。2021年营业收入和利润都出现了非常明显的增长，这点和受到疫情冲击的2020年的整个上市公司的业绩相比，有非常大的进步，也表现出整个中国经济在企稳中的韧性和经济恢复强劲的程度。

二、科创板“绿色引擎”提升发展动能

从上海证券交易所发布的年报统计数据来看，沪市整体业绩亮眼。尤其是420家科创板公司，业绩保持较快增长，凸显了“硬科技”优势。

2021年，科创板公司共计实现营业收入8 344.54亿元，同比增长36.86%。近九成公司营业收入增长，41家公司营业收入翻番。近七成公司归母净利润增长，61家公司增幅在100%以上，最高达18倍。

科创板上市公司多集中在高新技术产业和战略性新兴产业，其中，集成电路领域公司总数达55家，形成上下游链条完整、产业功能齐备的发展格局。生物医药领域上市公司总数93家，成为美股市场、港股市场之外全球主要上市地。光伏、动力电池、工业机器人等产业链也已初具规模。

2021年是“十四五”开局之年，科创板公司立足科技创新，整体业绩延续了较快增长态势。在我国深入推进“碳达峰、碳中和”的战略背景下，科创板公司以技术创新驱动“绿色引擎”，光伏、动力电池等产业链持续加快新能源转型升级。同时，科创板机构投资者占比逐年提升，市场结构更加合理。截至2021年年底，科创板公司的专业机构投资者活跃账户数接近5万户，同比增长63%。而科创板的国际吸引力和影响力也在进一步提升，截至目前，已有44只科创板股票进入沪股通标的，38只科创板股票被纳入明晟（MSCI）、富时罗素、标普等核心指数体系。随着外资投资科创板渠道进一步拓宽，外资持股规模也在不断提高。

三、加大研发投入，迈向高质量发展

在多份年报统计数据中均显示：2021年上市公司在研发投入方面持续增加，转型升级加速推进。沪市主板公司借助高研发投入，引领创新驱动发展的力度进一步增强。

上交所数据显示，沪市实体公司研发强度连续3年保持正向增长，全年研发投入金额合计7 006亿元，同比增长26%。其中，107家公司研发投入超过10亿元，中国建筑、上汽集团、中国移动等13家公司研发投入超过100亿元。

2021年，科创板公司全年研发投入金额合计达到852.40亿元，同比增长29%，研发投入占营业收入的比例平均为13%。科创板公司全年合计新增发明专利7 800余项，平均每家公司拥有的发明专利数达到108项，66家次公司牵头或者参与的项目曾获得国家科学技术奖等重大奖项。

纵观整体上市公司情况，中国上市公司协会的数据显示，2021年，非金融类上市公司研发投入金额合计约1.31万亿元，同比增长23.53%，占全国企业研发支出总额的47.02%。研发强度排在前三位的行业分别是教育、科学研究和技术服务业，信息传输业，软件和信息技术服务业。我们看到，2021年，上市公司在推动研发创新，持续加大资本支出，优化资本结构等方面表现突出。

2021年年报很重要的一个亮点就是上市公司的整体研发投入的增加。既反映了整个中国上市公司在产业升级和高质量发展方面进行了更多投入，也反映出整个上市公司对于下一阶段中国经济的恢复所表现出来的信心，必将为推动中国经济由高速增长迈向高质量发展提供动力支撑。

北京证券交易所上市公司首份年报也全部出齐。虽然受到疫情等因素影响，但北交所公司盈利增速不减，上市公司加大“专精特新”研发投入，持续修炼内功。具体来看，89家公司全部按时披露2021年年报，共实现营业收入668.93亿元，同比增长31.1%，盈利72.53亿元，同比增长23.6%。其中，52家公司实现营业收入和净利润双增长，占比58%。北交所数据显示，做好研发才是降低成本的捷径，在受到疫情影响的情况下，北交所上市公司并没有用缩减研发投入的办法来缓解运营压力。2021年北交所公司研发开支合计31.72亿元，同比增长42.8%。其中，29家公司收入或盈利同比下滑，但研发开支保持增长，占比33%；15家公司研发开支增速超过50%。

北交所公司主要集中在工业、信息技术、医疗保健、材料等行业，尽管现阶段规模较小，但在关键技术和赛道上对加强我国产业链的完整性和核心技术的自主性具有重要意义。北交所上市公司2021年经营质量整体表现良好，多数公司实现净利润和营业收入稳步增长，个别高景气度公司业绩表现十分亮眼，示范效应明显，能够很好带动北交所、新三板市场的发展。

资料来源　根据中央电视台2022年5月2日《朝闻天下》（1分09秒—9分13秒）相关报道加工整理。

● **课程拓展**

失算的数据买卖

4月15日是全民国家安全教育日。数字经济已经成为了国际竞争的制高点，数据领域面临的国家安全风险日益突出，尤其是国家基础信息、国家核心数据日益成为境外情报窃密的重要目标。不久前，国家安全机关破获了一起为境外刺探、非法提供高铁数据的重要案件。详情请看《焦点访谈》：失算的数据买卖（https：//finance.sina.cn/2022-04-13/detail-imcwipii4114562.d.html）。

维护国家信息安全是每个公民的义务，作为财务人员，这个案件中的哪个财务指标引起了你的警觉？你从这个案件中得到了哪些启示？从专业的角度出发，你能为维护国家信息安全履行哪些监督、控制责任？

项目四 4

现金流量表分析

学习目标

知识目标：

1. 了解现金流量表的性质、作用与编制基础，以及现金及现金等价物的含义与内容；
2. 掌握现金流量表的格式、内容以及现金流量的种类与计算公式；
3. 熟悉决定收益质量的主要因素。

技能目标：

1. 能计算现金流量比率分析的两大类、七个具体指标，并根据计算结果做出客观、准确的评价；
2. 能编制现金流量结构分析表，并根据计算结果分析企业现金流量的变动情况，预测未来的发展趋势；
3. 能用图示法阐明现金流量表与其他主要报表的勾稽关系，并据此对企业的财务状况、经营成果及收益质量等做出全面评价。

素质目标：

1. 树立现金为王的财务理念与风险管理意识，培养严谨、细致、精益求精的职业习惯；
2. 培养学生遵纪守法、稳健经营的社会责任意识；
3. 培养学生业财融合的财务管理思维和守正创新、公平正义的职业精神；
4. 培养学生关注民族企业发展的公民意识，强化家国情怀和民族自信。

项目导读

现金为王

伴随着市场经济的发展，企业的数量不断增多，企业之间的竞争也变得更加激烈。据统计，平均每新成立两家企业的同时，社会上就会有一家企业破产，而许多破产企业的利润表中反映企业的经营是盈利的，为什么会出现这种状况呢？原因主要有两个：一是财务人员提供的财务报表是经过粉饰的虚假信息；二是利润表中的信息本身是客观真实的，但企业的收益质量较差，即没有同步形成现金回流。由于利润表与现金流量表的编制基础不同，也有可能形成事实上的资金链断裂。

1992年，英国的一位分析师Terry Smith出版了《利用会计实现增长》（Accounting for Growth）一书。在书中，他根据自身掌握的大量素材，揭示了诸多粉饰财务状况的会计方法，并对英国相当多的公司所采用的粉饰方法进行了统计。在他的统计中，许多英国著名公司都未能幸免。此书轰动了英国乃至世界。在对上述现象进行剖析之后，作者感叹“Cash is king!”，即“现金为王”。意思是说，企业按权责发生制原则进行会计处理，会导致众多的粉饰方法，但任何粉饰方法，均难以改变企业的现金流量。从另一个角度来说，这意味着企业的现金流量表可信度较高。

1997年亚洲爆发金融风暴，很多企业都因此破产了，能够幸免于难的都是那些现金流量比较优良的企业。如果企业现金不足，将会出现如下后果：

（1）因赊欠货款的不断增加而导致供货商终止供货，无法继续生产；

（2）企业因拖欠货款而官司缠身，无法正常经营；

（3）工人工资无法按时发放，导致企业人心惶惶；

（4）到期债务无法按时归还，将导致企业被迫清算破产。

要知道利润表里的净利润，并不是企业真正赚到手的钱，它不意味着企业拥有相同数量可支配的现金，这也是我们为什么需要现金流量表的原因。记住啊，现金为王！

请思考：

1.财务人员应本着什么原则提供财务报表信息？

2.如果财务人员提供了虚假财务信息会受到什么处罚？

3.通常对哪两张主要报表项目进行对比，能初步判断企业经营的质量？

4.你如何理解现金为王？

任务一

初识现金流量表分析

微课 4-1

初识现金流量表分析

一、现金流量表的性质与作用

【知识广角 4-1】

在财政部于2006年2月15日颁布的企业会计准则体系中，第31号具体准则就是关于现金流量表的。它规范的是个别现金流量表的编制和列报，自2007年1月1日起在上市公司范围内执行，同时鼓励其他企业参照执行。新准则与1998年颁布执行、2001年修订的老准则相比，并没有实质性的变化，只是更为精练和系统化，表现出与国际会计准则的趋同。编制现金流量表已成为财务会计的一个国际标准。

现金是企业的血液，企业发生的任何经营活动都始于现金而终于现金。现金流量表就是反映企业在一定会计期间现金和现金等价物流入和流出情况的报表。这里的现金是指企业的库存现金以及可以随时用于支付的存款，具体包括：库存现金、银行存款和其他货币资金。现金等价物是指企业持有的期限短、流动性强、易于转换为已知金额现金、价值变动风险很小的投资，如自购买之日起3个月内到期的短期债券。

在市场经济条件下，企业的现金流转情况在很大程度上影响着企业的生存和发展。现金管理已经成为企业财务管理的一个重要内容，正日益受到管理人员、投资人、债权人以及政府监管部门的关注。

现金流量表是以现金为基础编制的，它是对资产负债表和利润表的重要补充。编制现金流量表，可以为报表使用者提供企业现金流入和现金流出的信息，揭示其变动的原因；分析现金流量表，可以了解和评价企业在一定时期内的支付能力、偿债能力、周转能力以及获取现金的能力，并据以预测未来的现金流量，同时也有助于分析企业的收益质量和影响现金净流量的因素，以便于对企业整体的财务状况和生存质量做出全面、准确的评价，为报表使用者提供最权威的对决策有用的信息。

【小提示 4-1】

利润表是按权责发生制原则编制的，现金流量表是按收付实现制原则编制的。在编制现金流量表时，企业的银行存款与现金等价物之间的资金转换，不视为现金的流入或流出。企业存放在银行和金融机构中不可提前支取的定期存款不视为现金。

现金流量表的核心是现金流量，要进行现金流量分析，首先要了解现金流量及其分类。

现金流量是一定时期内，企业现金流入和流出的数量。如企业销售商品、向银行借款等取得现金而形成的现金流入；购买原材料、偿还债务等支付现金而形成的现金流出等。通常按照企业经营业务发生的性质，将企业一定时期内产生的现金流量归为三类：

1.经营活动产生的现金流量

经营活动是指企业投资活动和筹资活动以外的所有交易和事项，如销售商品或提供劳务、经营性租赁、购买货物或接受劳务、制造产品、广告宣传、缴纳税款等。其具体包括7项内容，详见表4-1。

2.投资活动产生的现金流量

投资活动是指企业长期资产的购置和不包括在现金等价物范围内的投资及其处置活动，如取得投资收益所收到的现金、购建固定资产所支付的现金等。具体包括9项内容，详见表4-1。

3.筹资活动产生的现金流量

筹资活动是指导致企业资本及债务规模和构成发生变化的活动。这里所说的资本，包括资本（股本）和资本溢价（股本溢价）。与资本有关的现金流入和流出项目，包括吸收投资、发行股票、分配利润等。这里所说的债务，是指企业对外举债所借入的款项，如发行债券，向金融企业借入款项以及偿还债务等。具体包括6项内容，详见表4-1。

【知识广角4-2】

根据《企业会计准则第31号——现金流量表》第六条的规定，对于自然灾害损失、保险索赔等特殊项目，企业应当根据其性质，分别归并到经营活动、投资活动和筹资活动现金流量类别中单独列报。

二、现金流量表的格式与内容

根据《企业会计准则第31号——现金流量表》第四条的规定，现金流量表应当分别按经营活动、投资活动和筹资活动三大类列报现金流量，每一类又进一步分为现金流入、现金流出及现金流量净额。现金流量表的基本格式应包括以下三个部分。

1.表头

表头主要标明报表的名称、编制单位名称、编制时间、计量单位及报表编号。

2.基本部分（正表）

基本部分包括六个项目：前三个项目分别是企业的经营活动、投资活动和筹资活动产生的现金流量；第四项是汇率变动对现金及现金等价物的影响；第五项是现金及现金等价物的净增加额，其金额等于前四个项目的现金流量净额之和；第六项是期末现金及现金等价物余额，其金额等于第五项加上期初现金及现金等价物余额。

3.补充资料（报表附注）

补充资料主要包括三部分内容：将净利润调节为经营活动现金流量；不涉及现金收支，但影响企业财务状况或在未来可能影响企业现金流量的重大投资和筹资活动；现金及现金等价物的净变动情况。按照《企业会计准则应用指南》的规定，现金流量表的补充资料是财务报表附注中必须披露的主要内容，为便于初学者了解报表项目之间的内在联系，特在此处介绍。

现金流量表的具体格式见表4-1。

表4-1 现金流量表 会企03表

编制单位：康赛公司 202×年度 单位：元

项目	本期金额	上期金额（略）
一、经营活动产生的现金流量：		
销售商品、提供劳务收到的现金	6 074 146 956.86	
收到的税费返还	93 936 748.81	
收到其他与经营活动有关的现金	37 300 799.15	
经营活动现金流入小计	6 205 384 504.82	
购买商品、接受劳务支付的现金	4 299 038 995.54	
支付给职工以及为职工支付的现金	228 045 774.61	
支付的各项税费	283 477 427.42	
支付其他与经营活动有关的现金	971 276 037.21	
经营活动现金流出小计	5 781 838 234.78	
经营活动产生的现金流量净额	423 546 270.04	
二、投资活动产生的现金流量：		
收回投资收到的现金		
取得投资收益收到的现金	627 649.18	
处置固定资产、无形资产和其他长期资产收回的现金净额	377 191 615.34	
处置子公司及其他营业单位收到的现金净额		
收到其他与投资活动有关的现金	7 315 665.63	
投资活动现金流入小计	385 134 930.15	
购建固定资产、无形资产和其他长期资产支付的现金	178 862 146.82	
投资支付的现金		
取得子公司及其他营业单位支付的现金净额		
支付其他与投资活动有关的现金		
投资活动现金流出小计	178 862 146.82	
投资活动产生的现金流量净额	206 272 783.33	

续表

项目	本期金额	上期金额（略）
三、筹资活动产生的现金流量：		
吸收投资收到的现金		
取得借款收到的现金	916 390 000.00	
收到其他与筹资活动有关的现金	25 412 931.71	
筹资活动现金流入小计	941 802 931.71	
偿还债务支付的现金	1 039 830 000.00	
分配股利、利润或偿付利息支付的现金	264 849 419.70	
支付其他与筹资活动有关的现金	71 884.98	
筹资活动现金流出小计	1 304 751 304.68	
筹资活动产生的现金流量净额	−362 948 372.97	
四、汇率变动对现金及现金等价物的影响		
五、现金及现金等价物净增加额	266 870 680.40	
加：期初现金及现金等价物余额		
六、期末现金及现金等价物余额		
补充资料	**本期金额**	**上期金额（略）**
1.将净利润调节为经营活动现金流量：		
净利润	368 952 845.58	
加：资产减值准备	−103 887.68	
固定资产折旧、油气资产折耗、生产性生物资产折旧	183 431 375.14	
无形资产摊销	7 275 880.26	
长期待摊费用摊销	1 765 408.64	
处置固定资产、无形资产和其他长期资产的损失（收益以“−”号填列）	−441 542.20	
固定资产报废损失（收益以“−”号填列）		
公允价值变动损失（收益以“−”号填列）		
财务费用（收益以“−”号填列）	23 229 366.31	

续表

补充资料	本期金额	上期金额（略）
投资损失（收益以“-”号填列）	119 528 409.52	
递延所得税资产减少（增加以“-”号填列）		
递延所得税负债增加（减少以“-”号填列）		
存货的减少（增加以“-”号填列）	56 222 695.90	
经营性应收项目的减少（增加以“-”号填列）	-249 900 999.61	
经营性应付项目的增加（减少以“-”号填列）	-112 112 677.03	
其他	25 699 395.21	
经营活动产生的现金流量净额	423 546 270.04	
2.不涉及现金收支的重大投资和筹资活动：		
债务转为资本		
一年内到期的可转换公司债券		
融资租入固定资产		
3.现金及现金等价物净变动情况：		
现金的期末余额	849 123 666.06	
减：现金的期初余额	582 252 985.66	
加：现金等价物的期末余额		
减：现金等价物的期初余额		
现金及现金等价物净增加额	266 870 680.40	

基本部分第一项中的经营活动产生的现金流量净额，与补充资料第一项中的经营活动产生的现金流量净额，应当核对相符。因为前者是按直接法编制的，后者是按间接法编制的，结果应当一致。基本部分第五项中的现金及现金等价物净增加额，与补充资料中的第三项中的现金及现金等价物净增加额应当核对相符。基本部分中的数字是流入与流出的差额，补充资料中的数字是期末数与期初数的差额，计算依据不同，但金额应当一致，结果应当相符。

三、现金流量表的勾稽关系

了解现金流量表的勾稽关系是正确理解和准确分析企业现金流量表的基础。现金流量表的勾稽关系既包括报表本身项目内容之间的勾稽关系（前已述及），又包括现金流量表与其他主要财务报表之间的勾稽关系，如图4-1所示。

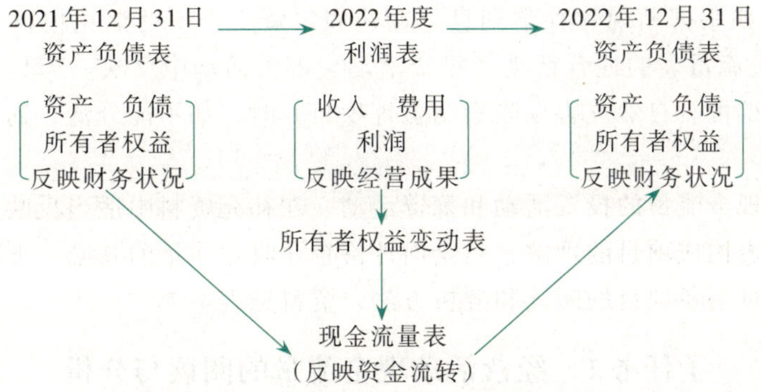

图4-1 主要财务报表之间的勾稽关系

【小提示4-2】

我们已经学习了分别从不同角度反映企业收益情况的财务报表，一张是利润表，一张是现金流量表，显然，收益不一定等于现金。当评价企业业绩时，你会如何选择？如果必须选其一，应选择现金流量表，否则，两个都选。因为这个问题如同问“哪只鞋更有用？”一样，显然，两只鞋都有用。

任务训练4-1

设计一个简单的现金流量表（基本部分），体现现金流量表的性质、结构、组成内容要件，正表中列示主要项目金额，并能根据项目金额解读现金流量表的主要作用。

任务二 掌握现金流量表项目的分析方法

阅读与分析现金流量表的首要前提，是了解现金流量表中现金流入与现金流出各项目的填报原则，通常情况下现金流量表中项目的填报，应遵守如下原则：

（1）现金流量表一般情况下应以总额反映现金的流入和流出状况，但下列情况可用净额反映：

①周转快、金额大、期限短（通常为3个月或更短时间）的项目；

②金额不大的项目，如处置固定资产发生的现金收入和相关支出；

③不反映企业自身交易或事项的现金流量项目。

（2）合理划分经营活动、投资活动和筹资活动。例如：同为企业发生的财务费用，应视其形成原因（如票据贴现和存款利息、购建固定资产产生的汇兑损益、银行贷款利息等），分别在现金流量表的经营活动、投资活动、筹资活动中反映。当具有多类现金流量特征（如缴纳所得税、自然灾害保险索赔款等项目）时，如不能分清，通常作为经营活动的现金流量反映。

（3）不涉及现金流量的投资活动和筹资活动，在补充资料中适当反映。

对现金流量表构成项目的理解，是全面评价企业收益质量的基础。下面以康赛公司为例，介绍现金流量表各项目的阅读和分析方法，资料见表4-1。

子任务1　经营活动现金流量的阅读与分析

【小提示4-3】

经营活动产生的现金流量直接反映企业创造现金的能力。充足的营业收入不仅可以支付营业支出所需要的现金，而且可为企业的投资和筹资活动提供保障。对经营活动现金流量的阅读与分析，不仅要关注各个项目本身的数量及构成，而且应与利润表、资产负债表的相关项目进行比较，以分析判断企业现金流量的质量。阅读与分析应从经营活动现金流量所包含的主要项目开始。

一、经营活动的现金流入量

在现金流量表中，一般按照经营活动现金流入的来源设置不同的项目，来具体反映经营活动现金流入量。

1.销售商品、提供劳务收到的现金

该项目反映企业销售商品、提供劳务实际收到的现金（含销售收入和应向购买者收取的增值税税额），即无论何时销售，只要本期收现。其包括：本期销售商品、提供劳务收到的现金，前期销售商品、提供劳务本期收到的现金和本期预收的账款，再减去本期退回商品支付的现金。企业销售材料和代购代销业务以及经营租赁收到的现金，也在本项目中反映。票据贴现属于企业的经营活动，发生的票据贴现息作为该项目的减项在收到的现金中扣除后反映。

企业经营活动的现金流入量，是整个企业全部现金流入量中最主要的组成部分。该项目金额较多是正常现象，反之，则要高度关注。康赛公司202×年现金流量表中该项目金额为6 074 146 956.86元，表明该公司202×年通过销售商品、提供劳务共收到现金6 074 146 956.86元，其中包括前期销售商品、提供劳务在本期收到的现金和本期预收的款项。同时，该项目还可与利润表中营业收入的金额相比较，借以分析判断企业当期营业收入的现金回笼情况。

销售商品、提供劳务收到的现金 = 当期销售商品或提供劳务收到的现金 + 当期收到现金的应收账款 + 当期收到现金的应收票据 + 当期发生的预收账款 − 当期因销售退回而支付的现金 + 当期收回前期核销坏账损失的现金

2.收到的税费返还

该项目反映企业收到返还的各种税费，具体指企业上交后由税务相关政府部门返还的增值税、所得税、消费税、关税和教育费附加等。康赛公司202×年共收到以现金形式返还的各种税费款93 936 748.81元。如果补贴收入金额较大，在评价企业业绩时应注意剔除补贴收入因素的影响，因为它只是国家税收优惠政策的体现，并不代表企业持续的盈利能力。

3.收到其他与经营活动有关的现金

该项目反映企业除了上述各项目外收到的其他与经营活动有关的现金流入，如银行存款利息、罚款收入、流动资产损失中由个人赔偿的现金收入等。该项目不是企业经营活动流入现金的主要渠道，少则正常，多则暴露出企业在管理中存在的问题。康赛公司202×年共收到37 300 799.15元，仅占经营活动现金流入的0.6%，较正常。

4.经营活动现金流入小计

该项目反映企业当期经营活动所收取的全部现金金额，在数量上应等于上述三个项目金额的合计数。康赛公司202×年经营活动共收到现金6 205 384 504.82元。

二、经营活动的现金流出量

在现金流量表中，一般按照企业经营活动的现金流出去向设置支出项目，来具体反映企业在经营活动的不同方面所实际支付的现金。

1.购买商品、接受劳务支付的现金

该项目反映企业为购买材料、商品或接受劳务等而实际支付的现金，包括支付的货款以及与货款一并支付的增值税进项税额。本项目是企业经营活动的现金流出量，也是企业总的现金流出量中最主要的组成部分。该项目金额较多是正常现象，但要与企业的生产经营规模相适应。康赛公司202×年为购买商品、材料等共支付了现金4 299 038 995.54元，其中包括本期支付前期购买商品、接受劳务的未付款项和本期的预付款项。本期发生进货退回收到的现金应从本项目中扣除。该项目还应与利润表中营业成本及资产负债表中存货项目的金额进行比较，借以全面评价企业付现的质量。

$$\text{购买商品、接受劳务支付的现金}=\text{当期购买商品、接受劳务支付的现金}+\text{当期付现的应付账款}+\text{当期付现的应付票据}+\text{当期预付的账款}-\text{当期因进货退回收到的现金}$$

2.支付给职工以及为职工支付的现金

该项目反映企业实际支付给职工的工资、奖金、各种津贴和补贴，以及为职工支付的其他费用，如企业为职工交纳的养老、失业等社会保险基金。支付的离退休人员的各项费用，包括支付的统筹退休金以及未参加统筹的退休人员的费用，在“支付其他与经营活动有关的现金”项目中反映；支付的在建工程人员的工资及奖金应在“购建固定资产、无形资产和其他长期资产支付的现金”项目中反映。康赛公司202×年该项目的现金流出为228 045 774.61元。

3.支付的各项税费

该项目反映企业按照规定当期支付给税务部门的各种税费，包括本期发生并支付的税费，以及本期支付以前各期发生的税费和预交的税金，如支付的教育费附加、矿产资源补偿费、印花税、房产税、土地增值税、车船税等。该项目不包括计入固定资产价值、实际支付的耕地占用税等，也不包括本期退回的增值税、所得税。康赛公司202×年支付的各项税费共计283 477 427.42元。

4.支付其他与经营活动有关的现金

该项目反映企业除上述各项目外支付的其他与经营活动有关的现金流出，如罚款支出、差旅费、业务招待费、保险费等。该项支出多属于固定性支出，并不促使营业收入呈正比例变化，因此应严格控制，对其支出的效益性应多加关注。康赛公司202×年实际用现金支付的其他与经营活动有关的现金共计971 276 037.21元。

5.经营活动现金流出小计

该项目反映企业当期在经营活动中实际支付的现金总额，在数量上等于经营活动中各项现金支出之和，是经营活动现金流入的抵减项目。康赛公司202×年经营活动共支出现金5 781 838 234.78元。

三、经营活动产生的现金流量净额

经营活动产生的现金流量净额可以从两个方面进行分析：

第一，利用主表资料进行分析。企业当期经营活动现金流入量小计与现金流出量小计之差即为经营活动产生的现金流量净额。康赛公司202×年全部经营活动共取得现金流量净额423 546 270.04元。

第二，利用补充资料将净利润调节为经营活动产生的现金流量净额。康赛公司202×年经营活动产生的现金流量净额为423 546 270.04元，其结果与采用直接法确定的经营活动产生的现金流量净额相一致。

【知识广角4-3】

补充资料的一项重要内容就是在企业当期取得的净利润的基础上，通过对有关项目的调整，计算出经营活动产生的现金流量净额。这种方法被称为间接法，即先列示净利润数额，然后加上导致经营活动现金增加的项目，减去导致经营活动现金减少的项目，从而得出经营活动产生的现金流量净额。

四、经营活动产生的现金流量质量分析

现金流量质量是指企业的现金流量按照企业的预期目标进行运转的质量。经营活动产生的现金流量一方面应体现企业发展的战略要求，另一方面应与企业经营活动产生的利润存在一定的对应关系，能为企业的扩张提供现金流量的支持。

经营活动产生的现金净流量可以从以下几方面进行分析：

1.经营活动产生的现金净流量小于零

这种情况是企业通过正常的购销活动带来的现金流入量，不足以应付因上述经营活动而引起的现金流出量。在企业成长阶段，由于生产阶段的各个环节尚不完善，同时，为了开拓市场，需要投入大量资金将自己的产品推向市场，从而有可能使企业在这一时期的经营活动现金净流量小于零。这是企业在发展过程中不可避免的正常现象。但是，如果企业在正常生产经营期间仍然出现这种状况，则说明企业经营活动产生的现金流量质量不高。

因为在这种情况下，企业必须采用一定手段向外筹措资金，来补充资金周转方面现金的不足，而这时企业的筹资能力是有限的。

经营活动现金流量不足的问题，可以通过多种途径来解决，如可以消耗企业现存的货币积累，挤占本来可以用于投资活动的现金、推迟投资活动的进行，进行额外贷款融资，拖延债务支付或者加大经营活动中的负债规模等。

2.经营活动产生的现金净流量等于零

这种情况是指企业通过正常的购销活动带来的现金流入量，刚好能补充经营活动引起的现金流出量，使二者处于平衡状态。由于企业的成本分为付现成本和不付现成本，当经营活动产生的现金净流量等于零时，企业经营活动产生的现金流量就不可能为不付现成本（如固定资产折旧、无形资产摊销等非现金消耗）提供货币补偿。在这种情况下，企业只能支付日常开支，经营风险一旦加大或者当资产消耗到一定程度时，企业就会面临严重的财务问题。所以，企业如果在正常生产经营期间持续出现这种状况，则说明企业经营活动的现金流量质量较差。

3.经营活动产生的现金净流量大于零

经营活动产生的现金净流量大于零的情况具体又分为三种状态：

（1）经营活动产生的现金净流量大于零但不足以弥补不付现成本

在这种情况下，企业面临的压力小于前两种状态，但是这种状态如果持续下去，从长远分析，企业经营活动产生的现金净流量仍然不可能维持经营活动的货币的简单再生产。

（2）经营活动产生的现金净流量大于零并刚好能弥补当期的不付现成本

在这种情况下，企业在经营活动方面的现金流量的压力得到缓解，但企业经营活动产生的现金流量不能为企业发展提供资金来源。

康赛公司该项目数额仅为经营活动现金流入的6.8%，恐怕难以为企业发展提供充裕的资金来源。

（3）经营活动产生的现金净流量大于零并在补偿不付现成本后仍有剩余

这种状态是企业经营活动现金流量运行的良好状态。这种状态说明企业购销活动带来的现金流量不仅能弥补经营活动中的全部成本，而且能为企业的投资活动提供现金流量的支持。如果持续这种状态，将对企业经营活动的发展、投资规模的扩大起到积极的推动作用。

任务训练4-2

结合利润表和现金流量表中的相关项目，举例说明收付实现制与权责发生制的区别以及你对企业收益质量影响的初步理解。

子任务2　投资活动现金流量的阅读与分析

一、投资活动的现金流入量

1.收回投资收到的现金

该项目反映企业出售、转让或到期收回除现金等价物以外的短期投资、长期股权投资而收到的现金，以及收回长期债权投资本金而收到的现金，不包括长期债权投资收回的利息，以及收回的非现金资产。康赛公司202×年没有收回对外投资。

2.取得投资收益收到的现金

该项目反映企业因股权性投资和债权性投资而取得的现金股利、利息，以及从子公司、联营企业或合营企业分回利润而收到的现金。股票股利不在本项目中反映。康赛公司202×年该项现金流入量为627 649.18元。

3.处置固定资产、无形资产和其他长期资产收回的现金净额

该项目反映企业处置固定资产、无形资产和其他长期资产所取得的现金，减去为处置这些资产而支付的有关费用后的净额。固定资产报废、毁损的变卖收益，以及由于自然灾害所造成的固定资产等长期资产损失而收到的保险赔偿收入，也在本项目中反映，所填数额应为正数。如果出现负数，则说明企业在该项投资活动中并没有真正发生现金流入而是发生了现金流出，因而应在投资活动现金流出量下的“支付其他与投资活动有关的现金”项目中以正数反映。康赛公司202×年出售固定资产收到的现金减去出售过程中支付的现金后净收回现金377 191 615.34元。

4.处置子公司及其他营业单位收到的现金净额

该项目反映企业处置子公司及其他营业单位所取得的现金，减去在处置过程中发生的各项费用支出后的净额。康赛公司202×年无此项业务。

5.收到其他与投资活动有关的现金

该项目反映除了上述各项目外，收到的其他与投资活动有关的现金。康赛公司202×年收到其他与投资活动有关的现金共计7 315 665.63元。

6.投资活动现金流入小计

该项目反映企业当期投资活动所收到的全部现金，在数量上等于上述五项之和。康赛公司202×年投资活动现金流入小计为385 134 930.15元。

二、投资活动的现金流出量

1.购建固定资产、无形资产和其他长期资产支付的现金

该项目反映企业购建固定资产、无形资产和其他长期资产所支付的现金，包括购买固定资产等产生的汇兑损益（因为购买固定资产等属于企业的投资行为），不包括为购建固定资产而发生的借款利息资本化的部分，以及融资租入固定资产支付的租赁费，后者应在“筹资活动产生的现金流量——支付其他与筹资活动有关的现金”项目中反映。康赛公司202×年该项目共计支出178 862 146.82元。

2.投资支付的现金

该项目反映企业进行权益性投资和债权性投资所支付的现金，包括企业取得的除现金

等价物以外的短期股票投资、短期债券投资、长期股权投资、长期债权投资支付的现金，以及支付的佣金、手续费等附加费用。康赛公司202×年没有此项支出。

3.取得子公司及其他营业单位支付的现金净额

该项目反映企业在购买子公司或其他营业单位中用现金支付的部分减去子公司或其他营业单位持有的现金及现金等价物后的净额。康赛公司202×年无此项支出。

4.支付其他与投资活动有关的现金

该项目反映除了上述各项目外支付的其他与投资活动有关的现金。康赛公司202×年无此项支出。

5.投资活动现金流出小计

该项目反映企业当期投资活动所支付的全部现金，在数量上等于前四项之和。康赛公司202×年上述四项现金流出小计为178 862 146.82元，明显低于投资活动的现金流入量。

三、投资活动产生的现金流量净额

将上述投资活动现金流入量小计减去现金流出量小计，即为投资活动产生的现金流量净额。康赛公司202×年投资活动产生的现金流量净额为206 272 783.33元。

四、投资活动产生的现金流量质量分析

1.投资活动产生的现金净流量小于零

这种情况是指企业在购建固定资产、无形资产和其他长期资产，进行权益性投资和债权性投资等方面所支付的现金之和，大于企业因收回投资，分得股利或利润，取得债券利息收入，处置固定资产、无形资产和其他长期资产而收到的现金之和。对于这种情况，应分析企业投资是否与企业发展阶段、企业长期规划及短期计划相吻合，以判断现金流量的质量。

对于投资活动的现金流入量小于现金流出量的资金缺口，可以通过以下途径加以解决：消耗企业现存的货币资金；挤占本来可以用于经营活动的现金；进行额外贷款；利用经营活动积累的现金进行补充；在没有贷款融资渠道的条件下，拖延债务支付。

2.投资活动产生的现金净流量大于或等于零

这种情况是指企业在投资活动方面的现金流入量大于或等于现金流出量。这种情况的发生，或者是由于企业投资活动回收的规模大于投资支出的规模，这是比较好的现象；或者是由于企业在经营活动与筹资活动方面急需资金而不得不处理手中的长期资产，这种情况必须予以关注。

康赛公司202×年投资活动产生的现金净流量占投资活动产生的现金流入的53.6%，从数量上看较为富裕，投资收益较好，究其具体原因，还应结合财务报表附注、财务情况说明书等资料进行分析。

【知识广角4-4】

在对企业的现金流量表进行分析，判断企业经营风险程度时，会使用自由现金流指标。自由现金流是企业经营活动产生的、在满足再投资需求之后剩余的现金流。它是企业可以自由支配的现金流。其计算方法是现金流量表中“经营活动产生的现金流量净额”减

去“购建固定资产、无形资产和其他长期资产支付的现金”。自由现金流为正，说明企业具有良好的财务弹性，其持续经营能力强，能源源不断地为股东带来现金产出。自由现金流为负，则意味着企业财务弹性差，需要外部融资加以补充。一个企业的价值通常就是未来每年的自由现金流按预期的折算率折现到现在的价值。

子任务3　筹资活动现金流量的阅读与分析

一、筹资活动的现金流入量

1.吸收投资收到的现金

该项目反映企业以发行股票、债券等方式筹集资金实际收到的款项净额（发行收入减去支付的佣金等发行费用后的净额）。企业发行股票、债券等由企业直接支付的审计费、咨询费、宣传费、印花税等费用，在“支付其他与筹资活动有关的现金”项目中反映。康赛公司202×年没有此项现金流入。

2.取得借款收到的现金

该项目反映企业在本期内向银行等金融机构举借各种短期、长期借款而收到的现金。康赛公司202×年向银行等金融机构举借长、短期借款共计916 390 000.00元。

3.收到其他与筹资活动有关的现金

该项目反映除上述各项目外收到的其他与筹集资金活动有关的现金，如接受捐赠等。康赛公司202×年该项目共计收到现金25 412 931.71元。

4.筹资活动现金流入小计

该项目反映企业当期通过各种筹资活动实际收到的现金总额，如借款、发行股票、发行债券、融资租赁等。该项目在数量上等于前三项之和。康赛公司202×年筹资活动的现金流入共计941 802 931.71元。

二、筹资活动的现金流出量

1.偿还债务支付的现金

本项目反映企业以现金偿还债务的本金，包括偿还银行或其他金融机构的借款本金、偿还债券本金等。企业偿还的借款利息、债券利息不包括在本项目内，在“分配股利、利润或偿付利息支付的现金”项目中反映。康赛公司202×年共偿还到期借款本金1 039 830 000.00元。

2.分配股利、利润或偿付利息支付的现金

该项目反映企业本期实际支付的现金股利、支付给其他投资单位的利润以及银行贷款的利息，属于筹资成本的支出。康赛公司202×年该项目实际支付的现金为264 849 419.70元。

3.支付其他与筹资活动有关的现金

该项目反映除上述各项目外支付的其他与筹资活动有关的现金，如捐赠支出、融资租入固定资产支付的租赁费等。康赛公司202×年该项目共计支付71 884.98元。

4.筹资活动现金流出小计

该项目反映企业当期筹资活动所支付的全部现金，在数量上等于前三项之和。康赛公司202×年全部筹资活动实际支出现金1 304 751 304.68元。

三、筹资活动产生的现金流量净额

将上述筹资活动的现金流入量小计减去现金流出量小计，即为筹资活动产生的现金流量净额。康赛公司202×年筹资活动产生的现金流量净额为−362 948 372.97元。

四、筹资活动产生的现金流量质量分析

1.筹资活动产生的现金净流量大于或等于零

这种情况是指筹资活动的现金流入量大于或等于筹资活动的现金流出量。在企业处于起步阶段，扩大投资需要大量资金，以及在企业经营活动的现金净流量小于零的条件下，企业的现金流量主要靠筹资活动解决。因此，分析企业筹资活动产生的现金净流量大于或等于零是否正常，关键要看企业的筹资活动是否已经纳入了企业的发展规划，是企业管理当局以扩大投资为目标形成的，还是由于企业因投资活动和经营活动的现金流出失控而形成的。

2.筹资活动产生的现金净流量小于零

这种情况是指筹资活动的现金流入量小于筹资活动的现金流出量。这种情况的出现，或者是因为企业在本会计期间集中发生偿还债务、支付筹资费用、分配股利或利润、偿还利息、融资租赁等业务，或者是因为企业经营活动与投资活动在现金流量方面运转较好，有能力完成上述支付。但是，企业筹资活动产生的现金净流量小于零，也可能是企业在投资和企业扩张方面没有更好的作为的一种表现。

康赛公司202×年筹资活动产生的现金净流量小于零，主要是由于偿还债务所支付的现金数额巨大。关于是否还有其他潜在问题，可结合财务报表附注或财务情况说明书等资料进行全面评价。

子任务4　汇率变动对现金流量影响的阅读与分析

本项目反映企业将外币现金流量及境外子公司的现金流量折算为人民币时，所采用的现金流量发生日的汇率或平均汇率折算的人民币金额，与“现金及现金等价物净增加额”中外币现金净增加额按期末汇率折算的人民币金额之间的差额。汇率变动对现金及现金等价物的影响，应作为调节项目，在现金流量表中单独列示。调增数增大现金净流量，调减数抵减现金净流量。康赛公司202×年无此项业务。

子任务5　补充资料的阅读与分析

补充资料是财务报表附注的重要组成部分，反映的内容多，包含的信息量大，是报表使用者必须加以关注的重要资料，补充资料的主要内容包括以下三部分。

一、将净利润调节为经营活动现金流量

【知识广角4-5】

“将净利润调节为经营活动现金流量”，是现金流量表补充资料的第一部分，它实际上是经营活动产生的现金流量的另一种列报方法，即间接法的运用。在间接法下，首先要列

出净利润，然后对净利润进行调整（增加或减少），即调整被包括在净利润中但是不涉及经营活动现金流入或现金流出的某些数额（如折旧费用），以及调整经营活动涉及的非现金流动资产和流动负债的各种变化，以此将净利润调节为经营活动的现金流量。

根据《企业会计准则》的规定，在净利润基础上进行调整的主要项目详见表4-1中的补充资料部分。对相关部分的阅读描述如下：

第一，以净利润为基础加上“资产减值准备”“固定资产折旧、油气资产折耗、生产性生物资产折旧”“无形资产摊销”“长期待摊费用摊销”等项目的原因是：这些项目发生时，有的计入管理费用，有的计入制造费用。计入管理费用的部分已作为期间费用列入了当期利润表，计入制造费用的部分则通过营业成本列入了利润表。无论是计提折旧还是进行摊销，企业均未发生现金流出，所以应在调节净利润时加回。

第二，处置固定资产、无形资产和其他长期资产的损益；固定资产报废损益；公允价值变动损益；财务费用以及投资损益等均是由投资、筹资活动产生的，不属于经营活动产生的损益。将本期净利润转换为经营活动的现金流量时应予以调整，即净损失应当加回；净收益应当扣除。

第三，在纳税影响会计法下，由于计入当期所得税费用的金额大于当期应交的所得税金额，其差额没有发生现金流出，但在计算净利润时已经扣除，所以，在将净利润调节为经营活动现金流量时，应当加上递延所得税负债的增加数（或减去递延所得税负债的减少数）；反之，则应加上递延所得税资产的减少数（或减去递延所得税资产的增加数）。

第四，存货的增减变动属于经营活动，在不存在赊购的情况下，期末存货比期初存货减少，说明本期生产经营过程耗用的存货有一部分是期初的存货，耗用这部分存货并没有发生现金流出，但在计算净利润时已经扣除。所以，在将净利润调节为经营活动现金流量时，应当加回。期末存货比期初存货增加，说明当期的存货除耗用外，还余留了一部分，这部分存货也发生了现金流出，但在计算净利润时没有包括在内，所以在将净利润调节为经营活动现金流量时，需要扣除。简言之，存货增加说明现金减少，存货减少说明现金增加，所以在调节净利润时，应减去存货的增加数，或加上存货的减少数。

第五，经营性应收项目主要指应收账款、应收票据和其他应收款等项目中与经营活动有关的部分（包括应收的增值税销项税额）。如果某一期间期末经营性应收项目余额大于期初经营性应收项目余额，说明本期利润表中的营业收入有一部分尚未收到现金。所以，应在调整时将经营性应收项目的增加额从净利润中减去；反之，如果该期间的经营性应收项目期末余额小于期初余额，说明本期从客户处收到的现金大于利润表中所确定的营业收入，所以应在调整时将经营性应收项目的减少额加回到净利润中。

第六，经营性应付项目主要指应付账款、应付票据、应付职工薪酬、应交税费、其他应付款等项目中与经营活动有关的部分（包括应付的增值税进项税额）。经营性应付项目期末余额大于期初余额，说明本期的存货中有一部分没有支付现金，这部分未付现金的存货价值通过营业成本从利润表中扣除，所以，在将净利润调节为经营活动现金流量时，需要加回；经营性应付项目期末余额小于期初余额，说明本期经营性支付的现金大于利润表中所确认的营业成本，所以，在将净利润调节为经营活动产生的现金流量时，需要扣除。

二、不涉及现金收支的重大投资和筹资活动

这些投资和筹资活动虽然不发生现金收支，但对以后各期的现金流量有重大影响。如融资租赁设备，记入“长期应付款”账户，当期并不支付设备款及租金，但以后各期必须为此支付现金，从而在一定期间内形成了一项固定的现金支出。不涉及现金收支的重大投资和筹资活动的业务主要有：债务转为资本、一年内到期的可转换公司债券和融资租入固定资产。康赛公司202×年没有发生此类业务。

三、现金及现金等价物净增加情况

现金及现金等价物净增加情况，反映出现金流量表中数据的勾稽关系，即：

现金及现金等价物净增加额=现金流入小计-现金流出小计

=经营活动产生的现金流量净额+投资活动产生的现金流量净额+筹资活动产生的现金流量净额+汇率变动对现金及现金等价物的影响额

=期末现金及现金等价物余额-期初现金及现金等价物余额

任务训练 4-3

根据你掌握的现金流量表各类项目的阅读与分析方法，解读【任务训练4-1】中你设计的现金流量表中的各个项目，并做出简要的分析判断。

任务三

掌握现金流量表的综合分析方法

子任务1　现金流量项目的综合分析

企业经营活动、投资活动和筹资活动产生的现金流量净额，都有可能出现正数或负数的情况，三者的组合有八种情形，详见表4-2。不同的组合反映出不同的现金流量质量。从这三方面的正负构成情形进行分析，可以较全面地了解企业的经营状况和面临的财务风险，进而对企业现金流量的质量做出客观、准确的评价。表中“+”表示现金流入量大于现金流出量，“-”表示现金流出量大于现金流入量。

从表4-2中可以看出，当经营活动现金流量净额为正数时，一般表明企业处于良性的生产经营状况，有能力继续发展，特别是当经营活动现金净流量是正数，投资活动现金净流量是负数，筹资活动现金净流量正、负数相间时，通常表明企业正处于健康发展的成长阶段。反之，当经营活动现金流量净额为负数时，无论其投资活动、筹资活动的现金流量状况如何，企业都处于财务风险大的危险境地。

根据表4-2的归纳总结，参见表4-1的资料进行分析，可得出如下结论：康赛公司经营活动产生的现金流量比较充裕，投资活动活跃，足以表明企业商品销售市场稳定，投资

回收顺畅，企业进入了成熟期，经营及投资收入均处于良性循环状态，为偿还债务提供了可靠的资金保障。尽管筹资活动现金净流量出现了负数，但最终的现金净流量仍为正数，说明企业财务状况稳定安全，财务风险较小，收益质量较为理想。

表 4-2 现金流量项目组合分析表

现金流量方向			一般分析结果
经营活动	投资活动	筹资活动	
+	+	+	企业筹资能力强，经营与投资收益良好，财务风险很小。此时应警惕资金的浪费，把握良好的投资机会
+	+	−	企业进入成熟期。在这个阶段，产品销售市场稳定，已进入投资回收期，经营及投资收入良性循环，财务状况稳定安全，处于债务偿还期，财务风险小
+	−	+	企业处于调整发展的扩张时期。产品的市场占有率高，销售呈现快速上升趋势，引起经营活动中大量货币资金回笼。为了扩大市场份额，企业仍需要大量追加投资，仅靠经营活动现金流量净额远不能满足所追加的投资，必须筹集必要的外部资金作为补充，财务风险小
+	−	−	企业经营状况良好，可在偿还前欠债务的同时继续投资，财务风险小，但应密切关注经营状况的变化，防止由于经营状况恶化而导致财务状况恶化
−	+	+	企业借债维持经营活动所需资金，财务状况可能恶化，财务风险大，投资活动现金流入增加是一亮点，但要分析是来源于投资收益还是投资收回。如果是后者，企业所面临的形势将更加严峻
−	+	−	企业处于衰退时期。市场萎缩，产品销售的市场占有率下降，经营活动现金流入小于流出，同时企业为了偿付债务不得不大规模收回投资以弥补现金的不足。如果投资活动现金流量来源于投资收益还好，如果来源于投资的回收，则企业将会出现更深层次的危机，财务风险极大
−	−	+	有两种情况：①企业处于初创期阶段，需要投入大量资金，形成生产能力，开拓市场，其资金来源只有举债、融资等筹资活动；②企业处于衰退阶段，靠借债维持日常生产经营活动，如果不能渡过难关，再继续发展将非常危险，财务风险较大
−	−	−	这种情况往往发生在盲目扩张后的企业，由于市场预测失误等原因，造成经营活动现金流出大于流入，投资效益低下造成亏损，使投入扩张的大量资金难以收回，财务状况异常危险，到期债务不能偿还，财务风险极大

任务训练4-4

4～6人为一组，将表4-2中列示的八种组合以序号作签，由一人代表小组抽签，将签号图片上传。然后在组内推选一人代表小组无参考答题，并将视频上传。教师根据答题速度和答题质量评分，计入小组平时成绩。

子任务2　现金流量的比率分析

现金是企业的“血液”，而经营活动产生的现金净流量源于企业自身的“造血机能”。它不仅能为投资活动提供资金保障，更能为企业偿还债务、支付股利和强化生成现金的“造血机能”提供动力。因此，在阅读现金流量表时，经营活动的现金流量最值得关注。在分析企业的财务形势时，将经营活动的现金流量与其他报表项目的有关信息进行比较，计算财务比率指标，借以全面分析企业的财务状况，就更值得报表使用者去把握。

下面以天宇公司202×年的现金流量表（见表4-3）为例，介绍现金流量的比率分析方法的应用。

表4-3　现金流量表　会企03表

编制单位：天宇公司　202×年度　单位：万元

项目	金额
一、经营活动产生的现金流量：	
销售商品、提供劳务收到的现金	867 506.40
收到的税费返还	231.80
收到其他与经营活动有关的现金	13 463.00
经营活动现金流入小计	881 201.20
购买商品、接受劳务支付的现金	278 842.40
支付给职工以及为职工支付的现金	31 648.60
支付的各种税费	156 600.20
支付其他与经营活动有关的现金	48 419.60
经营活动现金流出小计	515 510.80
经营活动产生的现金流量净额	365 690.40
二、投资活动产生的现金流量：	
收回投资收到的现金	294 532.60
取得投资收益收到的现金	76 016.00
处置固定资产、无形资产和其他长期资产收回的现金净额	546.20

续表

项目	金额
收到其他与投资活动有关的现金	55.40
投资活动现金流入小计	371 150.20
购建固定资产、无形资产和其他长期资产支付的现金	207 085.20
投资支付的现金	44 767.00
支付其他与投资活动有关的现金	379.00
投资活动现金流出小计	252 231.20
投资活动产生的现金流量净额	118 919.00
三、筹资活动产生的现金流量：	
吸收投资收到的现金	
取得借款收到的现金	453 557.80
收到其他与筹资活动有关的现金	1 652.00
筹资活动现金流入小计	455 209.80
偿还债务支付的现金	741 574.80
分配股利、利润或偿付利息支付的现金	195 051.40
支付其他与筹资活动有关的现金	1 026.40
筹资活动现金流出小计	937 652.60
筹资活动产生的现金流量净额	−482 442.80
四、汇率变动对现金及现金等价物的影响	
五、现金及现金等价物净增加额	2 166.60
加：期初现金及现金等价物余额	
六、期末现金及现金等价物余额	
补充资料	**金额**
1.将净利润调节为经营活动现金流量：	
净利润	264 914.60
加：资产减值准备	−33.40
固定资产折旧、油气资产折耗、生产性生物资产折旧	147 415.80
无形资产摊销	659.20

续表

项目	金额
长期待摊费用摊销	846.80
处置固定资产、无形资产和其他长期资产的损失（收益以“-”号填列）	-182.20
固定资产报废损失（收益以“-”号填列）	855.60
公允价值变动损失（收益以“-”号填列）	
财务费用（收益以“-”号填列）	40 490.40
投资损失（收益以“-”号填列）	-122 411.00
递延所得税资产减少（增加以“-”号填列）	-2 331.20
递延所得税负债增加（减少以“-”号填列）	
存货的减少（增加以“-”号填列）	4 871.40
经营性应收项目的减少（增加以“-”号填列）	13 144.40
经营性应付项目的增加（减少以“-”号填列）	16 573.80
其他	876.00
经营活动产生的现金流量净额	365 690.20
2.不涉及现金收支的重大投资和筹资活动：	
债务转为资本	
一年内到期的可转换公司债券	
融资租入固定资产	
3.现金及现金等价物净变动情况：	
现金的期末余额	246 147.60
减：现金的期初余额	243 981.00
加：现金等价物的期末余额	
减：现金等价物的期初余额	
现金及现金等价物净增加额	2 166.60

一、偿债能力分析

微课 4-2

现金流量的比率分析

运用现金流量表中的信息分析企业的偿债能力，通常采用以下三个指标：

1.现金到期债务比

现金到期债务比的计算公式为：

$$现金到期债务比=\frac{经营现金净流量}{本期到期的债务}$$

本期到期的债务，是指本期到期的长期债务和应付票据。通常这两种债务是不能延期支付的，必须按时如数偿还。该比率越高，则偿债能力越好。由于长期债务和应付票据到期时不一定有继起的长期债务和应付票据接续，必须靠经营活动现金净流量偿还，因此，经营现金净流量与到期债务的偿还具有内在联系。

根据天宇公司的报表资料（见表4-3），已知该公司本期到期的长期债务是87 525.00万元，则：

现金到期债务比=365 690.40÷87 525.00=4.18

假定同行业平均现金到期债务比为2.1，则此现金到期债务比说明天宇公司偿还到期债务的能力是较强的。

2.现金流动负债比

现金流动负债比的计算公式为：

$$现金流动负债比=\frac{经营现金净流量}{流动负债}$$

经营活动的现金净流量与流动负债的比率，可以反映流动负债所能得到的现金保障程度，或企业获得现金偿付短期债务的能力。这个比率越大，说明企业短期偿债能力越强。

根据天宇公司的报表资料，已知期末流动负债是375 833.20万元，则：

现金流动负债比=365 690.40÷375 833.20=0.97

已知该行业平均现金流动负债比为0.85，这说明天宇公司偿还流动负债的能力是较强的。

经营活动现金净流量是全年的净流入，如果它具有代表性，明年也将陆续取得同样多的现金，可以用于偿还流动负债。流动负债是期末余额，这些债务将在一年内陆续到期。现金是陆续取得的，而负债也是陆续到期的，不断产生的现金用于不断出现的到期债务。那么，是不是经营现金净流量必须大于流动负债呢？并非如此。新的流动负债也在不断提供新的资金，经营现金需要满足的只是周转所需的现金。通常认为，运作比较好的公司其现金流动负债比应大于0.4。该指标数值越高，企业偿还短期债务的能力越强。

3.现金债务总额比

现金债务总额比的计算公式为：

$$现金债务总额比=\frac{经营现金净流量}{债务总额}$$

根据天宇公司的报表资料，已知本期到期的债务总额是1 046 508.60万元，则：

现金债务总额比=365 690.40÷1 046 508.60=0.35

经营活动的现金净流量与全部债务（包括流动负债和非流动负债）的比率，可以反映企业用每年的经营活动现金净流量偿付所有债务的能力。这个比率越大，说明企业承担债务的能力越强。天宇公司最大的付息能力是35%，即利息高达35%时企业仍能按时付息。只要能按时付息，就能借新债还旧债，维持债务规模。如果市场利率是10%，那么该公司最大的负债能力是3 656 904.00万元（365 690.40÷10%）。仅从付息能力看，企业还可借债2 610 395.40万元（3 656 904.00−1 046 508.60），可见，该公司的举债能力是不错的，债权人尽可放心。如果该比率低于银行贷款利率，情况就不妙了。

二、获取现金能力分析

企业获取现金的能力可以通过经营现金净流量和投入资源的比值来反映。投入资源可以是销售收入（或营业收入）、总资产、净营运资金、净资产或普通股股数等。运用现金流量表及其他主要财务报表中的相关信息分析企业获取现金的能力，通常采用以下四个指标：

1.销售（或营业）现金比率

销售（或营业）现金比率的计算公式为：

$$销售（或营业）现金比率=\frac{经营现金净流量}{销售收入（或营业收入）}$$

根据天宇公司的报表资料，已知该公司202×年的销售收入是742 029.40万元，则：

销售（或营业）现金比率=365 690.40÷742 029.40=0.49

该公司每1元销售收入可以提供0.49元的现金净流量，将其与同行业的平均水平相比，可以评价公司获取现金能力的强弱；与本企业历史水平相比，可以评价企业获取现金能力的变化趋势。该比率越大越好。

2.每股营业现金净流量

每股营业现金净流量的计算公式为：

$$每股营业现金净流量=\frac{经营现金净流量}{流通在外的普通股股数}$$

根据天宇公司的报表资料，已知该公司流通在外的普通股股数为36 569万股，则：

每股营业现金净流量=365 690.40÷36 569=10（元/股）

该比率可以反映出每股流通在外普通股对应的现金流量是多少。该比率越大，说明企业进行资本支出和支付股利的能力越强。此外，该指标还反映出企业最大的分派股利能力，超过此限度，就要借款分红。

3.全部资产现金回收率

全部资产现金回收率是指经营现金净流量与全部资产的比值，反映企业运用全部资产获取现金的能力。

全部资产现金回收率的计算公式为：

$$全部资产现金回收率=\frac{经营现金净流量}{全部资产总额}$$

根据天宇公司的报表资料，已知该公司202×年全部资产总额为3 060 240.60万元，则：

全部资产现金回收率=365 690.40÷3 060 240.60=0.12

该比率表明，天宇公司的每1元投资可以产生0.12元现金。在大约8年的时间里，可以依靠营业收入收回全部投资。该指标与同行业水平相比，可以评价每元资产获取现金的能力在同行业竞争中所处的位置；与本企业历史水平相比，可以看出企业获取现金能力的变化趋势。

4.现金获利能力

现金获利能力，是指经营活动现金净流量对净利润的现金保证倍数，其计算公式为：

$$现金获利能力=\frac{经营现金净流量}{净利润}$$

根据天宇公司的报表资料，已知该公司净利润为264 914.60万元，则：

现金获利能力=365 690.40÷264 914.60=1.38

该比率反映经营活动的现金净流量与当期净利润的差异程度，即当期实现的1元净利润中有多少现金作保证。天宇公司的现金获利能力较强。

【小提示4-4】

企业如果操纵账面利润，一般没有相应的现金流量。通过这一指标，对于防止企业操纵利润而给报表使用者带来误导有一定的积极作用。如果发现有的企业利润很高，而经营活动的现金净流量不充足，甚至出现负数，应格外谨慎地判断企业的经营成果。

任务训练4-5

请在规定的时间内，以图或表的方式归纳、总结子任务2中两大类、七个具体指标的记忆窍门，并将电子版或图片上传。任课教师按答题速度和质量评定成绩，并计入学生的平时个人成绩。

子任务3　收益质量的分析

企业经营成果和财务状况的好坏，很大程度上不是取决于收益规模的增长，而是取决于收益质量的提高。

【知识广角4-6】

决定收益质量的因素有很多，但最主要的因素有三个：一是会计政策的选择。企业选择会计政策的态度，往往决定了收益质量的高低。通常情况下，采取稳健的态度选择会计政策会比采取乐观的态度选择会计政策所带来的收益质量更高。二是会计政策的运用。企业如果通过运用会计政策的自由决定权来操纵报告期的利润水平，必然会使其收益与实际业绩的相关性降低，从而降低收益质量。三是收益与经营风险的关系。通常情况下，经营风险越大，收益的稳定性越差，收益质量也就越低。

收益质量的分析涉及资产负债表、利润表和现金流量表的分析。内容繁杂，指标众多，站在阅读和分析现金流量表的角度评价收益质量，主要观测点应放在以下两个指标上。

一、净收益营运指数

净收益营运指数是指经营活动净收益与全部净收益（即净利润）的比值。其计算公式为：

$$\text{净收益营运指数}=\frac{\text{经营活动净收益}}{\text{净利润}}=\frac{\text{净利润}-\text{非经营收益}}{\text{净利润}}$$

根据天宇公司现金流量表“补充资料”的第一部分，加工整理见表4-4。

表4-4　　天宇公司现金流量表补充资料　　单位：万元

将净利润调节为经营活动现金流量	金额	说明
净利润	264 914.60	
加：资产减值准备	-33.40	
固定资产折旧、油气资产折耗、生产性生物资产折旧	147 415.80	长期资产折旧与摊销共148 888.40万元
无形资产摊销	659.20	
长期待摊费用摊销	846.80	
处置固定资产、无形资产和其他长期资产的损失（收益以“-”号填列）	-182.20	
固定资产报废损失（收益以“-”号填列）	855.60	
公允价值变动损失（收益以“-”号填列）		非经营税前利润共81 247.20万元
财务费用（收益以“-”号填列）	40 490.40	
投资损失（收益以“-”号填列）	-122 411.00	
递延所得税资产减少（增加以“-”号填列）	-2 331.20	
递延所得税负债增加（减少以“-”号填列）		
存货的减少（增加以“-”号填列）	4 871.40	净营运资本减少共33 134.40万元
经营性应收项目的减少（增加以“-”号填列）	13 144.40	
经营性应付项目的增加（减少以“-”号填列）	16 573.80	
其他	876.00	
经营活动产生的现金流量净额	365 690.20	

经营活动净收益=净利润-非经营收益

=净利润-非经营税前利润×（1-所得税税率）

=264 914.60-81 247.20×（1-25%）

=264 914.60-60 935.40

=203 979.20（万元）

净收益营运指数=203 979.20÷264 914.60=0.77

通过对净收益营运指数的历史比较和行业比较，可以更全面地评价企业的收益质量。该指标越高，说明企业的收益质量越好。天宇公司的该项指标（0.77）说明经营活动净收益占净利润的比率接近80%，收益质量较好。

【小提示4-5】

一般情况下，非经营收益越多，收益质量越差。因为与经营收益相比，非经营收益的可持续性低。非经营收益虽然也是“收益”，但不能代表企业的收益能力。

二、现金营运指数

现金营运指数是指经营现金净流量与经营现金毛流量的比率。其计算公式为：

$$现金营运指数=\frac{经营现金净流量}{经营现金毛流量}$$

其中：

经营现金毛流量=经营活动净收益+折旧与摊销

经营现金净流量=经营活动现金流量净额+非经营所得税

根据表4-4的资料，计算天宇公司的现金营运指数如下：

经营现金毛流量=经营活动净收益+折旧与摊销

=203 979.20+148 888.40=352 867.60（万元）

经营现金净流量=经营活动现金流量净额+非经营所得税

=365 690.40+81 247.20×25%=386 002.20（万元）

$$现金营运指数=\frac{经营现金净流量}{经营现金毛流量}$$

=386 002.20÷352 867.60=1.09

大于1的现金营运指数，说明收益质量提高。提高的原因，是收回了33 134.40万元的营运资本。如果现金营运指数小于1，说明营运资金增加，反映企业为取得同样的收益占用了更多的营运资金，代表着较差的营运业绩。

【小提示4-6】

无论是对净收益营运指数还是现金营运指数的分析，通常都需要使用连续若干年的数据，仅仅靠一年的数据未必能说明问题。

子任务4　现金流量的结构分析

现金流量的结构分析是指将现金流量表中某一项目的数字作为基数（即为100%），再计算出该项目各个组成部分占总体的百分比，以分析各项目的具体构成，使各个组成部分的相对重要性明显地表现出来，从而揭示现金流量表中各个项目的相对地位和总体结构关系，用以分析现金流量的增减变动情况和发展趋势。

一、现金流入的结构分析

现金流入的结构分析分为总流入结构分析和三项活动（经营活动、投资活动、筹资活动）流入的内部结构分析。它能反映企业各项业务活动的现金流入在全部现金流入中的比重，以及各项业务活动中现金具体项目的构成情况，明确企业的现金究竟来自何方，要增加现金流入主要依靠什么等信息。根据天宇公司的现金流量表做出现金流入的结构分析表，见表4-5。

表4-5 现金流入结构分析表

项目	金额（万元）	结构百分比（%）
经营活动的现金流入	881 201.20	51.61
其中：销售商品、提供劳务收到的现金	867 506.40	98.45
收到的税费返还	231.80	0.02
收到其他与经营活动有关的现金	13 463.00	1.53
投资活动的现金流入	371 150.20	21.73
其中：收回投资收到的现金	294 532.60	79.36
取得投资收益收到的现金	76 016.00	20.48
处置固定资产、无形资产和其他长期资产收回的现金净额	546.20	0.15
收到其他与投资活动有关的现金	55.40	0.01
筹资活动的现金流入	455 209.80	26.66
其中：吸收投资收到的现金		
取得借款收到的现金	453 557.80	99.64
收到其他与筹资活动有关的现金	1 652.00	0.36
现金流入合计	1 707 561.20	100.00

从表4-5中可以看出，在企业全年流入的现金中，经营活动流入的现金占51.61%，投资活动流入的现金占21.73%，筹资活动流入的现金占26.66%。即企业流入的现金主要来源于经营活动，也有一部分来自企业的筹资活动和投资活动。在经营活动流入的现金中，来自销售商品、提供劳务的现金流入占98.45%。该企业要增加现金收入，主要还是要依靠经营活动，特别是来自销售商品、提供劳务的现金收入，其次是筹资活动中的借款。收入结构较为合理。

二、现金流出的结构分析

现金流出的结构分析分为总流出的结构分析和三项活动流出的内部结构分析。它能反映企业各项业务活动发生的现金流出在总流出中的比重，以及各项支出的构成情况，具体地反映企业的现金用在哪些方面，进而明确要节约开支应从哪些方面入手。

根据天宇公司的现金流量表做出现金流出的结构分析表，见表4-6。

表 4-6　　　　　　　　　　　　　　**现金流出结构分析表**

项目	金额（万元）	结构百分比（%）
经营活动的现金流出	515 510.80	30.23
其中：购买商品、接受劳务支付的现金	278 842.40	54.09
支付给职工以及为职工支付的现金	31 648.60	6.14
支付的各种税费	156 600.20	30.38
支付其他与经营活动有关的现金	48 419.60	9.39
投资活动的现金流出	252 231.20	14.79
其中：购建固定资产、无形资产和其他长期资产支付的现金	207 085.20	82.10
投资支付的现金	44 767.00	17.75
支付其他与投资活动有关的现金	379.00	0.15
筹资活动的现金流出	937 652.60	54.98
其中：偿还债务支付的现金	741 574.80	79.10
支付股利、利润或偿付利息支付的现金	195 051.40	20.80
支付其他与筹资活动有关的现金	1 026.40	0.10
现金流出合计	1 705 394.60	100.00

从表 4-6 可以看出，在企业当年流出的现金中，经营活动流出的现金占 30.23%，投资活动流出的现金占 14.79%，而筹资活动流出的现金占到了 54.98%；在经营活动流出的现金中，购买商品、接受劳务支付的现金占 54.09%，支付给职工以及为职工支付的现金占 6.14%；在筹资活动流出的现金中，偿还债务支付的现金占 79.10%，是引起大量现金流出的主要原因。

三、现金净流量的结构分析

现金净流量的结构是指经营活动、投资活动、筹资活动产生的现金净流量以及汇率变动对现金及现金等价物的影响的现金收支净额占全部现金净流量的比重，它能反映企业现金净流量的形成渠道与分布状态，进而揭示出导致目前现金流量状况的有关原因，为进一步分析现金净流量的增减变动因素指明方向。根据天宇公司的现金流量表做出现金净流量结构分析表，见表 4-7。

从表 4-7 中可以看出，天宇公司的现金净流量为正数，说明总体情况是现金流入大于现金流出（收大于支），财务状况较为平稳。从现金净流量的内部结构看：没有发生汇率变动对现金净流量的影响，经营活动和投资活动产生的现金净流量均为正数，说明公司的经营活动和投资活动正处于良性循环的状态中，特别是经营活动现金净流量占有较高的份额，为企业筹资活动的现金流出（偿还到期债务）提供了较为充裕的资金。因而，尽管本期偿还到期债务流出了相当大比例的现金，但整体财务形势仍然较为平稳、安全。

表 4-7 现金净流量结构分析表

项目	金额（万元）	结构百分比（%）
经营活动现金净流量	365 690.40	16 878.54
投资活动现金净流量	118 919.00	5 488.74
筹资活动现金净流量	−482 442.80	−22 267.28
汇率变动的影响		
现金净流量合计	2 166.60	100.00

任务训练 4-6

4～6人为一组，运用所学方法，以天宇公司为例，提炼现金流量表与其他报表相比较的突出特点、分析方法以及重点项目，以数据为佐证对天宇公司的现金流量状况做出综合评价，字数不超过800字，将电子版上传。任课教师根据学生上交成果的时间与质量评定小组得分，计入平时成绩。

项目小结

现金流量分析是评价企业财务状况和经营绩效的一项重要内容，本项目以现金流量表为依据，突出介绍了现金流量分析的内容和方法。

现金流量表的核心是现金流量，而现金流量的产生又主要源于经营活动、投资活动和筹资活动。要对现金流量表进行分析，首先应对上述三项活动产生的现金流入、流出、净流量及收益质量进行分析；其次应对三项活动产生的八种组合结果进行分析；再次应将现金流量表中的有关项目与资产负债表、利润表中的相关项目进行比较，通过计算现金到期债务比、现金流动负债比、现金债务总额比等指标，分析企业的偿债能力；通过计算销售（或营业）现金比率、每股营业现金净流量、全部资产现金回收率、现金获利能力等指标，分析企业获取现金的能力；通过计算净收益营运指数、现金营运指数等指标，分析企业的收益质量；最后通过对现金流量的结构分析，综合分析企业现金流量的增减变动情况和发展趋势。

项目训练

一、知识掌握与应用

● 主要概念

现金流量表　现金等价物　现金流量质量

● 阅读理解

1.学习现金流量表的意义是什么?

2.现金流量表与其他主要财务报表之间具有怎样的勾稽关系?

● 知识应用

1.如何判断企业经营活动产生的现金净流量的质量?

2.对现金流量表的综合分析应包括哪些内容?重点应关注哪些问题?

二、技能测试与考核

● 技能题

资料:甲股份有限公司202×年有关资料如下:

(1)当期销售商品实现收入100 000元;应收账款期初余额20 000元,期末余额50 000元;预收账款期初余额10 000元,期末余额30 000元。假定不考虑坏账准备和增值税因素。

(2)当期用银行存款支付购买原材料货款48 000元;当期支付前期的应付账款12 000元;当期购买原材料预付货款15 000元;当期发生购货退回,收回现金6 000元。

(3)当期实际支付职工工资及各种奖金44 000元。其中,生产经营人员工资及奖金35 000元,在建工程人员工资及奖金9 000元。另外,用现金支付离退休人员退休金7 000元。

(4)当期购买工程物资预付货款22 000元;向承包商支付工程款16 000元。

(5)当期购入某公司股票1 000股,实际支付全部价款14 500元。其中,相关税费200元,已宣告但尚未领取的现金股利为300元。

(6)当期发行面值为80 000元的企业债券,扣除支付的佣金等发行费用8 000元后,实际收到款项72 000元。另外,为发行企业债券实际支付审计费用3 000元。

(7)当期用银行存款偿还借款本金60 000元,偿还借款利息6 000元。

(8)当期用银行存款支付分配的现金股利30 000元。

要求:计算如下项目的金额:

(1)"销售商品、提供劳务收到的现金"项目;

(2)"购买商品、接受劳务支付的现金"项目;

(3)"支付给职工以及为职工支付的现金"项目;

(4)"购建固定资产、无形资产和其他长期资产支付的现金"项目;

(5)"投资支付的现金"项目;

(6)"吸收投资收到的现金"项目;

(7)"偿还债务支付的现金"项目;

(8)"分配股利、利润或偿付利息支付的现金"项目。

● 能力题

【案例分析】资料:鑫源公司202×年的现金流量表(简表)见表4-8。

202×年实现销售收入20 000万元,202×年该公司的资产总额是10 000万元,资产负债率40%。

表4-8 **现金流量表（简表）** 会企03表

编制单位：鑫源公司 202×年度 单位：万元

项目	金额
一、经营活动产生的现金流量净额	2 710
二、投资活动产生的现金流量净额	−16 230
三、筹资活动产生的现金流量净额	−3 380
四、现金及现金等价物净增加额	−16 900
补充资料	金额
1.将净利润调节为经营活动现金流量	
净利润	8 000
加：资产减值准备	10
固定资产折旧、油气资产折耗、生产性生物资产折旧	2 000
无形资产摊销	160
长期待摊费用摊销	80
处置固定资产、无形资产和其他长期资产的损失（收益以“−”号填列）	−1 000
固定资产报废损失（收益以“−”号填列）	200
公允价值变动损失（收益以“−”号填列）	
财务费用（收益以“−”号填列）	400
投资损失（收益以“−”号填列）	−200
递延所得税资产减少（增加以“−”号填列）	
递延所得税负债增加（减少以“−”号填列）	
存货的减少（增加以“−”号填列）	−100
经营性应收项目的减少（增加以“−”号填列）	−4 800
经营性应付项目的增加（减少以“−”号填列）	−2 000
其他	−40
经营活动产生的现金流量净额	2 710
⋮	⋮
现金的期末余额	4 580

要求：

（1）计算该公司的销售现金比率、现金债务总额比率、净收益营运指数、现金营运指数。

（2）对公司的收益质量进行评价，并分析其原因。

（3）若该公司目前的贷款利率为8%，请预测该公司理论上最大的负债规模。

● 实训题

根据表4-1的资料，编制康赛公司现金流量的结构分析表，并做出简要评价。

三、德技并修与提升

● 课程阅读

创新发展　现金为王

——从格力电器2022年上半年财报看民族企业的高质量发展

2022年8月，格力电器上半年财报发布，作为一家民族企业，向社会交上了一份耀眼的"成绩单"。财报显示，2022年上半年，格力电器实现营业收入958.07亿元，同比增长4.13%；其中，归母净利润114.61亿元，同比增长21.25%；基本每股收益1.94元/股，同比增长19.75%。2022年第二季度，格力电器实现营业收入602.72亿元，环比增长69.61%；归母净利润74.63亿元，环比增长86.42%。在全球疫情形势下，这一份成绩单超出预期，引起了行业内的普遍关注。格力电器之所以能取得如此骄人的业绩，主要源自以下五个方面的突出表现：

一、多维创新，王牌产品稳健增长

受上半年疫情及原材料价格上涨等多重压力影响，家电行业业绩整体下滑，板块指数下降。然而在出口及内销双口缩进的重压之下，格力电器仍然坚韧生长，主营业务实现超预期增长。

通过"固本增新"的应对策略以及源源不断的产品技术创新，格力电器2022年上半年空调业务稳健增长，净利润同比增长20%以上，突破行业低迷局势，再度凸显格力在空调领域的核心优势。

根据i传媒发布的《2022上半年中国中央空调行业草根调研报告》，格力电器是2022年上半年中央空调品牌销售中率先（也是唯一）进入百亿规模的家电企业。在加强新媒体渠道营销的战略布局下，格力电器的空调线上销售也取得了不俗成绩。

2022年《证券时报》旗下的新媒体平台数据宝发布了"2021年A股公司新增专利数量排名"。其中，格力电器不仅累计国内自主研发技术数量位居榜单前列，也是2021年新增自主研发技术数量率先破万件的A股公司。

据了解，格力电器在2022年6月实现自主研发技术数量累计突破100 000件，这是格力电器长期坚持走自主创新道路的丰硕成果。从2016年起，格力电器发明自主研发技术授权量连续六年稳居全国前十，2021年位居全国第七，格力电器也是家电行业率先进入前十的企业，再次向外界证明了格力强劲的创新驱动发展能力。

在2022年上半年加速多元化布局、全方位持续发力的情况下，格力电器凭借突出的综合实力再次上榜《财富》世界500强排行榜，这也是格力电器第四年登上世界500强榜单，强大的内生动力推动格力从中国走向世界。

在国际舞台上，格力电器凭借核心科技弘扬中国工业精神。在2022年2月的ISO制冷压缩机分委会（ISO/TC86/SC4）第十次全体会议上，格力电器携手合肥通用机电产品检测院、清华大学共同提出两项压缩机领域新提案，以强大的核心技术和创新能力掌握标准制定主动权，彰显行业领军地位。

二、厚积薄发，多元发展成果丰硕

在2022年上半年财报中，格力电器多元化业务表现亮眼，工业制品、绿色能源等板块营收快速增长。据半年报显示，除了空调业务实现稳定增长外，格力电器的工业制品板块营收同比增长57.79%，绿色能源板块同比增长131.57%。各项业务数据的优异成绩来自于格力电器以及构筑多元化、科技型全球工业制造集团的坚定决心。

在“按需投入，不设上限”的战略支持下，格力电器如今已拥有35项“国际领先”技术，在智能装备核心部件方向已申请国家发明自主研发技术3 279项，授权自主研发技术1 489项。

格力电器强大的技术研发制造能力为公司发展奠定了坚实的基础。仅2022年上半年期间，格力研发团队就在技术创新中，开发完成热泵双级增焓压缩机、冰箱用高效活塞压缩机、50-120RT小冷量磁悬浮压缩机等一系列高技术产品。在2022年上半年举办的日内瓦国际发明展上，由格力电器研发的高效动压气悬浮离心压缩机关键技术及应用与重载高刚性六轴工业机器人摘得银奖，凭借卓越的核心科技与科研实力，再度收获国际认可。

天道酬勤，力耕不欺。历经十年发展，如今格力电器产品涵盖了整机、核心零部件、工业产品以及工业技术的研发、制造和输出。更有格力高栏产业园落地，致力打造集自动化、信息化、智能化、精益化、绿色化于一身的“智慧工厂”。以科技实力为支撑，结合多年制造经验，建成行业高标准工厂。从自用压缩机、伺服电机再到对外提供模具、机器人、数控机床等产品，格力的工业版图正不断扩大，蕴藏巨大增长潜能。

三、双碳引领，科技赋能绿色方案

“双碳”重任下，格力电器服务国家发展战略，率先垂范走绿色生态可持续发展型道路。绿色能源成为格力多元化进程中的重要部分，在产品研发及产业布局方面层层优化。目前格力光伏（储）空调系统已落地全球30多个国家及地区，服务超8 000个项目。2022年上半年，光伏（储）空调板块共计有5个重点项目落地，代表性项目为800伏直流离心机项目。针对市场需求，格力在2022年上半年推出多款光伏制冷机组，加速完善绿色能源产品线。

在2022年上半年国家知识产权局组织主办的第二十三届中国专利奖评审结果中，格力钛新能源凭借“一种钛酸锂复合材料及其制备方法、负极片及锂离子电池”发明专利，成功入选中国专利奖金奖，也是目前新能源行业率先获得金奖的锂电池产品专利。

格力电器始终坚持以敢为人先的勇气与自主创新的底气去打磨、沉淀每一项技术，为推动能源优化提供切实解决方案，为全球提供绿色能源解决新方案。

四、聚焦需求，品质成就市场信誉

消费升级背景下，格力在生活家电板块重点发力，套系家电与健康产品成为家电企业消费需求释放的突破口。

2022年上半年，格力加大力度推进数字化运营，新零售渠道改革取得了阶段性成果。生活电器品类借助线上渠道发力，格力电风扇线上市场占有率为19.52%，占比同比提升3.63%，行业排名前二；其中细分品类塔扇、冷风扇销售排名名列前茅，市场占比约

30%。落地扇、空气循环扇、塔扇、塔式冷风扇、折叠干衣机等单品在电商平台销售火爆。

此外，继五大套系家电后，2022年5月格力推出新轻厨健康套系家电，包括荣获2022年日内瓦国际发明展金奖的蒸烤双能机、燃气灶、冰箱、吸油烟机、洗碗机等产品。以“简单做，健康吃”的核心概念，向消费者展现全新升级的厨房生态，带给厨房全流程简化操作，打造全方位生态食居。

格力电器坚持用核心科技为消费者打造绿色、高效、便捷、安全的家庭万物互联空间。在2022年4月，“格力舒享家”在成都进行全国首发，并在四川、重庆、广东等多地区落地，以融合中央空调、地暖、新风、健康用水、智能家居五大系统为优势，打造舒适健康的智能家居，为用户开启健康智能新生活。在知识产权产业媒体IPRdaily公布的“2022年上半年全球智慧家庭发明专利Top100排行榜”，格力位居全球第三，公司在智能家居方面的研发实力再次获得专业认可。

强大的品牌效应是赢得消费者信赖的关键，格力电器以领先的核心科技、优秀的产品质量、完善的服务体系建立了高度的品牌价值。在2022年2月，格力电器获得第二届“中国品牌强国盛典”的“国品之光”荣誉，5月荣获“广东省光彩事业贡献奖”，并成为2022年“一带一路建设案例”。

五、现金为王，稳健财务保驾护航

格力电器在经营上取得的骄人业绩，离不开优质、高效的财务管理体系，特别是多年来一直坚守的稳健财务策略。一方面严控贷款规模，且采取低息贷款策略；另一方面扩容现金蓄存量，始终手握充裕的现金储备。过硬的产品质量、优质的后续服务、良好的市场信誉所形成的品牌效应，为格力电器带来了强大的吸“金”能力。一方面下游的经销商拿钱取货，另一方面上游的供货商给出最大限度的收账期。上下游的现金在格力电器形成了一个庞大的蓄“金”池。科学管理，稳健经营，使市值2 000亿元的格力电器的现金储备量高达1 400多亿元。2012—2021年连续十年占居自由现金流最好企业榜单第二名的位置。现金为王、稳健财务的策略，为格力电器一路高歌猛进的发展保驾护航。

未来的格力，也将栉风沐雨，砥砺前行，持续打造多元化、科技型全球企业，向着高质量发展的新征程不断迈进。格力电器用高质量产品从中国走向世界，履行着中国工业制造、中国工业精神领跑者的企业责任。而在这背后，格力电器的财务工作者也在用科学的财务管理和优质的信息服务，履行着财务工作者服务企业发展、维护社会信息公平的责任与使命。

资料来源　根据《今日头条》之《参考消息》官方账号（2022年8月31日）资料加工整理。

● 课程拓展

聚焦2021年股市大案

——“天价收入”竟是“无中生有”

2022年4月1日，证监会公布了2021年资本市场20起典型违法案例，其中胜通集团信息披露违法违规案，是一起债券市场财务造假的典型案例。证监会调查发现，胜通集团连续5年财务造假，累计虚增利润119亿元。为此，证监会已对胜通集团财务造假案展开跨市场调查，并根据调查结果予以行政处罚。

公开资料显示，胜通集团主营业务是钢帘线和化工业务，其曾被誉为山东的“钢帘线大王”。2011年以来，胜通集团在证券交易所债券市场和银行间债券市场累计发行债券136.5亿元。但就在2018年，胜通集团及其子公司多笔到期债务违约，偿债能力恶化，向法院申请破产，引发市场广泛关注。

证监会稽查总队收到线索后，对胜通集团展开了调查，经过走访胜通集团上下游几十家企业、数十名涉案人员，并且调取了大量的产销、纳税、财务资料之后，胜通集团的财务造假事实浮出水面。

证监会调查发现，2013年至2017年期间，胜通集团通过编制虚假财务报表、直接修改经审计的财务报表等方式，连续5年将亏损披露为盈利，累计虚增收入615亿元，虚增利润119亿元。胜通集团通过什么手段造出了如此天价收入呢？经调查了解到，胜通集团的主要造假手段有两点：

一是“无中生有”，长期利用已经停产的业务板块连续造假。胜通化工是胜通集团旗下的一个子公司，从对外披露的材料上看，它是胜通集团的第二大收入来源。但是经证监会调查发现，由于环保质量等原因，这家公司早在2013年就已经停产了。但是在胜通集团对外披露的材料中，这家公司平均每年还在贡献约30亿元的收入。

二是“偷梁换柱”。胜通集团为了让公司的财务报表数据更好看一些，在审计机构已经对胜通集团的虚假财务报表出具审计意见之后，又修改了审计机构出具的合并财务报表，并且加盖了虚假的会计师事务所印章，通过此种方式虚增利润6亿元。

2021年8月，证监会依法对胜通集团作出行政处罚及市场禁入决定。该案也是证监会横跨交易所和银行间两个债券市场开展执法的一起典型案例。

胜通集团恶性财务造假案件的背后，也暴露出相关中介机构的“看门人”职责失守问题。继粤开证券、国海证券、中天运等机构为胜通集团提供相关服务被罚后，证监会向评级机构大公国际下发了行政处罚决定书。大公国际在为胜通集团2016年至2018年发行的公司债券，以及2016年至2017年发行的银行间债务融资工具出具的评级报告中存在虚假记载，证监会责令整改，没收业务收入165.09万元，并处以330.1万元的罚款。

在调查中还发现，相关中介机构对于胜通集团财务造假中多处明显舞弊现象均没有予以充分关注并进行核查。例如：对于胜通化工的停产问题，这些中介机构其实有实地走访企业的职责，当时企业以可能有一些有害气体的释放等各种原因，阻止中介机构人员进厂，中介机构的工作人员就真的没有进厂走访，造成了胜通化工早在2013年就已经停产的事实一直没有被发现。

根据胜通集团披露的虚假财务数据，测算出的钢帘线产品数量是胜通集团设备总产能的3倍以上，远超胜通集团的实际生产能力。如此异常的情况，中介机构并未对此产生怀疑。

目前，证监会已对为胜通集团提供中介服务的四家中介机构作出行政处罚。中天运会计师事务所被没收业务收入575万元，并处以1 150万元罚款；主承销商粤开证券被没收违法所得660万元，被罚款60万元；承销商国海证券被没收违法所得1 798万元，并被处以60万元罚款。

请思考：

1.证监会横跨交易所和银行间两个债券市场开展执法的法律依据是什么？会对市场监管产生什么作用？

2.在这起财务造假案中，会涉及哪些方面的经济利益？与我们的工作或生活有什么关系？

3.对涉嫌财务造假的相关责任方的追责，除罚款外还有哪些处罚手段？处罚依据是什么？

4.作为未来的财务从业人员，从这起案件中你受到了哪些启示？

资料来源　根据《央视财经》（2022年5月24日）报道加工整理。

项目五 5

所有者权益变动表及报表附注分析

学习目标

知识目标:

1. 了解所有者权益变动表的性质、作用以及项目信息间的内在联系;
2. 掌握所有者权益变动表的分析思路;
3. 熟悉财务报表附注的性质、作用、内容、形式及重点项目的分析方法。

技能目标:

1. 能独立编制简单的所有者权益变动表和财务报表附注;
2. 能计算反映股本变动情况等相关指标,进而对重点报表项目做出分析;
3. 能通过该表与其他主要报表之间的勾稽关系,对企业的资本结构、财务状况、盈利能力等做出分析评价;
4. 能根据财务报表附注的内容,全面解读企业的财务信息并作出初步评价。

素质目标:

1. 培养严谨、细致的职业习惯和系统、辩证的思维方式;
2. 强化以问题为导向,不断提升专业交流能力和使用大数据进行财务分析的职业素养;
3. 培养学生树立爱国、敬业、诚信、守法的社会主义核心价值观,和学以致用、创新发展、技能报国的职业信念。

项目导读

所有者权益到底是什么?

在财务会计中，你已经知晓了这样一个公式：所有者权益=股东权益=净资产=账面价值。你真的理解所有者权益吗？它究竟是什么呢？

民间流传着这样一个笑话：赖老板拥有一个家族企业，去某著名大学的经济管理学院读了EMBA以后，他信心十足地策划了一次收购活动，被收购企业的资产负债表（简表）见表5-1。

表5-1　被收购企业的资产负债表（简表）

资产1 000万元	负债800万元
	所有者权益200万元

假定交易价格按照资产负债表确定。赖老板支付了对方1 000万元，然后高高兴兴地回到曾经就读的经济管理学院向曾经教授过“财务报表分析”课程的老师汇报工作。老师听了以后半天才说了一句话：“老赖，以后你在外面千万别说是这里毕业的EMBA啊……”

如果不考虑商誉等其他因素，纯粹根据资产负债表定价，到底应该支付多少呢？当然是200万元，所有者权益就是一个企业的账面价值！

有时候，我们会在媒体上看到某企业总资产高达数十亿元，其实，这个“数十亿元”除了在一定程度上能说明企业的规模，没有任何其他有价值的信息了。例如两个企业，总资产分别是10亿元和100万元，如果两家企业所有者权益都等于0，那么这两个企业唯一的差别就在于一个是“轰轰烈烈”的大气泡，一个是“踏踏实实”的小气泡，其账面价值都是0。

既然所有者权益就是企业的净资产，那么这些净资产又是如何构成，如何变化的呢？它与其他主要报表又是什么关系呢？我们在所有者权益变动表中究竟还能看出什么呢？

任务一 掌握所有者权益变动表的分析方法

一、所有者权益变动表的性质与作用

微课5-1 初识所有者权益变动表分析

所有者权益是企业资产扣除负债后由所有者享有的剩余权益。所有者权益变动表是反映一定会计期间构成所有者权益的各组成部分当期增减变动情况的报表。公司的所有者权益又称为“股东权益”，股东权益是公司股东对公司净资产的所有权，所以，该表也称为股东权益变动表。

【知识广角5-1】

在现行《企业会计准则》下的首份年度财务报告中，财务报表由“三大”变成“四大”。《企业会计准则第30号——财务报表列报》第二条规定，财务报表至少应当包括：资产负债表、利润表、现金流量表、所有者权益（股东权益）变动表和附注。这样，原来在上市公司定期报告中以资产负债表附表形式出现的股东权益变动表，成为了与原三大报表并列披露的第四张财务报表。所有者权益变动表的“扶正”，既是与国际会计准则的“趋同”，也是上市公司股东权益日益受到重视的体现。

所有者权益是企业自有资本的来源，它的数量多少、内部结构变动都会给企业的财务状况和经营发展趋势带来影响。因此，所有者权益变动表是报表使用者十分关注的主要报表之一。对所有者权益变动表进行分析，通常能为报表使用者的预测和决策提供以下三个方面的主要信息：

（1）反映企业抵御财务风险的实力，为报表使用者提供企业盈利能力方面的信息。所有者权益是企业的自有资本，也是企业生产经营、承担债务责任、抵御财务风险的物质基础。所有者权益的增减变动直接决定着企业经济实力的强弱变化，即企业承担债务责任、抵御财务风险的实力变化，而所有者权益的增加主要源于企业利润的增长，所以该表也间接地反映出企业的盈利能力，从而为报表使用者提供企业盈利能力方面的信息。

（2）反映企业自有资本的质量，揭示所有者权益变动的原因，为报表使用者正确地评价企业的经营管理工作提供信息。所有者权益的增减变动有多种原因，该表全面记录了影响所有者权益变动的各个因素的年初余额和年末余额。通过每个项目年末和年初余额的对比，以及各项目构成比例的变化，揭示所有者权益变动的原因及过程，从而为报表使用者判断企业自有资本的质量，正确评价企业的经营管理工作提供信息。

（3）反映企业股利分配政策及现金支付能力，为投资者的投资决策提供全面信息。该表既有资产负债表中的项目内容（所有者权益），又有利润表中的项目内容（净利润），还包括利润分配的内容（对所有者或股东的分配）。同时，向股东支付多少股利又取决于公司的股利分配政策和现金支付能力，而现金支付能力的信息又源于现金流量表。因此，该表通过反映利润分配情况，不仅向投资人或潜在投资人提供了有关股利分配政策和现金支付能力方面的信息，而且通过这一过程将现行《企业会计准则》“四大”主要报表有机地联系在一起，为报表使用者全面评价企业的财务状况、经营成果和企业发展能力提供了全面信息。

二、所有者权益变动表的格式与内容

1.所有者权益变动表的格式

所有者权益变动表属于动态报表，从左向右列示了所有者权益的组成项目，自上而下反映了各项目年初至年末的增减变动过程。所有者权益变动表的格式见表5-2。

2.所有者权益变动表的内容

所有者权益变动表在一定程度上体现了企业综合收益的特点，除列示直接计入所有者

表 5-2

所有者权益变动表

会企 04 表

编制单位：　　　　202×年度　　　　单位：元

项目	本年金额											上年金额										
	实收资本（或股本）	其他权益工具			资本公积	减：库存股	其他综合收益	专项储备	盈余公积	未分配利润	所有者权益合计	实收资本（或股本）	其他权益工具			资本公积	减：库存股	其他综合收益	专项储备	盈余公积	未分配利润	所有者权益合计
		优先股	永续债	其他									优先股	永续债	其他							
一、上年年末余额																						
加：会计政策变更																						
前期差错更正																						
其他																						
二、本年年初余额																						
三、本年增减变动金额（减少以“-”号填列）																						
（一）综合收益总额																						
（二）所有者投入和减少资本																						
1.所有者投入的普通股																						
2.其他权益工具持有者投入资本																						
3.股份支付计入所有者权益的金额																						
4.其他																						

续表

项目	本年金额												上年金额											
	实收资本（或股本）	其他权益工具			资本公积	减：库存股	其他综合收益	专项储备	盈余公积	未分配利润	所有者权益合计		实收资本（或股本）	其他权益工具			资本公积	减：库存股	其他综合收益	专项储备	盈余公积	未分配利润	所有者权益合计
		优先股	永续债	其他										优先股	永续债	其他							
（三）利润分配																							
1.提取盈余公积																							
2.对所有者（或股东）的分配																							
3.其他																							
（四）所有者权益内部结转																							
1.资本公积转增资本（或股本）																							
2.盈余公积转增资本（或股本）																							
3.盈余公积弥补亏损																							
4.设定受益计划变动额结转留存收益																							
5.其他综合收益结转留存收益																							
6.其他																							
四、本年年末余额																							

权益的利得和损失外，同时包含最终属于所有者权益变动的净利润，从而构成企业的综合收益。本表各项目是根据当期净利润、直接计入所有者权益的利得和损失项目、所有者投入资本和向所有者分配利润、提取盈余公积，以及所有者权益的内部转移等内容分析填列的。

（1）从反映的时间看，所有者权益变动表包括上年金额和本年金额两部分，列示两个会计年度所有者权益各项目的变动情况，便于对前后两个会计年度的所有者权益总额和各组成项目进行动态分析。

（2）从反映的项目看，所有者权益变动表反映的内容可分为五个方面：

第一，所有者权益各项目本年年初余额的确定。一般情况下，本年的年初余额等于上年的年末余额，但如果企业年度内发生会计政策变更和会计差错更正等事项，需要对上年所有者权益进行调整的，企业在上年年末余额的基础上，将会计政策变更和会计差错更正的影响金额，在本表中单独列示，将上年年末余额调整为本年年初余额。

第二，本年度取得的影响所有者权益增减变动的综合收益总额。其包括企业正常生产经营产生的净利润以及其他综合收益的税后净额。

第三，所有者投入或减少资本引起的所有者权益的增减变化。因企业经营方向调整或规模的变化，需要增加或减少资本，所有者权益变动表应予以反映，包括所有者投入资本、股份支付计入所有者权益的数额等。

第四，利润分配引起的所有者权益各项目的增减变化。现行《企业会计准则》将利润分配的内容放在所有者权益变动表中，并且由原来的附表上升为主表，充分说明了该表的重要性。利润分配反映企业经营成果的用途或去向，主要包括：提取盈余公积、向所有者（或股东）分配利润等。

第五，所有者权益内部项目之间的相互转化。其主要包括：资本公积转增资本、盈余公积转增资本、盈余公积补亏等。所有者权益内部项目之间的相互转化，会引起资本结构的变化，但不影响总额。

三、所有者权益变动表的阅读与分析

1.所有者权益变动表的阅读

所有者权益变动表是年度报表，反映所有者权益总额和各组成项目在本年内的增减变动过程。按照表中列示的项目顺序，作如下说明：

（1）上年年末余额。该项目是指企业上一会计年度的财务报表中所有者权益的年末数，也是本年所有者权益增减变动以及分析的基础。

（2）“会计政策变更”和“前期差错更正”的调整数。该项目反映的是企业年度财务报表报出后，由于变更会计政策，或更正以前年度的重大会计差错等原因，导致企业多计或少计利润等而影响所有者权益项目，但是以前年度账目已经结清，无法再进行调整，只能在当年会计账目中进行处理。在填报财务报表时，不能作为本年发生额填列，而是通过采取调整年初数的形式来处理。

将“会计政策变更”和“前期差错更正”的影响金额单独列示，便于财务报表使用者全面、清晰地掌握所有者权益的基数，更加准确地分析企业年度内所有者权益增减的数额和幅度，进一步分析企业的经营状况。

（3）本年年初余额。该项目是指上年的年末余额，加减因“会计政策变更”和“前期差错更正”等所引起的所有者权益项目的增减数后的余额，实际上是对所有者权益年初余额的修正。

（4）本年增减变动金额。这是该表的核心部分，反映所有者权益从年初到年末的增减变化全过程及原因，具体内容如下：

①综合收益总额。该项目与利润表中的“综合收益总额”一致。内容包括净利润与其他综合收益的税后净额之和。

②所有者投入和减少资本。企业的实收资本因各种情况会发生增减变化，在阅读所有者权益变动表时应重点关注以下三项内容：

第一，所有者投入资本。所有者投入资本通常采用如下形式：投资者追加投入的资本；分配股票股利，在办理增资手续后增加的股本；公司发行的可转换公司债券按规定转为股本；与债权人协商，将重组债务转为资本等。该项内容会引起企业实收资本（或股本）的增加。

第二，股份支付计入所有者权益的金额。企业以权益结算的股份支付换取职工或其他方提供服务的，应在行权日，根据实际行权的权益工具数量计算确定应计入实收资本或股本的金额，将其转入实收资本或股本。该项内容也会引起企业实收资本（或股本）的增加。

第三，企业资本减少。引起企业实收资本（或股本）减少的主要原因包括两种：一是资本过剩；二是发生重大亏损需要减少实收资本。企业须按照法定程序报经批准，减少注册资本。股份有限公司采用收购本企业股票方式减资的，按注销股票的面值总额减少股本。购回股票支付的价款超过面值总额的部分，应依次冲减资本公积和留存收益；购回股票支付的价款低于面值总额的，应按股票面值总额减少股本，与实际支付的金额的差额增加“资本公积——股本溢价”。另外，中外合作经营企业根据合同规定在合作期间归还投资者的投资时，也会引起资本的减少。

③利润分配。企业的税后净利润应按规定的程序进行分配，包括提取盈余公积、计算应付现金股利或利润等，剩余的部分为未分配利润。所有者权益变动表要求单独列示以下两项利润分配的内容：

第一，提取盈余公积。一般企业提取盈余公积包括法定盈余公积和任意盈余公积两部分。盈余公积项目反映的内容还包括：中外合作经营企业在经营期间用利润归还的投资；金融企业计提的“一般风险准备”；外商投资企业计提的“储备基金”、“企业发展基金”和“职工奖励及福利基金”等。

第二，对所有者（或股东）的分配。企业在按规定计提了盈余公积、储备基金、风险准备等基金后，应制定股利分配方案。企业经股东大会或类似机构决议，分配给股东或投资者的现金股利或利润，计入“应付股利”；分配给股东的股票股利，在办理增资手续后，转作股本。

④所有者权益内部结转。所有者权益内部各项目之间的结转不会引起所有者权益总额

的变化。在阅读所有者权益变动表时应重点关注以下三项内容：

第一，资本公积转增资本。资本公积转增资本是指企业为扩充资本的需要，经股东大会或类似机构决议，将资本公积的一部分转为实收资本，该业务不增加所有者权益总额，但改变了资本结构。

第二，盈余公积转增资本。其形式与资本公积转增资本类似，但是盈余公积转增资本所减少的是留存收益，是利润和资本之间的转化，因此它与资本公积转增资本有本质的区别。

第三，盈余公积弥补亏损。弥补以前年度经营亏损的途径包括三种，用盈余公积补亏只是其中的一种，企业还可以用以后年度税前利润（现行规定为5年内）和税后利润弥补亏损。金融企业用一般风险准备弥补亏损，也应在该项目中有所反映。

（5）本年年末余额。该项目是本年度所有者权益增减变动的最终结果，由表中项目计算得出：

本年年末余额=本年年初余额±本年增减变动金额

本年年初余额=上年年末余额±会计政策变更和前期差错更正等

2.所有者权益变动表重点项目的分析

所有者权益变动表在股份公司中又被称为股东权益变动表。下面以股份公司为例，通过对该表重点项目的分析，使报表使用者在仔细阅读所有者权益变动表各项内容的基础上，主要分析各项目的具体变动数额和变动的原因，以及变动后对公司今后发展的影响，还可以进一步分析公司股价的走势。

（1）股本变动情况分析

股本是股东实际投入公司的资本，是公司经营的本钱，也是对外承担风险和责任的限度。股本的大小反映公司经营规模的大小。股本的增加包括资本公积转入、盈余公积转入、利润分配转入和发行新股等多种渠道。在分析时，应注意以下三个方面：

①资本公积转增资本和盈余公积转增资本并不影响股东权益总额，但是资本公积和盈余公积转增资本后，公司注册资本将会增大。这一方面反映公司为经营规模的扩大创造了条件，另一方面也将造成可流通股票数量的增加。由于转增资本以后，股票必须除权，如果行情不好，股价会下跌，股东的股票价值将会加速减值。因此，分析资本公积和盈余公积转增资本的利弊，要从公司的长远发展和股票市场的具体情况来进行。

②公司分派股票股利，一方面增加了公司的股本，另一方面也增加了股东手中股票的数量，同样也会降低股票的价格。

③发行新股既能增加注册资本和股东权益，又可增加公司的现金资产，这是对公司发展最有利的增股方式。

因此，对股本变动情况的分析要综合进行。要在分析公司股本增长的同时，分析营业收入和净利润是否相应增加，从而使得加权平均每股收益较上年有所增长。股本的增加既能为公司发展积累物质基础，也有可能给公司带来新的问题。因此，公司应制定科学合理的扩张战略，充分利用募集的资金，壮大公司实力。同时，提高资金使用效率，增强盈利能力，形成新的利润增长点，为公司的持续发展奠定基础。

对公司股本盈利能力进行分析，应重点计算如下指标：

①股本收益率。

$$股本收益率=\frac{税后利润-优先股股利}{发行在外的普通股股本}$$

该指标用于衡量普通股股票投资者可获投资报酬的程度。该指标越高，说明公司向股东提供的收入水平越高，或者用于扩大再生产的潜力越大，投资的风险越小。对投资者而言，股本收益率的高低比公司财务状况的好坏或其他收益率指标更直观，也更重要。

②每股盈利。

$$每股盈利=\frac{税后利润-优先股股利}{发行在外的普通股股数}$$

该指标用于衡量平均每股普通股股票获得的净收益额。在股票面值为1元时，该指标与上述股本收益率指标计算结果相同。

③每股净资产。

$$每股净资产=\frac{股东权益-优先股股本}{发行在外的普通股股数}$$

该指标用于衡量每一普通股股份所能分配的账面净资产的价值。或者说在会计期末每一股份在公司账上值多少钱，它与股票的名义价值（面值）、发行价值（面值加溢价）、市场价值、清算价值等可能有较大差距。利用该指标可以衡量公司的发展速度与发展潜力，判断投资价值及投资风险的大小。

（2）资本公积变动情况分析

资本公积不同于股本，股本是投资者对公司的原始投入，而资本公积是由特定来源形成的，除资本（或股本）溢价外，主要来自非股东投入。从性质上讲，资本公积属于股东权益，有特定的使用流向，是一种“准资本”。在对股东权益变动表进行分析时，要了解其形成过程，破解其使用流向，以便于投资者对公司的自有资本质量做出准确的判断。

资本公积增加的原因包括：

第一，资本（或股本）溢价。资本溢价包括公司收到投资者投入的资本与在股本中所占份额的差额；公司发行的可转换公司债券按规定转为股本时形成的差额；企业将重组债务转为股本时形成的差额等。

资本（或股本）溢价是资本公积的主要来源。如某公司新发股票1 000万股，面值1元，发行价格6 000万元，增加的5 000万元计入资本公积，为公司以后转增股本奠定了基础。当然，新准则引入公允价值概念后，会出现大量的公允价值与账面价值的差额，这个差额体现在“资本公积”项下的“其他资本公积”中。

第二，其他资本公积。按现行《企业会计准则》的规定，其他资本公积主要包括：企业的长期股权投资采用权益法核算的，在持股比例不变的情况下，被投资单位除净损益以外所有者权益的其他变动形成的；企业以权益结算的股份支付换取职工或其他方提供服务时，按权益工具授予日的公允价值模式计量形成的；企业自用房地产或存货转换为采用公允价值模式计量的投资性房地产时，按转换日的公允价值计价形成的；在资产负债表日，金融资产的公允价值高于其账面余额形成的；在资产负债表日，满足运用套期会计方法条件的现金流量套期和境外经营净投资套期产生的利得，属于有效套期部分形成的。

资本公积减少的原因主要是转增股本，分析时要注意转增股本的额度，以及转增股本后的股数和新的股权比例情况。可通过转增股本前后的股本收益率、每股盈利、每股净资产等指标进一步加以分析。

（3）盈余公积变动情况分析

①盈余公积增加的主要来源是按规定从本期净利润中提取的法定盈余公积和任意盈余公积。外商投资企业还应分别计提“储备基金”和“企业发展基金”。

②盈余公积减少的情况一般包括：A.用盈余公积转增股本。经股东大会批准，公司可以用盈余公积转增股本。但在实际转增时，要按照股东原有持股比例结转。同时，国家规定转增后留存的盈余公积不得少于注册资本的25%。B.用盈余公积弥补亏损。公司可以用税前利润（5年）和税后利润弥补以前年度的亏损，若亏损严重，一般不分派股利，但是为了维护公司形象，也可以用盈余公积先行弥补亏损，然后进行股利分派。C.用盈余公积派送新股。经股东大会批准，公司可用盈余公积派送新股。分配股利的形式主要是分派股票股利和现金股利两种。分派股票股利对公司而言，虽然股东分享了公司盈余，但无须分派现金，将留存大量现金供公司使用，而分派现金股利会使大量现金流出公司，但能使投资者获得真正的投资收益，能够取信于股东，进一步树立公司形象。D.中外合作经营企业在经营期间用利润归还投资等。

在股东权益构成项目中，公积金是一种无实际筹资成本的资金来源，并可以自由支配，因此，分析中可计算公积金与股东权益的比率，即：

$$\text{公积金与股东权益比率}=\frac{\text{资本公积}+\text{盈余公积}}{\text{股东权益}}$$

一般而言，该比率越大，说明对股本的保证程度越高，债权也越有保障。盈余公积所占比重越大，说明公司获利能力越强。

（4）利润分配的分析

利润分配实际上体现的是资金积累与消费的比例关系。公司实现的净利润形成了积累资金和消费资金的来源。

积累资金包括法定盈余公积、任意盈余公积和未分配利润。这些资金都是留存公司的经营积累资金，可用于公司的发展，但又具有不同的用途和特点。一般情况下，盈余公积只能用于补亏和转增资本；未分配利润是公司利润分配的最终结果，它没有特定的用途，既可以用于生产经营，也可以用于公司的扩张，还可以留待以后年度进行股利分配。

消费资金主要是分配给股东的股利，包括现金股利和股票股利。这是股东获得的实实在在的经济利益，但是公司采取何种发放形式，与公司发展战略和经营管理方式有关。一般来讲，公司希望拓展经营、扩大规模，但现金压力较大，因此倾向于发放股票股利。

实际上，留存于公司的现金越多，公司发展的资金就越充裕，越有益于公司未来经营业绩的提高，从而使投资者得到更高的回报。但是积累比例过高，会使消费资金比例过低，投资者收益就会减少，这将有可能挫伤股东的积极性，并影响公司形象，进而影响公司的股价。

任务训练 5-1

以绘图方式，按顺序描述所有者权益变动表中各主要项目与其他报表的信息勾稽关系，并在规定的时间内将电子版上传。任课教师根据学生的完成时间和成果质量评定成绩，计入学生平时考核成绩。

任务二

掌握财务报表附注的分析方法

微课 5-2

初识财务报表附注分析

一、财务报表附注的性质与作用

财务报表中所规定的内容具有一定的固定性，因其只能提供定量的会计信息，所以在信息披露方面受到一定限制。

财务报表附注是对在资产负债表、利润表、现金流量表和所有者权益变动表等报表中列示项目的文字描述或明细资料，以及对未能在这些报表中列示项目的补充说明。财务报表附注是企业财务报表的重要组成部分，也是报表使用者全面、客观、准确地解读企业会计信息必须参照的重要内容。

编制并分析财务报表附注，对报表使用者通常具有以下四个方面的主要作用：

1.提高财务报表信息的可比性

财务报表是依据企业会计准则编制而成的，在实际编制中存在着多种会计方法的选择，这就使得会计信息在采用不同会计处理方法的企业之间，以及同一企业的不同时期之间缺乏可比性。但企业会计准则同时规定，只要新的经济环境表明：采用另一种会计处理方法更能够恰当地反映企业的经营情况，那么改变原来的会计处理方法就是合理的。因此，在财务报表中通过附注来说明企业所采用的会计处理方法及其变更情况，有助于提高财务报表的可比性。

2.增强财务报表信息的可理解性

财务信息之间存在着内在的逻辑关系，理解这些逻辑关系需要掌握一定的会计基础知识。而财务报表的使用者千差万别，其知识结构迥然不同，需求信息的侧重点也各不相同。通过财务报表附注对表中数据进行解释，将抽象的数据分解成若干具体的项目，并说明产生各项目的会计方法，不但能够使具有一定会计知识的报表使用者深刻理解财务报表披露的信息，而且更有助于缺乏会计专业知识的报表使用者看懂报表信息，从而增强了财务报表的可理解性。

3.突出财务报表信息的重要性

企业公布的财务报表中所包含的信息数量多，内容复杂，报表使用者可能会抓不住重点，对其中的重要信息了解得不够全面、详细。而财务报表附注正是对报表中重要数据所作的进一步的分解说明。它能帮助报表使用者了解哪些信息是重要信息，应当引起注意，进而能使报表使用者获得正确的引导，做出正确的评价。

4.体现财务报表信息的完整性

财务报表附注不仅包括了企业采用的主要会计政策、财务报表中重要项目的明细资料，还揭示了不能在财务报表内反映的企业重要事项等，从而使财务报表提供的信息更加完整。财务报表附注有助于报表使用者更全面地了解企业的财务状况、经营成果、现金流量以及所有者权益变动等相关信息。

【小提示5-1】

美国投资大师沃伦·巴菲特曾经说过："如果我拿到一份年报，不能理解其脚注，我可能不会——不对，我一定不会投资那家公司，因为我知道他们并不想让我明白它。"

二、财务报表附注的内容与形式

1.财务报表附注的内容

财务报表附注的内容，应该结合报表使用者和提供者对信息的要求而确定。

首先，从财务信息的需求方来看，不同的信息使用者对财务报表附注的内容多少、繁简程度有不同的要求。对于企业内部分析师、外部分析师、风险投资机构来说，他们希望企业能提供的会计信息越多、越详细越好，以便于其深入、全面地掌握企业的财务状况和运营状况；而对于短期持有公司股票的股东来说，他们可能并不需要很多的附注信息，阅读过多的附注内容或许对他们来说意味着浪费时间，财务报表附注内容过于庞杂有时会给人以重点不突出的感觉。

其次，从财务信息提供者的角度来看，他们或许不愿提供太多的附注资料，以避免透露过多的商业秘密和花费过多的编制成本，避免遭到报表使用者的无端指责、猜忌等；但有时，出于向公众宣传企业的良好形象、吸引投资者注意等目的，他们往往不厌其烦地在财务报表附注中披露大量的信息。

因此，对于政府机构、监管机构及其他会计管理机构来说，必须研究和确定财务报表附注应当包括哪些内容。当然，考虑到不同行业、不同企业的特点，还有一些企业需要在财务报表附注中自愿披露一些信息，会计管理部门一般只对财务报表附注"至少"应包括哪些内容做出规定。

（1）一般企业财务报表附注的内容。

①企业的基本情况。

A.企业注册地、组织形式和总部地址；

B.企业的业务性质和主要经营活动；

C.母公司以及集团最终母公司的名称；

D.财务报告的批准报出者和财务报告批准报出日。

②财务报表的编制基础。

A.会计年度；

B.记账本位币；

C.会计计量所运用的计量基础；

D.现金和现金等价物的构成。

③遵循企业会计准则的声明。

企业应当声明编制的财务报表符合企业会计准则的要求，真实、完整地反映了企业的财务状况、经营成果和现金流量等有关信息。

④重要会计政策和会计估计的说明。

企业应当披露采用的重要会计政策和会计估计，不重要的会计政策和会计估计可以不披露。在披露重要会计政策和会计估计时，应当披露重要会计政策的确定依据和财务报表项目的计量基础，以及会计估计中所采用的关键假设和不确定因素。对于重要的会计政策和会计估计，上市公司通常会披露以下内容：

A.应收款项坏账准备计提方法。公司对于单项金额重大的应收款项，应单独进行减值测试。有客观证据表明其发生了减值的，根据其未来现金流量现值低于其账面价值的差额，确认减值损失，计提坏账准备。

B.存货核算方法。

C.固定资产计价、折旧方法和减值准备的计提方法。

D.无形资产计价及摊销方法。

E.收入确认原则。

F.所得税的会计处理方法。

G.合并财务报表的编制方法。

⑤会计政策和会计估计变更以及差错更正的说明。

会计政策变更是指企业对相同的交易或事项由原来采用的会计政策改为另一会计政策的行为。为保证会计信息的可比性，使财务报告使用者在比较企业不同期间的财务报表时，能够正确判断企业的财务状况、经营成果和现金流量的趋势，一般情况下，企业应在每期采用相同的会计政策，不应也不能随意变更会计政策。但符合下列条件之一，应改变原采用的会计政策：

A.法律、行政法规或者国家统一的会计制度等要求变更；

B.会计政策变更能够提供更可靠、更相关的会计信息。

与会计政策的变更一样，如果企业据以进行会计估计的基础发生了变化，或者由于取得新信息、积累更多经验以及后来的发展变化，可能需要对会计估计进行修订，这时就会发生会计估计变更。前期差错是指由于没有运用或错误运用下列两种信息而对前期财务报表造成省略或错报：

A.编报前期财务报表时预期能够取得并加以考虑的可靠信息；

B.前期财务报表批准报出时能够取得的可靠信息。

前期差错通常包括计算错误、应用会计政策错误、疏忽或曲解事实及舞弊产生的影响等。

⑥报表重要项目的说明。

企业对报表重要项目的说明，应当按照资产负债表、利润表、现金流量表、所有者权益变动表及其项目列示的顺序，采用将文字和数字描述相结合的方式进行披露。报表重要项目的明细金额合计，应当与报表中该项目的金额相衔接。

财务报表附注通常需要进行详细披露与说明的项目有：应收款项项目、存货项目、投资项目、固定资产项目、无形资产项目、费用项目、收入项目等。

⑦或有事项。

或有事项是指过去的交易或事项形成的、其结果须由某些未来事项的发生或不发生才能决定的不确定事项。对或有事项，企业应当在财务报表附注中披露下列信息：

A.预计负债

a.预计负债的种类、形成原因以及经济利益流出不确定性的说明；

b.各类预计负债的期初余额、期末余额和本期变动情况；

c.与预计负债有关的预期补偿金额和本期已确认的预期补偿金额。

B.或有负债

a.或有负债的种类及其形成原因，包括未决诉讼、未决仲裁、对外提供担保等形成的或有负债；

b.对经济利益流出不确定性的说明；

c.或有负债预计产生的财务影响以及获得补偿的可能性，无法预计的应当说明原因。

在涉及未决诉讼、未决仲裁的情况下，如果按相关规定披露全部或部分信息预期会对企业造成重大不利影响，则企业无须披露这些信息，但应当披露该未决诉讼、未决仲裁的性质，以及没有披露这些信息的事实和原因。

⑧资产负债表日后事项。

资产负债表日后事项是指资产负债表日至财务报告批准报出日之间发生的有利或不利事项。它包括资产负债表日后调整事项和资产负债表日后非调整事项。

对资产负债表日后事项，企业应当披露下列信息：

A.每项重要的资产负债表日后非调整事项的性质、内容及其对财务状况和经营成果的影响。无法做出估计的，应当说明原因。

B.资产负债表日后，企业利润分配方案中拟分配的以及经审议批准宣告发放的股利或利润。

⑨关联方关系及其交易。

一方控制、共同控制另一方或对另一方施加重大影响，以及两方或两方以上同受一方控制、共同控制或重大影响的，构成关联方。关联方关系是指有关联的各方之间的关系。

关联方披露的基本要求如下：

A.本企业母公司的有关信息披露，包括母公司名称、注册地、业务性质、注册资本等，母公司不是本企业最终控制方的，说明最终控制方名称。母公司和最终控制方均不对外提供财务报表的，说明母公司之上与其最相近的对外提供财务报表的母公司名称。

B.母公司对本企业的持股比例和表决权比例。

C.本企业子公司的有关信息披露，包括子公司名称、注册地、业务性质、注册资本、本企业合计持股比例、本企业合计享有的表决权比例等。

D.本企业合营企业的有关信息披露，包括被投资单位名称、注册地、业务性质、注册资本、本企业持股比例、本企业在被投资单位的表决权比例、期末资产总额、期末负债总额、本期营业收入总额、本期净利润等。

E.本企业与关联方发生交易的，分别说明各关联方关系的性质、交易类型及交易要素。交易要素至少应当包括：交易的金额；未结算项目的金额、条款和条件，以及有关提供或取得担保的信息；未结算应收项目的坏账准备金额；定价政策。

（2）合并企业财务报表附注的内容。

根据我国颁布的《企业会计准则——应用指南》的规定，合并企业的财务报表附注主要包括如下内容：

①企业集团的基本情况；

②财务报表的编制基础；

③遵循企业会计准则的声明；

④重要会计政策和会计估计；

⑤会计政策和会计估计变更以及差错更正的说明；

⑥报表重要项目的说明；

⑦或有事项；

⑧资产负债表日后事项；

⑨关联方关系及其交易；

⑩风险管理；

⑪母公司和子公司信息。

A.子公司有关信息的披露应包括：子公司名称、注册地、业务性质、注册资本、本企业合计持股比例、本企业合计享有的表决权比例等。

B.母公司拥有被投资单位表决权不足半数，但能对被投资单位形成控制的原因。

C.母公司直接或通过其他子公司间接拥有被投资单位半数以上的表决权，但未能对其形成控制的原因。

D.子公司所采用的会计政策与母公司不一致的，母公司编制合并财务报表的处理方法。

E.子公司与母公司会计期间不一致的，母公司编制合并财务报表的处理方法。

F.本期不再纳入合并范围的原子公司，说明原子公司的名称、注册地、业务性质、母公司的持股比例和表决权比例，以及本期不再成为子公司的原因。

原子公司在处置日和上一会计期间资产负债表日资产、负债和所有者权益的金额以及本期期初至处置日的收入、费用和利润的金额。

G.子公司向母公司转移资金的能力受到严格限制的情况。

H.作为子公司纳入合并范围的特殊目的主体的业务性质、业务活动等。

2.财务报表附注的编制形式

财务报表附注的编制形式多种多样，各企业可结合自身的特点及报表使用者的要求做出选择。常见的编制形式有以下五种：

（1）尾注说明。这是附注的主要编制形式，一般适用于说明内容较多的项目。

（2）括号说明。此种形式常用于为财务报表主体提供补充信息，因为它将补充信息直接纳入财务报表主体，所以比起其他形式，其优点是显得更为直观，不易被人忽视。缺点是它包含的内容过短。

（3）备抵与附加账户。设置备抵与附加账户，在财务报表中单独列示，能够为财务报表使用者提供更多有意义的信息，这种形式目前主要用于资产减值损失等账户的设置。

（4）脚注说明，是指在报表下端进行的说明，例如，说明已贴现的商业承兑汇票和已包括在固定资产原价内的融资租入的固定资产原价等。

（5）补充说明。有些无法列入财务报表主体的详细数据、分析资料，可用单独的补充报表进行说明，比如，企业可利用补充报表的形式来揭示关联方的关系和交易等内容。

【小提示5-2】

证券市场发展得越成熟，对财务报表附注的编制要求就越高，而目前我国的证券市场仍处于起步阶段，在财务报表附注的编制和披露上还存在很多问题，主要表现在以下几个方面：一是信息披露不充分。比如，对关联方交易的披露，有的企业“删繁就简”，有意回避；有的企业“点到为止”，模糊不清。许多企业缺乏对其主要投资人、关键管理人员以及关系密切的家庭成员信息的披露，有的甚至是空白。二是附注内容滞后。比如，有意延期披露或有事项、提供担保等需要及时公布的内容。还有一些并非故意行为，而是由于企业管理层及会计人员的素质问题，未能正确理解应披露内容的重要性而造成事后披露或延期披露。三是存在虚假信息。比如，对重要事项的说明，很多企业都有不实的陈述。

财务报表附注是一种工具，也是一个信息的载体。它对于经济决策的意义是深远的。理解它的含义，学会它的编制，更好地利用它的形式，以匠者之心为企业界和投资人提供客观、公正、完整、准确的信息服务，是财务工作者的专业责任和社会义务。

三、财务报表附注的分析

分析财务报表附注，对报表使用者全面了解企业财务状况，准确评价企业经营管理水平以及及时做出有效的判断和决策具有重要意义。一般情况下，对财务报表附注的分析应从以下几个方面来进行。

1.宏观经济环境分析

宏观经济环境的变动对企业的财务状况具有重大的影响。宏观经济环境分析主要包括经济周期变动分析和经济指标变动分析两个方面。

（1）经济周期变动分析。

宏观经济环境常常会受到各种因素的影响，呈现着周期性的变化。通常把经济运行的这种周期性变化划分为四个阶段：上升期、高涨期、下降期、停滞期。这种周期性变化对企业的财务状况和经营成果也会产生影响。因此，只有正确把握当前经济发展处于经济周期的何种阶段，收集有关宏观经济资料，了解宏观经济政策，随时注意经济动向，才能很好地把握住企业财务状况和经营成果的发展趋势，帮助企业做出正确的投资决策。

（2）经济指标变动分析。

要准确把握经济周期的变化规律，必须分析经济指标。通常需要分析的指标包括：经济发展速度指标；投资的增长规模、结构和效益指标；政府购买力指标；个人消费指标；失业率指标；商品价格指数等。

2.宏观经济政策分析

宏观经济政策的变动对市场有直接的导向作用，对企业的经营状况会产生较大的影响。

（1）财政政策变动分析。

财政政策的制定和运用，对整个国民经济具有广泛而深远的影响，因此，对财政形势和政策的分析就成为企业财务分析的重要内容之一。具体包括：经济总量与经济政策变动的影响、政府购买与公共工程支出的影响、税收政策变动的影响等。

（2）货币金融政策变动分析。

货币金融政策和财政政策都是现代市场经济中最重要的宏观调节手段。在经济调整中，货币金融政策充分显示了其作用与威力，它直接影响国民经济结构、发展速度、企业规模与效益、居民收入、通货膨胀率、利率以及市场运行等各个方面。具体通过对货币供应量、利率和汇率变动情况的分析，了解各因素的变动对企业财务状况和经营成果产生的影响。

3.行业分析

分析行业所属的市场类型和生命周期，以及影响同行业发展的若干因素，有利于财务报表使用者准确理解财务报表信息，为正确进行投资决策提供科学的依据。

（1）行业的市场类型。

根据行业中的企业数量、产品性质、价格制定等因素，将各行业的市场分为完全竞争型市场、垄断竞争型市场、寡头垄断型市场、完全垄断型市场等四种类型。

一般情况下，越是市场竞争较为完全、充分的行业，投资壁垒越少，企业数量越多，企业产品价格受市场竞争影响也越大，这种价格的不稳定性导致企业的收益不稳定，对投资者而言，投资风险较大；反之，垄断性行业投资壁垒较多，企业数量较少，企业产品价格和市场控制能力很强，收益一般较为稳定，投资风险较小。

（2）行业的生命周期。

任何行业都要经历一个由成长到衰退的发展演变过程，即行业具有生命周期。整个生命周期可划分为初创期、成长期、成熟期和衰退期等四个阶段。不同行业、不同企业处在生命周期的不同阶段，其财务形势和经营风险程度也各不相同，因此，在分析时必须多加关注。

(3) 行业变动的影响因素。

各种行业的生产活动都会受到法律、社会、技术等多种因素的影响，各因素对行业变动产生的影响是通过政府对有关行业的法令政策的调整，以及相关行业变动因素的影响而发生作用的。因此，在分析时必须多加关注。

4.企业分析

企业分析就是对企业的经营管理、科技开发实力、工艺设备及技术水平等方面进行分析。进行企业分析必须在了解企业概况的前提下，重点对企业的经营管理、技术开发、发展前景、企业的产品和市场进行具体分析。通过这些分析，能够更好地解读财务报表附注所披露的信息的背景，为报表使用者的决策提供参考。

5.财务报表附注中重点项目的分析

一般情况下，在阅读和分析财务报表之前，首先要阅读财务报表附注，了解企业的一些主要背景资料和会计资料。在分析财务报表的过程中，也需要经常翻阅财务报表附注，将财务报表附注和财务报表结合起来进行分析，辨别财务报表的真实程度，并对财务报表中有关数据的详细情况深入调查。财务报表附注的内容比较多，但以下内容往往都是阅读与分析的重点：

(1) 会计政策、会计估计变更以及差错更正的分析。

①会计政策变更。

会计政策是指企业在会计核算过程中所采用的原则、基础和会计处理方法。为了保证会计信息的可比性，使财务报表使用者在比较分析财务报表时，能够正确判断企业的财务状况、经营成果和现金流量的变化趋势，企业所采用的会计政策在每一会计期间和前后各期应当保持一致，不得随意变更。若会计政策变更能提供更可靠、更相关的会计信息，应当采用追溯调整法进行处理。对于会计政策变更，应重点分析以下内容：

A.分析会计政策变更的理由是否充分。对于法律、法规强制要求发生的会计政策变更，主要关注其变更的合法性，即企业采用的新会计政策是否符合法律、法规和会计制度的要求，会计处理是否合法。对于会计政策变更能够提供有关财务状况、经营成果和现金流量等更可靠、更相关的会计信息时，则重点分析是否能真实、公允地反映企业的财务状况、经营成果和现金流量，企业是否利用会计政策变更粉饰财务报表。

B.分析会计政策变更的会计处理是否正确。对于法律、法规强制要求发生的会计政策变更，应该按照有关规定执行；对于企业自愿变更会计政策的，一般要求采用追溯调整法，若会计政策变更的累计影响数不能合理地确定，则采取未来适用法。

C.分析会计政策变更的内容是否完整。企业应当在附注中披露会计政策变更的性质、内容和原因，当期和各个列报前期财务报表中受影响的项目名称和调整金额无法进行追溯调整的，说明该事实和原因以及开始应用变更后的会计政策的时点、具体应用情况。

②会计估计变更。

会计估计变更是指由于资产和负债的当前状况及预期未来经济利益和义务发生了变化，从而对资产或负债的账面价值或者资产的定期消耗金额进行的重估和调整，如固定资产的折旧方法、存货发出的计价方法等。对于会计估计变更，应重点分析以下内容：

A.分析会计估计变更的合理性。会计的一个重要特点就在于其中充满了估计和判断，因而会计不可能做到精确，只能力求公允。会计估计变更是否合理，即运用新的估计是否能够提供比以前更合理、更公允的会计信息，可以通过将其与同行业类似企业进行对比分析来判断。

B.分析会计估计变更的正确性。对会计估计变更的会计处理主要采用未来适用法，不调整以前年度财务报表。

C.分析会计估计变更披露的正确性。企业应当在附注中披露会计估计变更的内容和原因、变更对当期和未来期间的影响数；会计估计变更的影响数不能确定的，披露事实和原因。

③会计差错更正。

会计差错会造成企业的会计信息不真实，其分析的重点是判断差错的性质是否属于故意造成的，如提前确认尚未实现的收入、不确认已实现的收入都属于故意产生的差错。其他原因造成的差错也会造成会计差错，如账户分类及计算错误、会计估计错误、漏记已经完成的交易、对事实的忽视和误用等。

（2）或有事项的分析。

或有事项，尤其是或有负债的存在，会使得公司未来的生产经营具有重大不确定性，甚至有可能危及企业的生存。因此，应重视对财务报表附注中或有事项信息的解读和分析。分析时应特别注意对外担保等近年来对上市公司产生重大不利影响的事项，借此判断公司经营面临的风险大小。

一般情况下，企业或有事项的确认、计量和相关信息的披露应适用《企业会计准则第13号——或有事项》，但要注意部分或有事项并未由该准则直接规范。

①存货。

企业为执行销售合同或劳务合同而持有的存货，通常应当以产成品或商品的合同价格作为其可变现净值的计算基础。如果企业持有的存货数量少于销售合同的订购数量，实际持有的与该销售合同相关的存货应以销售合同所规定的价格作为可变现净值的计算基础。如果该合同为企业亏损合同，则应同时按照或有事项的会计处理原则确认预计负债。

②长期股权投资。

对于采用权益法核算的长期股权投资，投资企业在确认分担被投资单位发生的亏损时，应综合考虑长期股权投资及其他实质上构成对被投资单位净投资的长期权益项目的账面价值。在长期股权投资的账面价值减记至零的情况下，如果仍有未确认的投资损失，则应以其他长期权益项目的账面价值为基础继续确认。另外，投资企业在确认应分担被投资单位的净损失时，还应考虑在投资合同或协议中是否存在履行其他额外损失的补偿义务，按照或有事项的会计处理原则确认预计将承担的损失金额。

③职工薪酬。

与或有事项相关的职工薪酬主要表现在辞退福利中。企业应当根据企业会计准则，按照辞退计划条款的规定，合理预计并确认辞退福利产生的负债。其中，对于职工没有选择权的辞退计划，应当根据计划条款确定拟解除劳动关系的职工数量，对每一职位的辞退补偿等计提应付职工薪酬（预计负债）。对于自愿接受裁减建议的，企业应当根据或有事项处理原则，预计将会接受裁减建议的职工数量，并据此对每一职位的辞退补偿标准等计提应付职工薪酬（预计负债）。预计接受裁减的职工数量可以根据最可能发生的数量确定，也可以按照各种发生数量及其发生概率计算确定。

（3）资产负债表日后事项的分析。

①资产负债表日后事项分析的核心内容。

资产负债表日后事项分析的核心内容是判断资产负债表日后事项是调整事项还是非调整事项。对于调整事项，必须进行相关的账务处理，并调整资产负债表日的财务报表。显然，调整事项和非调整事项判断的正确与否，将直接影响公司报告年度的财务状况和经营成果，对评价公司的财务状况和经营业绩有着重要意义。

资产负债表日后调整事项是指对资产负债表日已经存在的情况提供了新的或进一步证据的事项。调整事项的主要特点在于它的“续发性”，即它的发生是以前已发生或存在事项的延续和结束，因而也常被称为“续发事项”。对于非调整事项而言，其重要特点在于“后发性”，即它在资产负债表日之后发生，不直接影响资产负债表日的状况和相关会计年度的经营成果。非调整事项并不影响财务报表金额，但可能影响信息使用者对财务报表的正确理解。《企业会计准则第29号——资产负债表日后事项》中列举了常见的调整事项和非调整事项，掌握这些内容对于正确理解和使用财务报表意义重大。

②资产负债表日后调整事项。

根据《企业会计准则第29号——资产负债表日后事项》的规定，资产负债表日后调整事项主要包括：

A.资产负债表日后诉讼案件结案，法院判决证实了企业在资产负债表日已经存在现时义务，需要调整原先确认的与该诉讼案件相关的预计负债，或确认一项新负债；

B.资产负债表日后取得确凿证据，表明某项资产在资产负债表日发生减值，或者需要调整该项资产原先确认的减值金额；

C.资产负债表日后进一步确定了资产负债表日前资产的成本或售出资产的收入；

D.资产负债表日后发现了财务报表舞弊或差错。

③资产负债表日后非调整事项。

根据《企业会计准则第29号——资产负债表日后事项》的规定，资产负债表日后非调整事项主要包括：

A.资产负债表日后发生重大诉讼、仲裁、承诺；

B.资产负债表日后资产价格、税收政策、外汇汇率发生重大变化；

C.资产负债表日后因自然灾害导致资产发生重大损失；

D.资产负债表日后发行股票和债券以及其他巨额举债；

E.资产负债表日后资本公积转增资本；

F.资产负债表日后发生巨额亏损；

G.资产负债表日后发生企业合并或处置子公司。

（4）关联方交易的分析。

关联方交易广泛地存在于我国上市公司的生产经营中，这与我国国有企业改制的特殊背景有关。在行政审批制下，由于实行“规模控制，限报家数”的政策，股票发行额度成为了十分稀缺的资源。企业通过激烈竞争拿到的股票发行额度往往与其资产规模不相匹配，只好将一部分经营业务和经营性资产剥离，或者进行局部改制，将原本不具有面向市场能力的生产线、车间和若干业务拼凑成一家可上市的公司，并通过模拟手段编制这些非独立核算单位的财务报表。辩证地看，剥离与模拟在我国证券市场发展中功不可没，如果不允许剥离与模拟，许多企业（特别是国有企业）是不具备上市资格的，并无法通过股份制改革和上市摆脱困境。然而，这种上市制度的缺陷也很明显：上市公司与其母公司在生产经营中存在密切联系。上市公司与母公司在利益上存在诸多一致，如上市公司通过上市“圈钱”后向母公司“输血”和上市公司在经营不佳时向母公司“要饭”等。关联交易是严重侵蚀会计信息真实性的重要因素之一。

①上市公司利用关联交易操纵利润的主要方法。

A.关联购销。关联购销是上市公司利用关联交易操纵利润最常见的手法。对该类交易，信息使用者应注意审核关联交易价格的合理性，关注对财务状况和经营成果产生重大影响的关联方交易价格是否与交易对象的账面价值或其市场通行价格存在较大差异，从而判断关联交易到底是正常的购销行为还是利润操纵的手段。

B.股权转让、资产置换和出售。由于我国对公司价值的评估方法缺乏相应的理论体系及操作规范，公司并购的法律和财务处理不够完善，同时也由于地方政府部门不恰当的干预，使得资产转让和置换表现为一种不等价交换和利润转移的工具，表现为通过股权转让、资产置换等方式来美化财务状况和经营业绩。其具体表现形式有：一是上市公司将不良资产和等额债务剥离出上市公司，以降低财务费用和避免不良资产经营所产生的亏损或损失；二是上市公司将不良资产转卖给母公司，这些不良资产的价值十分有限，但却能卖个好价钱，在转让过程中上市公司往往获得一笔可观的收益；三是母公司将优质资产低价卖给子公司，但转让价款长期挂账且不计利息，子公司一方面获得了优质资产的经营收益，另一方面不需要付出任何代价；四是母公司将自己的优质资产与子公司的不良资产进行置换，置换时对优质资产和不良资产的评估根本不考虑资产的质量和获利能力，一律按照成本法评估其价值，这显然对上市公司有利。另外，一些上市公司还通过向下属公司注入资金，增持股份，或转让股权，减少持股比例，运用长期投资中成本法与权益法核算上的差异来实现报表中的利润操纵目标。

C.资金占用。在我国，企业之间相互拆借资金是有关法律所不允许的，但从实际情况看，上市公司同关联公司之间进行资金拆借的现象比比皆是。然而，这些被关联方占用的资金往往很难收回，从而将上市公司拖垮。一些上市公司还可以将收取资金占用费作为手段粉饰财务报表。

D.担保和抵押。上市公司与关联企业之间通过关联担保侵占上市公司利益的问题比较严重。许多上市公司对外担保有相当一部分是给大股东提供的。显然，这种担保也是一种关联交易。关联方即大股东往往通过这种方式侵占上市公司利益。

E.费用分担。由于许多上市公司与母公司之间存在着接受服务和提供服务的关系，在上市改组时，双方往往签订了有关协议，明确了有关费用支付和分摊标准，因而可以通过改变费用分摊的方式和标准来提高公司的利润。其主要形式有母公司调低上市公司应缴纳的费用标准，或承担上市公司的管理费用、广告费用、离退休人员费用，或将上市公司以前年度缴纳的有关费用退回等。

②利用关联方交易剔除法分析上市公司实际盈利能力。

关联方交易中滋生了大量的不等价交易、虚假交易，损害了大量中小投资者的利益，并有可能造成国有资产的流失。因此，在关联方交易的分析中，应重点关注关联方交易的实质、关联方交易对企业财务状况和经营成果的影响。运用关联方交易剔除法，可以较为真实地了解上市公司的实际盈利能力。

关联方交易剔除法，就是在分析财务报表时，将来自关联方的收入和利得从上市公司利润表中剔除，仅需要分析上市公司自身非关联方交易实现利润的情况。显然，剔除关联方交易后的利润总额与剔除前相比差额越大，表明上市公司的盈利越依赖关联企业，公司自身获取利润的能力越差，人们有理由对上市公司自身的“造血”能力产生怀疑。此时，信息使用者应进一步关注关联交易的定价政策、关联交易的发生时间，借此判断关联交易的真实目的，了解上市公司有无利用不等价的关联方交易来进行利润操纵。

显而易见，不合理的关联方交易，其核心是利用不合理的价格来转移资产、负债等，以达到调节利润的目的，而利益驱动是关联方交易中存在价格问题的主要原因。因此，报表使用者必须对关联方关系及其交易予以足够的重视。

③关联方交易的识别。

对于企业已披露的关联方交易，应重点关注关联方交易的内容，尤其是定价政策。不过，有些上市公司出于某种目的，可能故意隐瞒一些不公允的关联交易，此时，可以借助其他资料来识别企业当期是否存在关联方交易。可供参考的方法包括：查阅股东大会、董事会会议及其他重要会议记录和公告，以及企业的重大事项公告，从中识别是否存在关联方交易的内容；通过与前期报表进行比较，发现以前存在重大关联方交易的对象本期是否又发生了新的关联方交易，因为大部分关联交易具有一定的连续性；关注期末报表中数据较大的、异常的及不经常的交易或金额。上市公司往往为了粉饰经营业绩和财务状况在期末进行这类关联方交易，因此，如果年报中有的项目与第三季度的季报相比存在明显异常，就应当特别关注。

(5) 财务报表重点项目分析。

①应收款项。

应收款项主要包括应收账款、应收票据、预付款项和其他应收款等，信息使用者分析的重点应放在应收账款和其他应收款上。

应收账款是企业因销售商品或提供劳务而形成的债权。应收账款的变化会直接导致企业营业收入和现金流量的变化，从而影响企业的利润水平、营运能力及现金流动的数量。因此，信息使用者对应收账款的分析不应是孤立的，而是要结合利润表和现金流量表以及财务报表附注中的相关内容进行综合分析。分析的重点是利润表中的营业收入和现金流量表中的经营活动产生的现金流入，以及与提取资产减值有关的坏账准备、管理费用等。

其他应收款是企业发生的除销售商品或提供劳务以外的应收款项，属于企业主营业务以外的债权。在正常情况下，其他应收款的余额不应过大。企业财务报表中其他应收款的余额过大，其原因主要有以下几种情况：第一，企业利用其他应收款虚构营业收入，把亏损变为盈利，将无法收回的坏账长期挂账；第二，存在关联方交易情况，如拆借给母公司资金等；第三，将正常的赊销收入计入到其他应收款科目，以此进行避税；第四，投资者利用“其他应收款”抽走企业注册资金，严重影响企业生产经营。

②存货。

存货在企业流动资产中所占的比重较大，而且它是经常发生会计舞弊的项目之一，如利用存货调整营业成本，虚增成本费用。存货与利润表中的营业成本密切相关，该项目的变化对企业损益、资产总额、所有者权益和所得税税额都能产生一定的影响。企业采用不同的存货计价方法，或采用不同的存货跌价准备的计提比例，对企业财务状况、盈亏情况都会产生不同的影响。企业变更存货计价方法或调整存货跌价准备的计提比例，都会产生一定的利润调整空间，因此分析时要格外注意。

③固定资产。

固定资产在财务报表附注中需要着重披露两项内容：一是分别披露各类固定资产原价、累计折旧、减值准备累计金额、账面价值这四项指标的年初账面余额、本期增加额、本期减少额、期末账面余额；二是企业确有准备处置固定资产的，应当说明准备处置的固定资产名称、账面价值、公允价值、预计处置费用和预计处置时间等。

固定资产是企业的主要资产项目，其价值的大小、更新的快慢，对企业发展及创新能力提升具有极其重要的作用。固定资产折旧方法及估计的变更，将会对企业的财务状况、经营成果产生一定的调整空间，直接影响企业财务报表信息的真实可比和有效使用，因此在分析时需要格外注意。

④长期股权投资。

企业往往通过调整股权比例、改变长期股权投资核算方法达到调节利润的目的。因此，在分析财务报表附注时，应关注长期股权投资当期金额有无异常，它形成的投资收益金额有无异常，是否占企业总收益的比重较大等。

⑤长期待摊费用。

企业通过调整当期费用也可以实现虚增利润的目的。在实际工作中，有的企业往往利用“待摊”的方式进行调账，如把当期的财务费用和管理费用列为长期待摊费用，来达到减少当期费用、增加资产价值、虚增利润的目的。因此在分析时，应对成本费用大幅下降的企业予以特别的关注，并进一步分析下降的原因，才能准确地判断企业的实际盈利能力。

⑥营业收入。

企业的营业收入包括企业主要业务和其他业务所确认的收入总额。在分析企业营业收入时一定要注意：有些企业常常违反会计准则的规定，利用收入确认的“时间差”来调节利润。主要是采用提前确认收入、推迟确认费用，或者不以实际收入的发生为依据，而是以签订购销合同确认收入等手段来操纵利润。

⑦营业外收入。

营业外收入是指与企业生产活动没有直接关系的各项收入。它不是由企业经营资金耗费所产生的，不需要企业付出代价，实际上是一种纯收入，不可能也不需要与有关费用进行配比。在分析时，信息使用者应以营业外收入除以总利润的比率来分析利润的构成情况，以检验企业获利能力与经营成果。如果该比率较大，说明企业盈利水平差，经营前景不容乐观。

⑧管理费用。

管理费用是企业三大期间费用中数额较大、项目最多、分析起来最复杂的支出项目，也是容易生成虚假会计信息的项目。在分析时，信息使用者要特别关注附注中列示的项目数量及金额的变动，要将管理费用的变动与企业当期的经营方针的变化、产品结构与营销策略的调整等结合起来，分析其支出的合理性与有效性。

下面是企业财务报表附注的一般样式。

长春汇华股份有限公司财务报表附注

202×年度

一、公司基本情况

长春汇华股份有限公司（以下简称汇华公司）于1996年6月16日取得注册号为×××××××××××××的企业法人营业执照。本公司注册资本2 000万元，法定代表人盛××，本公司经营场所：长春市同志街汇华大厦。

经营范围（涉及许可经营的须凭许可证或批准文件经营）：网络、装修、装饰、物业。

二、会计政策和相关说明

1.会计政策

本公司执行《企业会计准则》。

2.会计年度

自公历1月1日起至12月31日止。

3.记账原则和记账基础

本公司会计核算采用权责发生制原则和借贷记账法进行核算，资产计价以历史成本为计价基础。

4.记账本位币

以人民币为记账本位币。

5.固定资产核算方法

按直线法计提折旧。

6.低值易耗品核算方法

分次摊销法。

7.存货核算计价方法

加权平均法。

8.收入确认原则

遵循权责发生制原则并按工程进度的百分比法分段确认收入。

三、会计报表科目附注

1.货币资金期末余额________元，其中：①库存现金________元；②银行存款________元；③其他货币资金________元。

2.预收账款期末余额________元，其中主要预收项目有：①________；②________。

3.应收账款期末余额________元，其中主要应收项目有：①________；②________；③________。

4.存货期末余额________元，其中：①原材料________元；②包装物________元；③库存商品________元。

5.固定资产期末原值________元，其中主要类别项目资产原值如下（分别按房屋建筑物、机器设备、运输工具等填报）：①房屋建筑物类________元；②机器设备类________元；③运输工具类________元。

6.在建工程期末余额________元，主要支付________工程款。

7.长期待摊费用期末余额________元，其中主要项目如下：①××物业管道改造________元；②××设备大修理________元。

8.短期贷款期末余额________元，其中：①________；②________。

9.应付账款期末余额________元，其中：①________；②________。

10其他应付款期末余额________元，其中主要项目是：________。

11.长期借款期末余额________元，其中：①________；②________。

12.实收资本期末余额________元，投资人如下：①××投资________元；②××投资________元。

13.资本公积期末余额________元，投资人如下：①××投资形成________元；②××投资形成________元。

14.盈余公积期末余额________元，其中：①法定盈余公积________元；②任意盈余公积________元。

15.未分配利润期末余额________元，其中：①________；②________。

四、承诺事项

1.报告期内的所有经济业务和交易事项均已入账，并已经按《企业会计准则》的规定进行分类核算和编制会计报表，财务会计资料真实、齐全。

2.报告期内所有事项的分类和金额，无蓄意歪曲或虚饰的情形，无违法、违纪或舞弊现象。

3.报告期内的所有经济业务，无不确定事项。

单位：长春汇华股份有限公司（盖章）

202×年12月31日

任务训练5-2

请在规定的时间内，以图解方式概括出你会从哪些方面入手来对企业财务报表附注进行分析，并将电子版上传。任课教师将根据答题时间和质量评定成绩，计入学生的平时成绩。

项目小结

所有者权益变动表是反映构成所有者权益的各组成部分当期增减变动情况的报表。该表作为必须对外列报的主要报表之一，对投资人的投资决策具有极其重要的作用。对所有者权益变动表的分析，一要阅读、理解报表中各项目的经济含义、来源及去向；二要对重点项目进行深入剖析；三要计算相关指标，并通过该表与资产负债表、利润表和现金流量表中相关项目的勾稽关系，对企业所有者权益增减变化情况做出全面的评价。

财务报表附注是企业财务报表的重要组成部分，它是对财务报表中已经列示或尚未列示项目的补充说明。掌握并运用财务报表附注的分析方法，对报表使用者更客观、更全面地理解财务报表的信息，从而做出正确的判断和决策具有重要意义。对财务报表附注的分析包括宏观经济环境分析、宏观经济政策分析、行业分析、企业分析以及报表中重点项目的分析五个方面的内容。

项目训练

一、知识掌握与应用

● 主要概念

所有者权益变动表　财务报表附注　每股盈利

● 阅读理解

1. 如何理解直接计入所有者权益的利得和损失？

2. 如何理解财务报表附注对报表使用者的重要作用？

3. 财务报表附注的编制形式有哪些？

● 知识应用

1. 你认为增加股本的最好形式是什么？为什么？

2. 为什么在分析财务报表附注时要对国家货币金融政策的变动进行分析？

二、技能测试与考核

● 能力题

根据表2-1和表3-1的资料，列出影响欣达公司财务状况和经营成果的重点项目，并说明在财务报表附注中应关注哪些详细内容。

三、德技并修与提升

● 课程阅读

稳健经营　投入未来

——华为公司2021年年报分析

2022年3月28日，华为公司在深圳总部举办了2021年年度报告发布会。在发布会上，华为公司首席财务官孟晚舟女士，代表华为公司就公司的最新情况以及华为公司2021年年度经营业绩，以主题演讲的形式向与会人员及各路媒体做了分享，演讲的主题是“稳健经营，投入未来”。

2021年对世界来说，是百年未有之大变局中极不确定的一年。放眼全球，新冠肺炎疫情影响着全球数以千万人的正常生活。华为公司作为一家代表最新5G技术的通信技术公司，也面临着国内外更复杂、更持续的挑战。华为公司扛住压力，化解危机，持续为世界各地的客户提供高质量的价值服务。并通过技术创新，正在使通信变得更加智能，更容易在数据量呈指数级增长的情况下不断使行业提高能效。坚定信心，稳健经营，夯实基础，投入未来，顶住压力，做好自己。用广受瞩目的2021年年报，向世人交上了一份耀眼的“成绩单”。

一、财务形势平稳向好

2021年，华为公司整体经营情况符合预期。实现营业收入6 368亿元，实现净利润1 137亿元，同比增长75.9%，经营性现金流597亿元，同比增长69.4%，资产负债率57.8%，同比下降4.5%。从以上概要的财务数据中可以看出，华为公司整体的财务状况出现了非常良好的变化，财务韧性也在持续加强。2021年营业收入的分布情况如图5-1所示。

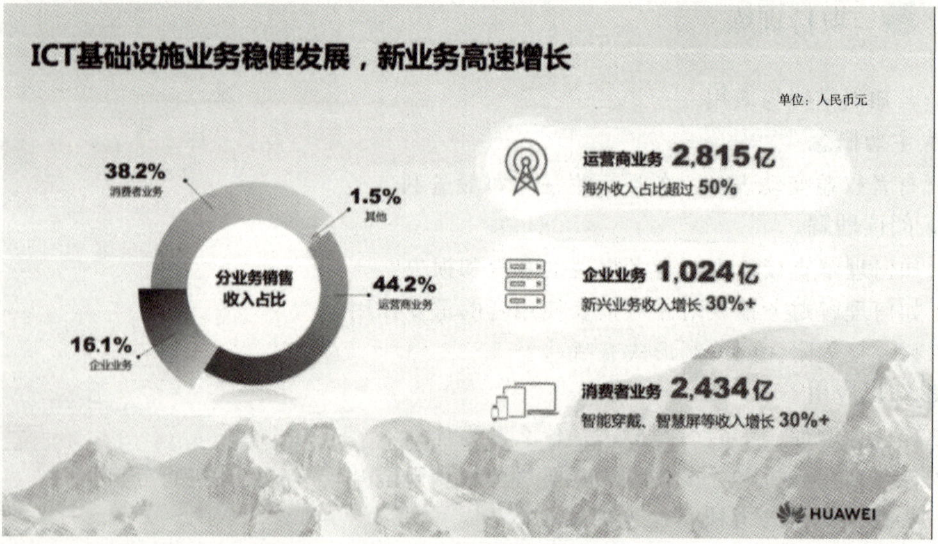

图5-1　2021年营业收入的分布情况

从图5-1中可以看出，华为集团的运营商业务实现销售收入2 815亿元，其中海外收入占比超过50%，运营商业务的市场占有率符合预期，收入规模符合期望。企业业务实现销售收入1 024亿元，其中新型业务（如华为云和数字能源）增长迅速，业务收入增长

30%。消费者业务领域实现收入2 434亿元，在手机、平板、PC这三个受限的业务领域里，销售收入出现下滑，而穿戴设备、大屏等几类业务出现了非常明显的增长，增长率30%。在总体收入规模较上年缩减的情况下，华为公司创造净利润1 137亿元，同比增长491亿元。即便在不考虑资产处置收益的情况下，净利润率仍比上年有所提升。净利润和经营现金流的增长情况如图5-2所示。

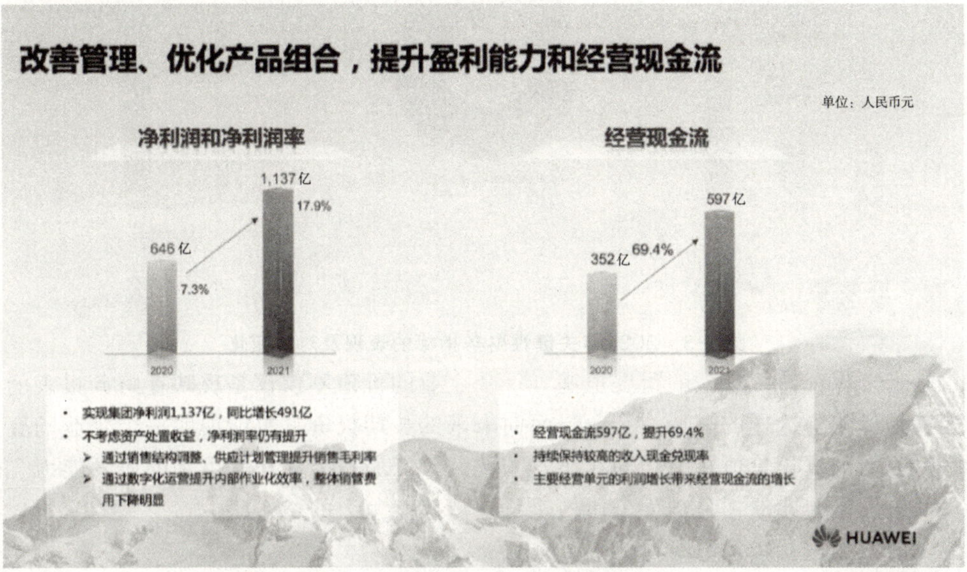

图5-2　净利润和经营现金流的增长情况

这主要得益于公司在三个方面的具体措施：一是对产品的销售结构进行了调整，使得销售毛利率得到了较好的提升；二是对整个的供应计划进行了更好的协同管理，极大地改善了从订单到收入的整个周期；三是源于在ICT领域的持续技术积累，通过数字化运营极大地推动了内部作业效率的提升。

2021年，在整个公司的销售费用下降了近100亿元的情况下，经营性现金流实现597亿元，同比上年提升了69.4%，保持了非常良好的现金收入比。这表明公司的收入都是可以用现金的回款来支撑的。经营性现金流的增长，非常直观地说明公司主营业务的造血能力在持续增强，公司应对外部不确定性的能力在同步提升，这也是公司能够保证在未来长期持续投入的一个关键因素。

二、财务状况，提质增效

2021年，华为公司的资产结构、负债水平以及净现金流等关键性财务指标的表现及对比变化如图5-3所示。

从负债水平上看，资产负债率为57.8%，同比下降4.5%；从资产结构上看，企业的现金及短期投资、运营资产和固定资产之和占到总资产的85%，隐性风险小，这样的资产布局符合华为公司一直以来稳健投资、深化发展的业务策略；从现金流上看，净现金为2 412亿元，同比去年增长11.9%。从华为公司2021年的收入、利润、资产负债率、经营性现金流等维度的数据均可看出，华为公司整体的财务韧性和能力都在提升，这样的财务

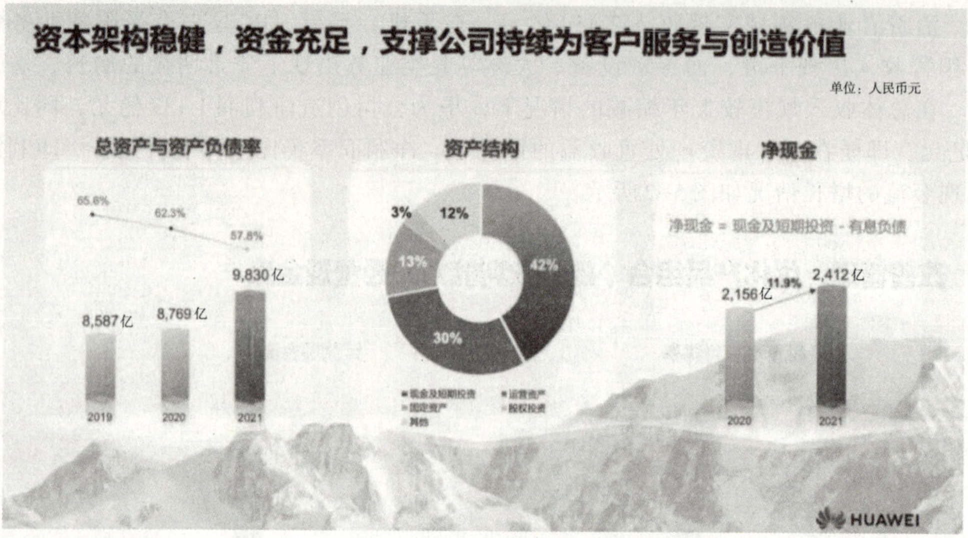

图 5-3　2021 年关键性财务指标的表现及对比变化

结果也是未来保证持续投入的重要根基。一个企业的价值不仅仅是反映在财务报表的结果上，尤其是像华为这样的高科技企业，面向未来的长期投资，更能说明一个企业的真正价值。华为公司的真正价值在于长期在研发领域的投资所积淀和积累下来的研发能力、研发队伍以及研发平台，这才是华为公司构建长期持续竞争力的核心。

三、研发领域持续发力

客户的价值优先于股东的价值，研发的投入不受利润的约束，这是华为公司一贯坚持的做法。华为公司每年拿出年收入的10%固定投入研发领域，这一条已经写进了华为公司的基本法。

华为公司从2012年到2021年，连续十年的研发投入数据如图5-4所示。

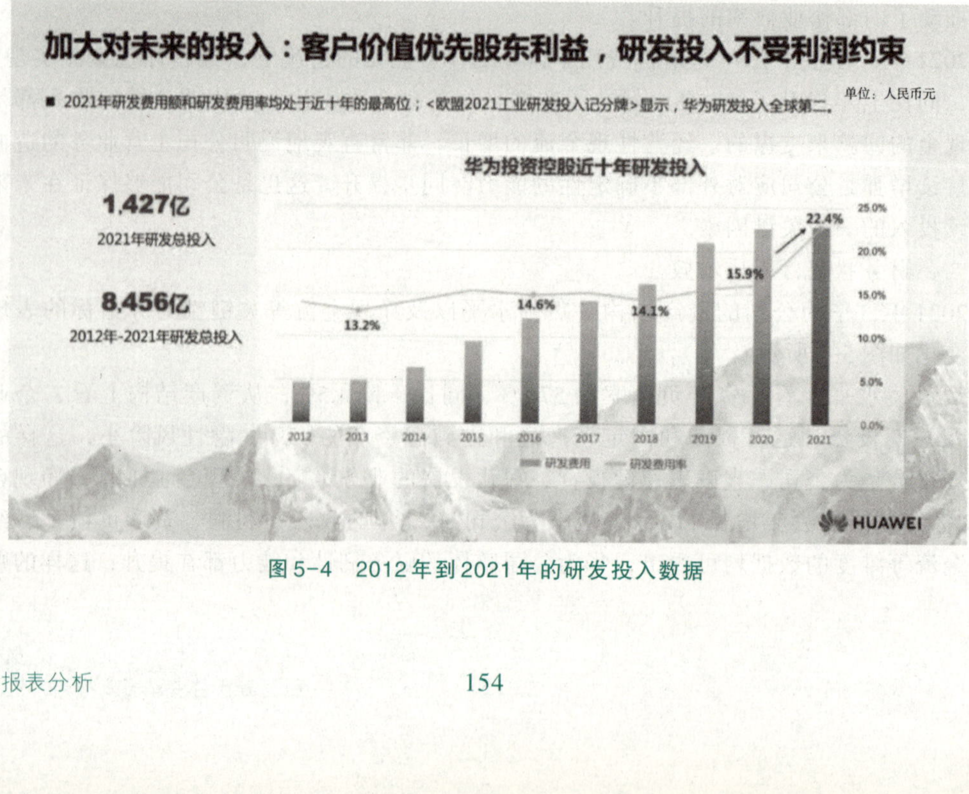

图 5-4　2012 年到 2021 年的研发投入数据

从图中可见，华为公司的研发投入在2013年占整个收入的13.2%，而到2021年占整个收入的22.4%，达到了研发领域投入的一个历史高位。欧盟2021年工业研发投入积分排名显示，华为公司的研发投入排名已经上升到全球第二位。

华为公司始终认为，以收入作为基线进行研发投入，是真正能够持续为客户提供价值的一个基本保障，所以，无论利润高低，都始终坚持站在客户的角度去关注企业未来的可持续性和创新性，而不是站在股东的角度去管理利润。这种选择与坚持，正是华为公司企业价值观与社会责任感的最好诠释。正如华为首席财务官孟晚舟女士在演讲最后所做的总结陈词那样：华为最大的财富是人才存储、思想存储、理论存储、工程存储、方法存储以及内部流程管理高效有序的存储，这些才是华为公司2021年靓丽财报背后真正的价值。

资料来源　根据孟晚舟在华为公司2021年年度报告发布会上的主题演讲加工整理。

● 课程拓展

摆正心态看税收

税收是国家赖以生存的基础。近年来，我国的税收收入已占到政府财政收入的90%左右，是政府财政收入的主要来源。追求利益最大化是企业经营的最终目标。同时，市场经济更是一种法治经济，依法纳税是纳税人应尽的义务。税收的无偿性决定了税款的缴纳是企业资金的净流出，为了减轻税负，企业自然会想方设法减少缴税、延缓缴税或免缴税。正是在这种直接经济利益的驱动下，纳税筹划应运而生。

作为在中国境内注册的企业，使用了境内的各种资源，理所当然要向国家这个最高级别的主管单位缴纳管理费，具体体现为向国家缴纳的各类税费。

企业少交税就等于多盈利，因此，以“节税”为目的的经济筹划行为就产生了，即纳税筹划。“纳税筹划”（tax planning）一词在西方国家几乎是家喻户晓，但是，纳税筹划不等于偷税和避税。

纳税筹划是指在法律规定许可的范围内，通过对经营、投资、理财活动的事先筹划和安排，尽可能地取得“节税”（tax saving）利益。

为了更好地理解和把握纳税筹划的本质，有必要将纳税筹划与偷税、避税等相关概念做一比较。

偷税是纳税人利用税收征管上的困难和漏洞，采取种种隐蔽的手段，设法少纳或不纳税的一种行为。例如，利用漏报、少报、不报应税收入、收益，伪造账证、隐蔽财产，甚至贿赂税务人员等手段，达到少纳或不纳税目的的行为。纳税筹划同逃税有着本质的区别，它是完全合法的，是纳税人在专家和代理人的帮助下，从维护自身权益出发，最大限度地运用合法的政策技巧、计算技巧和会计处理技巧达到减少税收支出的目的。纳税筹划不仅不是一种违反税法的行为，而且具有优化企业投资结构、降低企业含税成本、增加企业利润的作用。

避税是指纳税人利用税法漏洞或者其他不足之处钻空取巧，通过对经营及财务活动的精心安排，以期达到纳税义务最小的经济行为。虽说它不是非法，但也不能说是合法。就其本质而言，是一种处在合法与非法之间的逃避纳税义务的行为，是在钻立法和执法的空子。纳税筹划与避税是较难区分的两个概念，在实践上难以找出一条清晰的分界线。纳税筹划是合法的，是在经济活动发生前，光明磊落地研究与利用税法，对企业合理纳税进行长远规划；而避税是形式上不违法，却与税法精神相悖，对已发生的纳税义务或应承担的应税责任进行规避，采用在税法中找缺陷、钻漏洞的办法，获取眼前的纳税利益。避税在不同程度上受到反避税的制约。

纳税筹划需要在企业经济行为发生前做出安排。由于环境及其他因素的错综复杂性，且常常会发生一些非主观所能左右的事件，这就使得纳税筹划带有很多不确定性因素，因此其成功率并非百分之百。同时，纳税筹划的经济利益也是一个估算值，并非绝对的数字。因此，企业进行纳税筹划时，应在充分考虑纳税筹划的风险后再做出决策。

在理论上，纳税筹划、避税及偷税虽然有不同的含义，能够进行区别，但是在实践中，要分辨某一行为究竟是属于纳税筹划行为还是避税行为却比较困难，一般要通过税务机关的认定和判断，而认定和判断又随主观与客观条件的不同而有不同的结果。因此，任何应纳税义务人在运用纳税筹划时，除必须精研税法及相关法律规定外，还必须进一步了解税务部门从另一角度的可能看法，在反复研讨的基础上做出筹划。否则，一旦纳税筹划被视为偷税，就会得不偿失。鉴于我国目前纳税人税法观念淡薄和对税法掌握时有偏差的现实情况，聘请会计师事务所等纳税代理中介机构的专家协助进行纳税筹划不失为明智之举。

但是，我们也不能过分迷信咨询公司的权威。一份完美的税收安排方案取决于两个方面：一是完美的技术操作安排；二是没有风险的合法性保障。无论如何，税务筹划方案是否可行，最终要由税务部门来进行确定。

团险避税和洗钱在保险业是一个公开的秘密。

按照国家有关政策，企业为职工购买补充养老保险，不超过工资总额5%的，可在税前列支。这样，一项旨在激发企业提升员工福利的举措就成为团险洗钱的动机。有时候是保户单方面的先买再退。但很多时候是保险公司与企业共同合作完成，一般采取“团单个做”加“现金退保”的方式。具体的操作过程是：企业先以单位名义用支票购买保单，将巨额资金分散到几十甚至上百个员工名下进行投保（多数情况下，企业员工对投保一事并不知情）；保险公司只开出一张发票，抬头为公司名称。

钱到保险公司账后，长则几个月，短则几天，投保企业就按照事先双方的约定退保，保险公司则以现金形式将钱打回企业个人账上（可能是各员工账户，也可能是代表公司小金库的个人账户）。一般情况下，保单退保按现金价值计算，企业得到所交保费的97%；另外3%的手续费则归保险公司所有，也相当于洗钱或套现的费用。

退保后的资金归属大致有两种：一种是真正回到投保企业员工的账上，作为员工的年终奖金，为企业增加了费用，减少了企业所得税，为员工少缴了个人所得税；另一种则进入公司“小金库”账户，成为“洗钱”通道，甚至被少数人贪污。

对于为企业提供方便的保险公司，3%～6%的手续费以及年终业务的增加是其与企业配合的直接动力。利益驱动让保险公司主动为企业逃税和洗钱设计方案。很多企业的团险方案都由保险公司专门设计，避税是方案重点考虑的要素。甚至有些中小型寿险公司连手续费也不收，只要求企业的保费在自己的账上“趴上”一个月或更长时间，然后以现金形式返回企业指定的个人账户。如此，保险公司能获得短期融资而省去同业拆借的利息。目前，银行同业拆借市场一个月期的拆借利息率为2.5%～5%。

利用团险退保洗钱的违法行为，很早就已经进入监管部门的视野了。早在2005年，保监会就出台了《关于规范团体保险经营行为有关问题的通知》（保监发〔2005〕62号），随后又陆续有相应反洗钱的规定出台。2022年1月，中国人民银行、中国银行保险监督管理委员会、中国证券监督管理委员会联合印发了《金融机构客户尽职调查和客户身份资料及交易记录保存管理办法》（中国人民银行 中国银行 保险监督管理委员会 中国证券监督管理委员会令〔2022〕第1号），于2022年3月1日起施行。进一步加大反洗钱监管力度，有利于提升我国对洗钱和恐怖融资的风险防范能力。由于保险业的监管大多还是事后监管，在利益驱使下，很难抑制保险公司违规牟利、企业偷税漏税的冲动。这就需要企业财务人员，增强法律意识，提高监督能力，及时、足额交纳税款，不仅帮助企业履行了社会义务，也保证自身的职业发展之路在阳光下走得更加干净而久远。

作为未来的职场会计人，我们必须恪守的是：摆正心态，及时交税，履行义务，回报社会。

● 故事中的财务分析

谁来接任董事长？

有一身价数亿的大集团公司的董事长，从小家境贫寒，后从做小买卖开始走上从商之路，在商海拼杀多年，积累了万贯家财，有房产、珠宝、金条、古董及大量现金，他想早点把家业传给儿子，自己好好享受生活，安度晚年。他有三个儿子，都想接任董事长的位子，但他没想好把董事长的职位传给谁，有人给他建议：测试一下三个儿子的职业意识。于是，他想出了这样的办法：给每个儿子100万元，不提任何要求，只是告诫他们：商场如战场，信息或商机很重要，风险要担当。一年之后看分晓。

大儿子是学经济的，用这100万元购进一批紧俏物资，3个月后转手卖了180万元；接着又逢低买入了2只股票，6个月后出手，净收回资金245万元。然后用他父亲的名字购入了建行发行的理财基金，预计年收益率为12%，作为他返还给父亲的养老基金。

二儿子是学师范的，把100万元投到了朋友开办的风险较小的教育培训机构中，按15%分红，一年后收回115万元。他知道父母生活俭朴，不喜欢张扬的奢华生活，于是在环境优美的近郊为父母买下了一个院落，与生活安定、平和、家庭和谐的农民为邻，种上了一片果园和一片菜园，又买了鸡、鸭、鹅等小牲畜供其寻觅田园生活的乐趣，找回老人儿时生活的影子。

三儿子是搞艺术的，请人做了几次投资分析，最后觉得风险太大，又吃不了苦，最后把钱存在银行定期一年，利率2.25%，一年后取回本金100万元，利息2.25万元，全部返还给父亲，并表示退出董事长的竞争。

董事长对他的三个儿子都给予了充分的肯定，你知道为什么吗？最后他会把董事长的职位传给谁呢？你知道为什么吗？

故事点评：

生存、发展是企业家永恒的主题，而财富增值是企业的最终目标，三个儿子对这一点都有充分的理解和认识。同时商场上的收益从来都是与风险同步而生并同起同落，因此，要善于抓住商机，更要善于规避风险，当你没有50%以上的胜算把握时，保持不动也许是最好的投资。

做企业家就是做良心，品德是伴随你一生的无形资产，而孝顺是最基本的品德。

项目六 6

成本费用报表分析

学习目标

知识目标：

1. 了解成本费用报表的性质、作用与分类；
2. 熟悉企业成本费用与企业经济效益之间的内在关系，以及成本费用报表的特点；
3. 掌握企业的财产物资管理制度以及企业内部控制的流程、内容与风险防范关键点；
4. 明确财务人员在企业成本管理与控制中的岗位责任。

技能目标：

1. 能编制商品产品成本表、主要产品单位成本表、制造费用以及期间费用明细分析表；
2. 能运用相关技术方法，对常见的成本、费用报表的计划完成（或降低情况）做出分析评价，并结合其他相关信息，为企业降低成本费用消耗，提高经济效益的管理决策提供数据支持。

素质目标：

1. 培养学生立足全面企业管理的财务观与逆向思维的成本控制观；
2. 牢固树立起强化内部控制，规范企业管理，提高经济效益的大财务理念；
3. 培养学生运用大数据进行成本管理和风险防控的信息素养。

项目导读

从扁鹊医病看成本费用管理的至高境界

大家都知道扁鹊是中国古代的名医，当然，这都是流传下来的后人对他的评价。那么，扁鹊自己是如何评价自己的医术呢？

据古书记载，有一次，扁鹊进宫为皇室医病，魏文王问名医扁鹊说："你们家兄弟三人，都精于医术，到底哪一位最好呢？"扁鹊答："长兄最好，中兄次之，我最差。"

文王再问："那么为什么你最出名呢？"

扁鹊答："长兄治病，是治病于病情发作之前。由于一般人不知道他事先能铲除病因，所以他的名气无法传出去；中兄治病，是治病于病情初起时。一般人以为他只能治轻微的小病，所以他的名气只及本乡里。而我是治病于病情严重之时。一般人都看到我做在经脉上穿针放血、在皮肤上敷药等大手术，所以以为我的医术高明，名气因此响遍全国。"

这个小故事告诉我们一个深刻的管理哲学，事后控制不如事中控制，事中控制不如事前控制。可惜大多数企业经营者均未能体会到这一点，等到错误的决策造成了重大的损失才寻求弥补，即使请来了名气很大的"空降兵"，也常常于事无补。

可见，最佳的控制是防止问题的发生，"不战而屈人之兵""决胜于庙堂之上"是控制的最高境界。

费用和收入基本上是以因果关系对应存在的，费用是原因，收入是结果。费用在发生时具体表现为货币资金等资产的流出，或者还没有支付时，体现为负债的增加。当企业需要美化业绩时，倾向于低估费用；反之，则倾向于虚列费用。很多企业最终的经营失败都是源于费用控制失控。

因此，学好本项目内容的标准，低则是掌握成本费用分析的方法，而高则是未雨绸缪、预见并控制成本费用的发生。

循古而知今，预控而致荣。

让我们轻松一下，走进小小历史屋，一起了解医祖扁鹊的传奇以及他对中医学所做的贡献吧！

医祖扁鹊的传奇，他对中医学有什么样的贡献

任务一

初识成本费用报表分析

微课 6-1

初识成本费用报表分析

一、成本费用报表的性质与作用

成本是指企业为取得某项资产而发生的实际支出，是反映企业工作质量的一个综合性指标。一般情况下，企业的产品成本越低，就意味着这个企业生产经营管理水平越高，经济效益越好。

成本费用报表是反映企业在一定时期所发生的成本及费用支出情况的报表。它属于企业内部管理的一种报表，其具体的格式和种类由企业自行规定。

成本费用报表分析是指利用企业成本费用计划、成本费用报表等资料，来揭示成本费用计划的完成情况，查明引起成本费用升降的因素，以便寻求控制成本费用途径的分析方法。它是企业管理的一个重要组成部分，对成本费用报表进行分析，通常能起到以下三个方面的主要作用：

1.能够评价成本费用计划的执行情况

企业的经济活动错综复杂，在实施成本管理时制订的成本费用计划，其执行结果往往存在一定的偏差，如果简单地根据成本核算资料直接做出结论，必定会影响结论的准确性。反之，若在报表资料的基础上，通过深入分析，则可能做出比较准确的评价。这不仅可以考核各责任部门的工作业绩，而且还能为进一步确定和编制企业新的成本费用计划提供依据，有利于推动企业整体成本管理水平的提高。

2.能够揭示成本费用节约或超支的原因

成本是反映企业经济活动的一个综合性指标，它集中地反映着企业生产经营活动的成果。如果企业降低了原材料的消耗，减少了其他费用的支出，提高了劳动生产率和设备利用率，则必定会从成本上反映出来。通过成本费用分析，用科学的方法，从指标、数字入手，在各项经济指标相互联系中系统地进行对比分析，揭露其中的矛盾，找出其中的差距，就可以查明影响成本费用变动的各种因素及原因，从而采取必要的措施，不断地提高企业的经营管理水平。

3.能够寻求进一步降低成本费用的途径和方法

对成本费用进行分析，归根到底就是为了查明引起成本费用升降的原因，以便挖掘潜力，寻找降低成本费用水平的途径和方法。通过改善管理，降低消耗，提高经济效益。

二、成本费用报表的分类与特点

1.成本费用报表的分类

成本费用报表按其反映的内容可分为反映成本计划执行情况的报表和反映费用支出情况的报表两大类。

1）反映成本计划执行情况的报表

这类报表主要包括产品生产成本表和主要产品单位成本表。

（1）产品生产成本表

产品生产成本表的格式有两种，详见表6-1和表6-2。

表6-1　　**产品生产成本表**

编制单位：　　202×年×月　　单位：元

成本项目	行次	上年实际数	本年计划数	本月实际数	本年累计实际数
生产费用：					
直接材料					
直接人工					
制造费用					
生产费用合计					
加：在产品、自制半成品期初余额					
减：在产品、自制半成品期末余额					
产品生产成本合计					

表6-2　　**产品生产成本表**

编制单位：　　202×年×月　　单位：元

产品名称	计量单位	实际产量		单位成本				本月总成本			本年累计总成本		
		本月实际	本年累计	上年实际平均	本年计划	本月实际	本年累计实际平均	按上年实际平均单位成本计算	按本年计划单位成本计算	本月实际	按上年实际平均单位成本计算	按本年计划单位成本计算	按本年累计实际平均单位成本计算
甲	件												
乙	件												
丙	件												
合计													

从表6-1中可以看出，按成本项目反映的产品生产成本表在结构上分为两个部分：上半部分是按成本项目反映的各项生产费用及其合计数；下半部分是完工产品生产成本的形成及其总额。这种结构的报表提供了报告期内全部产品生产费用支出情况和费用的构成情况。此外，表中还对这两部分内容分别按本期实际和各种比较标准（如上年实际数、本年计划数等）设置专栏以提供对比依据。

从表6-2中可以看出，按产品种类反映的产品生产成本表在结构上是从左到右，横向分为几个部分，分别提供了实际产量、单位成本、本月总成本和本年累计总成本的数据。

表6-2中的“实际产量”部分给出了本月生产数和至本月为止的累计生产数，用于与计划产量数据加以比较，从而掌握产量计划的完成情况。

表6-2中的“单位成本”部分则分别给出了上年实际平均数、本年计划数以及本年实际数等，形成了直观的对比，也便于进行有关总成本的计算。

表6-2中的“本月总成本”部分则提供了本月实际总成本数据，以及需要进行比较的按上年实际和本年计划两个口径计算的总成本数据，以便于在每个月月末对当月生产总成本水平进行分析。

最后，是“本年累计总成本”部分，它提供了本年度生产成本总水平的动态资料，便于企业结合时间进度，把握各种产品的成本发展态势和成本计划完成情况，及时发现问题，采取积极措施，加强日常的成本控制。

【小提示6-1】

由于产品成本报表属于内部报表，企业可根据实际需要自行设计。所以在报表格式的设计上，不像对外报表那样严格，表6-1和表6-2只是两种参照格式。

（2）主要产品单位成本表

主要产品单位成本表的基本格式见表6-3。

表6-3 主要产品单位成本表

202×年×月

产品名称：　　计量单位：　　本月实际产量：　　累计产量：

成本项目	历史先进水平	上年实际平均	本年计划	本月实际	本年累计实际平均
直接材料					
直接人工					
制造费用					
单位成本合计					
主要技术经济指标					
1. 主要材料					
…					
…					
…					

根据表6-3所提供的具体资料，可以对主要产品的单位成本进行一般分析，对每个成本项目的变化进行具体分析，对主要技术经济指标进行深入分析。

2）反映费用支出情况的报表

这类报表主要包括制造费用、销售费用、财务费用和管理费用明细表等。通过分析反映费用支出情况的报表，可以了解企业在一定期间内费用支出的总额及构成情况，了解费用支出的合理程度和变化趋势，进而考核各项消耗和支出指标的完成情况。制造费用、销售费用和管理费用明细分析表的具体格式见表6-4、表6-5和表6-6。（财务费用明细分析表略）

表6-4　制造费用明细分析表

202×年度　金额单位：元

费用项目	本期预算	本期实际	实际比预算		各项目占总体比重（%）	
			增减金额	变动（%）	预算	实际
工资及福利费						
折旧费						
修理费						
办公费						
水电费						
机物料消耗						
劳动保护费						
停工损失						
其他						
合计						

表6-5　销售费用明细分析表

202×年度　金额单位：元

费用项目	本期预算	本期实际	实际比预算		各项目占总体比重（%）	
			增减金额	变动（%）	预算	实际
工资及福利费						
运输费						
装卸费						
包装费						
展览费						
广告费						
差旅费						
其他						
合计						

表6-6 **管理费用明细分析表**

202×年度 金额单位：元

费用项目	本期预算	本期实际	实际比预算		各项目所占比重（%）	
			增减金额	变动（%）	预算	实际
公司经费						
其中：工资						
折旧费						
修理费						
低值易耗品摊销						
办公费						
差旅费						
工会经费						
职工教育经费						
劳动保险费						
待业保险费						
董事会费						
咨询费						
审计费						
诉讼费						
绿化费						
税金						
土地使用费						
土地损失补偿费						
技术转让费						
技术开发费						
无形资产摊销						
业务招待费						
坏账损失						
其他						
合计						

2.成本费用报表的特点

成本费用报表是根据账簿上的日常成本与费用的核算资料及其他有关资料，定期或不定期编制的，用以反映企业资金耗费和产品成本构成及其升降变动情况的财务报表。

成本和费用是企业管理水平的综合反映，企业再生产过程中各个环节的组织、衔接是否平衡，财产物资是否被充分利用，各项管理是否到位，都会在企业的成本费用水平中体现出来。因此，产品成本是反映企业各方面工作质量，检查和分析企业生产经营管理水平，评价企业经济效果的重要指标。

与其他财务报表分析不同，成本费用报表分析除了必须充分占有历史资料以外，还要有严格的财产物资管理制度，以加强成本控制，明确管理人员的岗位责任。在分析中应注意以下几点：

第一，实行定额管理制度。定额是企业对生产过程中消耗的人、财、物所应达到的数量标准，是企业制订生产经营计划的依据，是企业管理的一个重要组成部分。各种不同定额的制定方法不尽相同，但通行的基本方法包括：经验估计法、统计分析法和技术分析法等。

第二，建立健全有关成本核算的原始记录和凭证。健全原始记录制度，对加强企业经营管理，正确计算产品成本都具有重要的意义，也是进行成本费用分析的基础。

凭证是记录经营活动过程的重要依据，与企业经营活动的过程相适应，凭证又包括记载生产准备阶段的原始凭证、记载产品生产阶段的原始凭证和记载产品销售阶段的原始凭证等多个种类。

第三，加强财产物资的管理，严格计量、验收和盘点制度。原始凭证为企业管理工作提供所需的各项数据，而计量工作是确定这些数据的依据。如果没有准确的计量，就不能提供准确的数据，也就无法进行管理。

第四，建立健全成本中心和管理人员的岗位责任制。企业的生产经营活动是一个有机的整体，各个成本中心都拥有一定数量的职工，分布在各个不同的工作岗位上，履行各自的职责，从而使企业生产经营活动能有秩序地进行。因此，建立健全成本中心和管理人员的岗位责任制，是企业管理的客观要求。

【知识广角6-1】

国资委于2022年2月发布的《关于中央企业加快建设世界一流财务管理体系的指导意见》中重点指出：要强化成本管控。坚持一切成本费用皆可控，坚持无预算不开支，健全全员、全要素、全价值链、全生命周期成本费用管控机制。注重源头管控，实现前瞻性成本控制。创新管控方式，推进目标成本管理，强化对标管理，开展多维度成本分析。这就要求财务人员不仅要能看懂成本报表，有效使用报表信息，而且要了解企业从产品研发、物资采购、合同订立、标准制定、供应链与物流管理以及产品营销等全流程的关联业务，让成本报表分析源于业务、服务业务，才能真正做到科学、精细、有效管理，持续推进降本增效。

任务训练6-1

4～6人为一组，在各自预习准备5分钟后，每人分别就“如何利用成本费用报表分析这项工作，更好地履行财务人员的管理职责”这一题目进行讨论发言，并整理出主要发言记录。在规定的时间内，将小组整理好的主要发言记录（字数限制在300字以内）上传。教师据此评定出小组成绩，计入学生的平时成绩。

任务二

掌握成本报表的分析方法

子任务1　商品产品成本表的阅读与分析

成本分析的一个重要内容就是对商品产品成本计划完成情况进行分析，其目的是找出影响成本计划完成的因素，为进一步查明成本升降原因指明方向。

全部商品产品成本表，可以综合反映企业生产耗费水平和降低成本的总成果。商品产品成本表分析就是对企业全部商品产品成本计划的完成情况进行的分析，能够为进一步深入地挖掘企业管理中存在的问题，以及采取应对措施打下基础。商品产品成本表的格式见表6-7。

表6-7　　商品产品成本表

编制单位：华龙公司　　202×年度　　金额单位：元

产品名称	本年产量（件）	单位成本			总成本（按本年实际产量计算）		
		上年实际	本年计划	本年实际	上年实际	本年计划	本年实际
可比产品					400 000	368 000	360 000
甲	120	2 000	1 800	1 700	240 000	216 000	204 000
乙	160	1 000	950	975	160 000	152 000	156 000
不可比产品						264 000	240 000
丙	120		2 200	2 000		264 000	240 000
全部商品产品成本						632 000	600 000

从表6-7中可以看出，在商品产品成本表中，将全部商品产品分为可比产品与不可比产品两大类。

可比产品是指企业以前年度生产过，并具有成本资料的产品。这类产品的实际成本可与计划成本进行比较，也可以与上年实际平均成本进行比较，分别考核成本计划的完成程度和分析成本升降的原因。

不可比产品是指企业首次正式生产的新产品。因此，它没有以前年度的实际成本资料，这类产品的实际成本只能与计划成本进行比较。

从表6-7中还可以看到，成本是分别按单位成本和总成本来列示的。在进行分析时，为了确保可比性，计划总成本和上年实际总成本都是以报告期实际产量为基础，分别乘以计划单位成本和上年实际单位成本计算出来的。

商品产品成本表的分析，就是将全部商品本年实际总成本与按本年实际产量计算的上年（或计划）总成本进行比较，计算出成本降低额与成本降低率两个指标，借以分析全部商品产品成本的升降情况。

在实际工作中，对商品产品成本表的具体分析一般是从以下两个方面进行的：

1.按成本项目进行分析

通过按成本项目进行分析，可以确定全部商品产品成本实际水平脱离计划水平的差异，以及其究竟是由哪些成本项目的升降引起的，从而抓住重点项目来研究全部商品产品总成本的变动。

按成本项目进行分析时，首先计算按成本项目反映全部商品产品的实际总成本；其次将其与按成本项目反映的计划总成本资料进行对比；最后，确定各成本项目的降低额和降低率以及其占总降低额的份额。

任务训练6-2

华龙公司202×年商品产品成本表见表6-7，全部商品产品成本计划完成情况见表6-8，请说出表6-7中总成本下设的三栏数字和表6-8中后三栏数字的计算过程，并根据数据对华龙公司的成本计划完成情况做出分析评价。

表6-8　**全部商品产品成本计划完成情况表（按项目）**　金额单位：元

成本项目	全部产品成本（以实际产量计算）		成本差异		各项目的差异额占计划总成本的份额（%）
	按计划单位成本计算	按实际单位成本计算	差异额	差异率（%）	
直接材料	458 640	390 000	−68 640	−14.97	−10.86
直接人工	70 152	99 900	29 748	42.41	4.71
制造费用	103 208	110 100	6 892	6.68	1.09
商品产品成本	632 000	600 000	−32 000	−5.06	−5.06

由表6-8可见，本年全部商品产品实际总成本比计划降低了32 000元，降低率为5.06%，从成本项目上看，则有升有降。其中：直接材料降低幅度较大，比计划成本降低了68 640元，降低幅度达14.97%。但是直接人工和制造费用都有上升，直接人工费用比计划上升了29 748元，升幅为42.41%；制造费用比计划上升了6 892元，升幅为6.68%。在总成本降低的32 000元中，直接材料费用的降低对总成本降低的影响为10.86%，直接人工费用的上升使总成本上升了4.71%，制造费用的上升使总成本上升了1.09%。应该对这些成本项目升降的原因做进一步分析，以便采取相应的措施。

2.按产品类别进行分析

按产品类别对全部商品产品成本计划完成情况进行分析，就是按产品类别将本期实际总成本与按本期实际产量调整的计划（或上期）总成本进行比较，确定其成本降低额和成本降低率，进而找出全部商品产品成本实际脱离计划的差异是由哪些产品造成的，以便于以产品为对象采取降低成本的措施。其分析的步骤为：

（1）确定总成本降低额和降低率。其计算公式如下：

$$\text{总成本降低额}=\sum(\text{实际产量}\times\text{计划单位成本})-\sum(\text{实际产量}\times\text{实际单位成本})$$

$$\text{总成本降低率}=\frac{\text{总成本降低额}}{\sum(\text{实际产量}\times\text{计划单位成本})}\times100\%$$

（2）分别考核可比产品和不可比产品的成本计划完成情况，计算其降低额和降低率。

（3）按各个产品分别考核其成本计划的完成情况，计算各产品的成本降低额和成本降低率。

任务训练6-3

华龙公司202×年商品产品成本资料见表6-7，按产品类别编制的成本分析表见表6-9，请说出表6-9中前三栏数据的来源，以及后续各栏数字的计算过程，并根据数据对华龙公司的成本计划完成情况做出分析评价。

表6-9　**全部商品产品成本计划完成情况表（按产品）**　金额单位：元

产品名称	总成本（按本年实际产量计算）			本年比上年		实际比计划		各产品成本差异对总成本降低的影响（%）
	上年实际	本年计划	本年实际	降低额	降低率（%）	降低额	降低率（%）	
可比产品	400 000	368 000	360 000	40 000	10.0	8 000	2.17	1.27
甲	240 000	216 000	204 000	36 000	15.0	12 000	5.56	1.90
乙	160 000	152 000	156 000	4 000	2.5	−4 000	−2.63	−0.63
不可比产品		264 000	240 000			24 000	9.09	3.80
丙		264 000	240 000			24 000	9.09	3.80
全部商品产品成本		632 000	600 000			32 000	5.06	5.06

注：各产品成本差异对总成本的影响，按实际产量本年计划单位成本计算的总成本进行比较。

从表6-9中可以看出，企业全部商品产品成本实际比计划降低了32 000元，降低率为5.06%。在总成本降低的32 000元中，可比产品成本降低了8 000元，降低率为2.17%，使总成本降低了1.27%；不可比产品成本降低了24 000元，降低率为9.09%，使总成本降低了3.80%。另外，从产品类别来看，甲产品成本降低了12 000元，乙产品成本升高了4 000元，丙产品成本降低了24 000元，降低率分别为5.56%、−2.63%和9.09%（降低率为负表示成本上升）。三种产品对总成本的影响分别为：甲产品使总成本下降1.90%，乙产品使总成本上升0.63%，而丙产品成本的降低使总成本下降3.80%。

通过分析，可以初步得出结论：从产品的类别来看，甲产品和丙产品的实际成本与计划成本相比都有降低，应初步给予好评。但甲产品和丙产品还应区别对待：由于丙产品是不可比产品，其成本较计划下降9.09%，幅度很大，必须考虑其计划的科学性。此外，对于成本超支的乙产品，应分析原因，采取措施，尽快降低成本。

子任务2 可比产品成本降低计划完成情况的分析

对可比产品成本降低计划完成情况的分析，是将实际降低额和降低率与计划降低额和降低率进行比较，从而确定可比产品成本降低任务的完成情况，并进一步查明影响可比产品成本降低的因素及影响程度，为进一步挖掘降低成本的潜力提供帮助。

可比产品成本降低任务完成情况的分析步骤如下：

1.将报告期可比产品的实际降低额和实际降低率与计划降低额和计划降低率进行比较，确定实际与计划之间的总差异

其公式为：

$$\text{可比产品计划降低额}=\sum(\text{可比产品计划产量}\times\text{该产品上年实际单位成本})-\sum(\text{可比产品计划产量}\times\text{该产品本年计划单位成本})$$

$$\text{可比产品计划降低率}=\frac{\text{计划降低额}}{\sum(\text{可比产品计划产量}\times\text{该产品上年实际单位成本})}\times 100\%$$

$$\text{可比产品实际降低额}=\sum(\text{可比产品实际产量}\times\text{该产品上年实际单位成本})-\sum(\text{可比产品实际产量}\times\text{该产品本年计划单位成本})$$

$$\text{可比产品实际降低率}=\frac{\text{实际降低额}}{\sum(\text{可比产品实际产量}\times\text{该产品上年实际单位成本})}\times 100\%$$

可比产品成本降低额总差异=可比产品成本实际降低额-可比产品成本计划降低额

可比产品成本降低率总差异=可比产品成本实际降低率-可比产品成本计划降低率

【小提示6-2】

在上面的公式中，可比产品成本计划降低额和降低率是以本年计划产量为基础计算的，而实际降低额和降低率则是以本年实际产量为基础计算的。

2.影响可比产品成本降低任务完成的因素及影响程度的分析

影响可比产品成本降低任务完成情况的因素主要有三个，即产品产量、品种结构和单位成本。其中，单纯的产量变动只对成本降低额有影响，而对成本降低率无影响；品种结构和单位成本的变动，则对成本降低额和降低率均有影响。

（1）影响可比产品成本降低额计划完成情况的因素分析

① $\text{产品产量变动对降低额的影响}=[\sum(\text{本年实际产量}\times\text{上年实际单位成本})-\sum(\text{本年计划产量}\times\text{上年实际单位成本})]\times\text{可比产品计划降低率}$

$$②\ \text{产品品种结构变动对降低额的影响}=\sum(\text{本年实际产量}\times\text{上年实际单位成本})\times\left[\frac{\sum(\text{本年实际产量}\times\text{上年实际单位成本})-\sum(\text{本年实际产量}\times\text{本年计划单位成本})}{\sum(\text{本年实际产量}\times\text{上年实际单位成本})}-\text{可比产品计划降低率}\right]$$

$$③\ \text{产品单位成本变动对降低额的影响}=\sum(\text{本年实际产量}\times\text{上年实际单位成本})\times\left[\text{实际降低率}-\frac{\sum(\text{本年实际产量}\times\text{上年实际单位成本})-\sum(\text{本年实际产量}\times\text{本年计划单位成本})}{\sum(\text{本年实际产量}\times\text{上年实际单位成本})}\right]$$

（2）影响可比产品成本降低率计划完成情况的因素分析

由于单纯的产量变动对成本降低率没有影响，所以影响成本降低率的只有品种结构和单位成本两个因素：

$$①\ \text{产品品种结构变动对成本降低率的影响}=\frac{\sum(\text{本年实际产量}\times\text{上年实际单位成本})-\sum(\text{本年实际产量}\times\text{本年计划单位成本})}{\sum(\text{本年实际产量}\times\text{上年实际单位成本})}-\text{计划降低率}$$

$$②\ \text{产品单位成本变动对成本降低率的影响}=\text{实际降低率}-\frac{\sum(\text{本年实际产量}\times\text{上年实际单位成本})-\sum(\text{本年实际产量}\times\text{本年计划单位成本})}{\sum(\text{本年实际产量}\times\text{上年实际单位成本})}$$

根据计算结果，做出分析评价。

任务训练6-4

华龙公司202×年可比产品成本计划降低任务和实际完成情况见表6-10和表6-11，请说出表6-10中“总成本”和“计划降低任务”下设各栏，以及表6-11中“总成本”和“实际完成情况”下设各栏数字的计算过程，然后按因素分析法计算、确定各因素变动对可比产品成本计划降低任务完成情况的影响，并根据数据做出分析评价。

表6-10 可比产品成本计划降低任务 金额单位：元

产品名称	计划产量（件）	单位成本		总成本		计划降低任务	
		上年实际	本年计划	上年实际	本年计划	降低额	降低率（%）
甲	90	2 000	1 800	180 000	162 000	18 000	10.0
乙	180	1 000	950	180 000	171 000	9 000	5.0
合计	—	—	—	360 000	333 000	27 000	7.5

表6-11 可比产品成本实际完成情况 金额单位：元

产品名称	实际产量（件）	单位成本			总成本			实际完成情况	
		上年实际	本年计划	本年实际	上年实际	本年计划	本年实际	降低额	降低率（%）
甲	120	2 000	1 800	1 700	240 000	216 000	204 000	36 000	15.0
乙	160	1 000	950	975	160 000	152 000	156 000	4 000	2.5
合计	—	—	—	—	400 000	368 000	360 000	40 000	10.0

1. 确定分析对象

降低额差异=40 000−27 000=13 000（元）

降低率差异=10%−7.5%=2.5%

该企业可比产品实际成本降低额比计划多降低了13 000元，实际成本降低率比计划多降低了2.5%。是何原因所致，还需要做进一步的分析。

2. 进行因素分析

（1）分析各因素变动对可比产品成本降低额完成情况的影响

产品产量变动对降低额的影响=（400 000−360 000）×7.5%=3 000（元）

$$产品品种结构变动对降低额的影响=400\ 000\times\left(\frac{400\ 000-368\ 000}{400\ 000}-7.5\%\right)$$

$$=400\ 000\times(8\%-7.5\%)=2\ 000（元）$$

产品单位成本变动对降低额的影响=400 000×（10%−8%）=8 000（元）

各因素变动的综合影响数=3 000+2 000+8 000=13 000（元）

（2）分析各因素变动对可比产品成本降低率完成情况的影响

$$产品品种结构变动对成本降低率的影响=\frac{400\ 000-368\ 000}{400\ 000}-7.5\%=8\%-7.5\%=0.5\%$$

产品单位成本变动对成本降低率的影响=10%−8%=2%

各因素的综合影响数=0.5%+2%=2.5%

3. 做出分析评价

通过计算可知：该企业可比产品成本降低额实际与计划相比增加了13 000元，降低率则多降低了2.5%，成本降低计划超额完成。主要原因是单位成本降低使降低额增加了8 000元，使降低率多完成2%，产量增加使降低额增加3 000元，产品品种结构变动也使降低额增加2 000元，使降低率多完成了0.5%。这是企业多生产了成本降低率高的甲产品所致。可见，企业在增产降耗、强化管理上取得了一定的成效。

子任务3　主要产品单位成本计划完成情况的分析

微课6-2

主要产品单位成本项目的分析

企业在对全部商品产品成本计划完成情况和可比产品成本降低任务完成情况进行分析后，还必须把成本分析引向具体化和细致化的方向，即进一步对成本变化较大的主要产品的单位成本进行分析。其目的是查明主要产品单位成本变化的具体原因，找出企业成本管理工作中的薄弱环节，为不断降低产品成本指明方向。

主要产品单位成本的分析，主要包括以下两个方面的内容：

1. 主要产品单位成本降低额和降低率的分析

该分析是指将企业生产的各种主要产品的实际单位成本与计划单位成本进行比较，确定各产品单位成本的升降情况。如前例，甲产品对可比产品成本降低任务的完成起到了决定性的作用，所以甲产品是一个主要产品，需要对甲产品进行进一步的分析。从已知资料看，其计划单位成本为1 800元，实际单位成本为1 700元，单位成本实际比计划降低了100元，降低幅度为5.56%（100÷1 800×100%），单位成本计划完成程度为94.44%

（1 700÷1 800×100%）。

为了进一步说明主要产品成本降低的具体原因，还必须按成本项目逐项进行分析。

2. 主要产品单位成本项目的分析

（1）直接材料成本项目分析

就绝大多数产品而言，直接材料成本在其单位成本构成中往往占有较大的比重，因此它的升降变化就成为单位成本变动的主要原因。

直接材料成本会受到单位产品材料消耗数量与材料单位价格两个因素的共同影响。公式为：

单位产品材料成本=单位产品材料消耗×材料单价

运用因素分析法就能够确定每个因素的变化对直接材料成本的影响程度。公式如下：

材料单耗（量差）的影响程度=$\sum$[（实际单耗－计划单耗）×计划单价]

材料单价（价差）的影响程度=$\sum$[实际单耗×（实际单价－计划单价）]

任务训练6-5

华龙公司甲产品的单位成本资料见表6-12，根据表6-12的资料，编制甲产品单位产品直接材料成本分析表，见表6-13。请说出表6-13中各项数据的来源或计算过程，确定出分析对象，并采用因素分析法对直接材料成本项目的变动做出分析评价。

表6-12　　主要产品单位成本表　　金额单位：元

产品名称：甲产品　　计量单位：件　　计划产量：90　　实际产量：120

成本项目	上年实际平均单位成本		本年计划平均单位成本		本年实际平均单位成本	
直接材料	1 400		1 296		1 200	
直接人工	290		280		260	
制造费用	310		224		240	
合计	2 000		1 800		1 700	
明细项目	上年实际		本年计划		本年实际	
	单位用量	金额	单位用量	金额	单位用量	金额
原材料A（千克）	80	800	76	760	75	600
原材料B（千克）	30	600	25	536	30	600
工时（小时）	110		100		64	

表 6-13 **单位产品直接材料成本分析表**

材料名称	耗用量（千克）		单价（元/千克）		材料成本（元）		
	计划	实际	计划	实际	计划	实际	降低额
A	76	75	10	8	760	600	160
B	25	30	21.44	20	536	600	-64
合计	—	—	—	—	1 296	1 200	96

由表6-13可以看出，单位产品材料成本实际比计划降低了96元，其中A材料成本降低了160元，B材料成本升高了64元，具体分析如下：

A材料：

材料单耗（量差）的影响程度=（75-76）×10=-10（元）

材料单价（价差）的影响程度=75×（8-10）=-150（元）

B材料：

材料单耗（量差）的影响程度=（30-25）×21.44=107.20（元）

材料单价（价差）的影响程度=30×（20-21.44）=-43.20（元）

由上面的计算过程可知：A材料单位耗用量的降低使单位产品成本降低了10元，单价降低使单位产品成本降低了150元，二者共同影响，使产品单位成本降低了160元；B材料单位耗用量增加使单位产品成本升高了107.20元，单价降低使单位产品成本降低了43.20元，二者共同影响，使产品单位成本升高了64元。两者共同影响，材料成本共降低了96元。

（2）直接人工成本项目分析

直接人工成本包括企业直接从事产品生产人员的工资、奖金、津贴、补贴及职工福利费等，它是产品成本的重要组成项目。特别是对于劳动密集型的企业来说，产品成本中的直接人工费用是一个很重要的项目。要节约人工成本，首先要努力提高劳动生产率。当企业工人劳动生产率的提高超过平均工资增长时，单位产品的直接人工成本就会降低。

直接人工成本项目的分析与企业采取的工资制度有一定的关系。如果企业实行计件工资制度，人工费用的变动多是由计件单价变动引起的，分析中应查明计件单价变动的原因及其合理性；如果企业实行计时工资制度，直接人工费用的变动就会受到单位产品所耗工时和小时工资率两个因素的影响。公式为：

单位产品人工成本=单位产品生产工时×小时工资率

采用因素分析法，分别分析两个因素变动对直接人工成本的影响程度：

效率差异的影响程度=（实际单位产品生产工时-计划单位产品生产工时）×计划小时工资率

工资率差异的影响程度=实际单位产品生产工时×（实际小时工资率-计划小时工资率）

任务训练6-6

根据表6-12的有关资料，编制甲产品单位产品直接人工成本分析表，见表6-14。请说出表6-14中各项数据的来源或计算过程，确定出分析对象，并采用因素分析法对直接人工成本项目的变动做出分析评价。

表6-14 单位产品直接人工成本分析表

项目	计划	实际	降低
单位产品生产工时（小时）	100	64	36
小时工资率（元/小时）	2.80	4.0625	-1.2625
单位产品直接人工成本（元）	280	260	20

注：小时工资率=单位产品直接人工成本÷单位产品生产工时

由表6-14可知，单位产品直接人工成本实际比计划降低了20元，是两个因素共同影响的结果：

效率差异的影响程度=（64-100）×2.80=-100.80（元）

工资率差异的影响程度=64×（4.0625-2.80）=80.80（元）

以上计算结果说明：由于生产效率的提高，实际单位产品生产工时比计划少耗用36小时，使单位产品的直接人工成本降低了100.80元；由于小时工资率实际比计划提高，使单位产品直接人工成本上升了80.80元。两者共同作用，使甲产品直接人工成本降低了20元。

（3）制造费用成本项目分析

产品单位成本中制造费用的分析，通常与计时工资制度下的直接人工费用分析相似。即首先分别测定单位产品所耗工时和小时制造费用率（每工时应分摊的制造费用）这两个因素的变动对制造费用变动的影响程度，然后进一步查明这两个因素变动的原因。其公式为：

单位产品制造费用=单位产品生产工时×小时制造费用率

采用因素分析法，分别确定两个因素变动对单位产品制造费用的影响程度：

效率差异的影响程度=（实际单位产品生产工时-计划单位产品生产工时）×计划小时制造费用率

分配率差异的影响程度=实际单位产品生产工时×（实际小时制造费用率-计划小时制造费用率）

任务训练6-7

根据表6-12的有关资料，编制甲产品单位产品制造费用分析表见表6-15，请说出表6-15中各项数据的来源或计算过程，确定出分析对象，并采用因素分析法对制造费用成本项目的变动做出分析评价。

表 6-15　　　　　　　　　　　　**单位产品制造费用分析表**

项目	计划	实际	降低
单位产品生产工时（小时）	100	64	36
小时制造费用率（元/小时）	2.24	3.75	-1.51
单位产品制造费用（元）	224	240	-16

注：小时制造费用率=单位产品制造费用÷单位产品生产工时

从表6-15可以看出，单位产品制造费用实际比计划上升了16元，是由以下两个因素造成的：

效率差异的影响程度=（64-100）×2.24=-80.64（元）

分配率差异的影响程度=64×（3.75-2.24）=96.64（元）

以上计算结果表明：由于生产效率的提高，实际单位产品生产工时比计划节约了36小时，使单位产品的制造费用降低了80.64元；由于每小时制造费用率实际比计划提高了1.51元，使单位产品制造费用上升了96.64元。两者共同作用，使甲产品单位制造费用上升了16元。

任务训练6-8

组建6人团队训练小组，做出2组签条：做第一组签条的目的是抽签选取合作伙伴（两个一号，两个二号，两个三号，抽到同号者为合作伙伴）；做第二组签条的目的是抽签选取题号（三张条分别为子任务1、子任务2、子任务3），然后6个人先抽第一组（6个签），明确合作伙伴后，两人中选出一人作为代表再抽第二组（3个签），明确选题后进行准备（不超过10分钟），然后按任务顺序，分别阐述该任务实施过程中的主要环节、注意事项。一人主诉，一人补充，对每个任务的阐述不超过8分钟。然后共同拟定评价打分表（含评价项目、分项赋分值及总分值等，形式不限），按合作伙伴两人一小组，分别为三个任务项目赋分并点评，重点说明在完成任务的过程中，你的收获与感悟，以及给予他人的建议。

任务三

掌握费用报表的分析方法

微课6-3

掌握费用报表的分析方法

费用报表包括制造费用报表和期间费用报表。制造费用是指企业生产车间为组织和管理生产而发生的间接生产费用。它是构成产品生产成本的重要组成项目。期间费用是与一定会计期间相联系，为保证生产经营活动顺利进行而发生的间接费用，包括管理费用、财务费用和销售费用。期间费用是影响企业利润水平和盈利能力的一项重要因素。本任务重点是学习期间费用报表的阅读与分析。

管理费用是指企业为组织和管理生产经营活动而发生的各项费用，包括企业各行政管理部门人员的工资及福利费、差旅费、办公费、折旧费、技术开发费、业务招待费等。

财务费用是指企业在生产经营活动中为筹集所需要的资金而发生的相关费用，包括利息收支的净差额、汇兑净损失、支付给金融机构的手续费以及为筹集生产经营所需资金而发生的其他相关费用等。

销售费用是指企业在销售商品、提供劳务过程中所发生的应由当期损益承担的费用，以及企业专设营销机构所发生的各项费用支出。

期间费用的共同特点是没有明确的归属对象，而与一定的会计期间相联系，所以在发生时应列入当期利润表，在当期营业利润中扣除。

期间费用的大小一般并不与企业业务量成正比，多数属于固定成本或酌量性固定成本，少数属于变动成本和混合成本。因此，在考核企业期间费用完成情况的时候，首先应注意各类期间费用的具体性质，将分析重点放在酌量性固定成本和混合成本等项目上。其次，应将期间费用的支出与企业营业收入和利润等产出效益指标联系起来进行分析，判断支出的合理性，而不能简单地认为期间费用越低越好。

子任务1　管理费用报表的分析

对管理费用报表进行分析，可以将实际执行数与计划或预算数进行比较，了解计划或预算的执行情况；也可以将实际执行数与上年数进行比较，分析管理费用的变动趋势，并在此基础上对企业管理水平做出评价。

任务训练6-9

华龙公司的管理费用明细表见表6-16，请对该公司202×年度管理费用的支出情况做出分析评价。

表6-16　**管理费用明细表**

编制单位：华龙公司　202×年度　单位：元

项目	本年预算	本年实际	上年实际
公司经费		775 265	688 548
其中：工资		433 790	368 945
折旧费		110 964	105 846
修理费		69 768	6 311
低值易耗品摊销		8 124	14 492
办公费		54 828	61 878
差旅费		20 052	15 096

续表

项目	本年预算	本年实际	上年实际
保险费		15 975	10 098
其他		61 764	105 882
工会经费		37 964	27 690
职工培训费		4 914	1 775
董事会费		3 048	7 448
诉讼费		26 094	—
业务招待费		76 286	87 414
税金		24 932	29 255
研究开发费		120 000	—
坏账损失		424 377	—
技术转让费		70 080	7 950
其他		268 263	236 244
合计		1 831 223	1 086 324

注：为全面分析评价企业管理费用支出情况，可在本表中增加反映管理费用本年比上年的增减变动情况和结构变动情况的信息，编制管理费用明细分析表（格式参见表6-18）。

从表6-16中可以看出，该公司对管理费用尚未实行预算管理，分析评价参照标准为上年实际发生额。

该企业本年管理费用比上年增加了744 899元（1 831 223-1 086 324），增幅为68.57%，如果当年企业在经营方针政策上相比上年无太大的变化，管理费用发生如此大幅度的增加，则必然导致企业经营业绩的大幅度下降。坏账损失、诉讼费、修理费等项目大额超支是导致管理费用超支的主要不利因素，也暴露出企业在资产管理、费用控制上存在问题，对此，必须做深入的分析，找出具体原因，从而有针对性地制定改进措施，提高管理水平。技术转让费的增长，表明企业本期引进了先进的生产技术，将有助于提高企业产品的档次和质量，提高企业的竞争力。研究开发费用的大量投入，表明企业正在进行新产品的研发工作，如果进展顺利，研发出的新产品将成为企业未来的利润增长点，对提高企业的知名度和市场占有率，实现企业的可持续发展具有重要意义。

因此，对管理费用的分析，一定要结合企业的实际经营背景，特别是企业经营方针及政策的变化来进行。

【小提示6-3】

对费用报表的分析还应该将企业对外报表（如资产负债表、利润表、现金流量表、所有者权益变动表和报表附注等）结合起来进行，而且要参考财务情况说明书等文字报告，以便客观、公正、全面、准确地评价企业的经营管理情况。

子任务2　财务费用报表的分析

企业从事生产经营活动离不开资金的运转，企业除了一定数量的自有资金以外，往往还要寻求其他途径来获取资金。但这些资金的获取是有代价的，为此，企业必须付出一定数量的资金成本，这就构成了财务费用的主要组成部分。

对财务费用报表进行分析的根本目的就是考核企业在财务费用方面的开支是否与预算（计划）相符合，并找出超支或节约的原因。

同管理费用一样，对财务费用的分析也必须借助于详细的资料，即有必要编制并利用财务费用明细分析表，其格式与管理费用明细分析表大体相同。

任务训练6-10

华龙公司的财务费用明细分析表见表6-17，请说明表中前四栏项目的含义以及后两栏数字的计算过程，并结合各项费用的特点，对华龙公司财务费用的支出情况做出分析评价。

表6-17　**财务费用明细分析表**

编制单位：华龙公司　202×年12月　单位：元

项目	上年同期实际	本月实际数	本年预算数	本年累计实际数	本年实际比预算	
					增减额	变动（%）
一、利息费用	12 210	13 463	175 125	153 450	−21 675	−12.38
减：利息收入	1 215	1 872	12 750	10 992	−1 758	−13.79
小计	10 995	11 591	162 375	142 458	−19 917	−12.27
二、汇兑损失	10 436	12 581	123 000	126 606	3 606	2.93
减：汇兑收益	3 785	8 741	57 600	44 646	−12 954	−22.49
小计	6 651	3 840	65 400	81 960	16 560	25.32
三、手续费	7 827	6 468	93 000	95 178	2 178	2.34
四、其他	—	—	—	—	—	—
合计	25 473	21 899	320 775	319 596	−1 179	−0.37

注：为全面分析评价企业财务费用支出情况，可在本表基础上增加反映财务费用结构变动的栏目（格式参见表6-18）。

从表6-17可以看出，总体上本年度财务费用的实际发生额与本年预算基本保持平衡，总体管理水平尚可。

从分项目看，该企业本年度利息收支及净额都比预算有所下降，按净额计算的下降幅度为12.27%，很可能是企业在资金周转上付出了努力，从而减少了短期借款的使用，节约了利息费用。

另外，从汇兑损益项目上看，本年的汇兑损失与预算相比有所增加，收益有所下降。按净损失计算，上升了25.32%。这应该与企业在开展业务中所使用的外币种类以及各自的汇率变化有直接关系。可以初步判断企业在外币的管理和运作上还有不足之处，今后应妥善管理，以减少汇率变化带来的损失。

子任务3 销售费用报表的分析

在市场经济条件下，企业的生产经营活动必须根据市场导向来进行。因此，销售环节已经成为企业全部经营活动的关键所在。企业要使自己的产品在市场上占有一定的份额，并顺利实现销售，就必须投入大量的相关费用，尤其是对产品的广告宣传和售后服务等方面的费用。对销售费用进行分析，既可以对已经发生的费用进行考核评价，也可以为今后改善营销工作提供依据。分析依据的主要资料之一，就是销售费用明细分析表。

任务训练6-11

华龙公司的销售费用明细分析表见表6-18，请说明表中前两栏项目的含义以及后四栏项目中数字的计算过程，并结合各项费用特点，对华龙公司202×年度销售费用的支出情况做出分析评价。

表6-18 销售费用明细分析表

编制单位：华龙公司　　202×年度　　单位：元

费用项目	本期预算	本期实际	实际比预算		各项目占总体比重（%）	
			增减金额	变动（%）	预算数	实际数
工资及福利费	93 300	93 927	627	0.67	54.32	53.06
运输费	12 900	14 805	1 905	14.77	7.51	8.36
装卸费	2 100	2 580	480	22.86	1.22	1.46
包装费	13 950	11 100	−2 850	− 20.43	8.12	6.27
展览费	6 150	7 020	870	14.15	3.58	3.97
广告费	11 700	11 700	0	0	6.81	6.61
差旅费	12 900	14 184	1 284	9.95	7.51	8.01
其他	18 750	21 702	2 952	15.74	10.92	12.26
合计	171 750	177 018	5 268	3.07	100	100

由表6-18可以看出：从销售费用总额的预算执行情况看，实际超过预算5 268元，上升幅度为3.07%，并不是十分理想。是何原因所致，还需要进一步分析。

第一，工资及福利费项目的实际数比预算数仅有小额增加，应属于正常的范围(应该注意的是，该项费用占全部费用的一半以上)。

第二，运输、包装和装卸三项变动性费用项目也有不同程度的升降。其中，运输费、装卸费表现为费用上升，升幅分别为14.77%和22.86%，升幅较高，有必要进一步分析超支的原因。需要具体查明超支是由于销售数量发生变化引起的，还是运输价格变化所致。就上述内容来看，运输费用比重相对较大，如果有销量、价格等相关资料，应做进一步的定量分析。装卸费虽然上升幅度比较高，但在费用总额中比重很低，超支的绝对数额也不高，如果在定性分析后，能够明确并落实责任，就没有必要对其影响因素再作定量分析了。包装物费用比重较高，实际发生额呈下降的趋势，降幅达到20.43%，虽然表现为费用减少，但还不能简单下结论，应考虑销售数量变化的影响，同时还要查明其他原因。

第三，展览费用超过了预算标准，但因其绝对额不大，从比重上看，也不是主要项目，作一般分析即可。

第四，广告费的预算执行情况较好，但要与当期的销售业绩联系起来再作评价。

第五，对于差旅费，可以结合业务开展的需要了解超支原因。一般情况下，如果预算编制科学，考虑较为全面，当期的业务活动没有太大变化，这类费用的超支应该是很低的。

第六，其他销售费用所占的比重较高，而且超过预算的幅度较大，应予以关注。有必要深入分析该项目的具体内容是否应该发生或发生额是否正常。

综上所述，可以得出总的评价：从总额上看，预算的执行情况不够理想，超过了预算指标；从分项目看，也的确存在一定的问题，运输费、差旅费及其他支出超支较大。对于与销售量变动和开展业务有关的费用项目，还要结合销售业务情况进行分析。企业必须在满足开展业务、扩大销售的前提下考虑节流问题。

【知识广角6-2】

在企业员工数量、工资标准和政策相对稳定，并采用计时工资制的情况下，工资及福利费就是固定性费用。但如果企业采用销售提成的做法，这项费用就成为半变动费用，在分析其数额增减变化时，必须结合销售数量的变化来进行。

任务训练6-12

仍延续【任务训练6-8】中的六人小组，两人一组分成三组，其中：一组按表6-4的样式模拟编制一张华龙公司202×年度的制造费用明细分析表，填写本期预算数和本期实际数；一组在此基础上进行后续四小栏的计算；最后一组对计算结果进行校验，并根据结果做出分析评价，然后前两组对评价结果进行点评；三组共同梳理出对制造费用各个项目进行分析时应注意的问题。

项目小结

对成本费用进行分析是企业经营管理的一项重要内容。企业通过成本费用分析，找出成本费用超支或节约的原因，以改善企业经营管理状况，降低耗费水平，最大限度地提高经济效益。成本费用报表是企业的内部报表，对成本费用报表进行分析是财务报表分析的重要组成部分。

成本报表分析是通过对完工产品实际成本与计划成本（或上年成本）进行比较，从中确定超支或节约的差异，并分析产生差异的原因，以评价成本计划的完成情况。

期间费用报表分析是通过对销售费用、管理费用和财务费用的实际发生数与计划（或预算）数进行比较，从中确定超支或节约的差异，并分析产生差异的原因，评价费用计划或预算的完成情况。

项目训练

一、知识掌握与应用

● 主要概念

可比产品　期间费用　全部商品产品

● 阅读理解

1.成本费用报表的种类有哪些？

2.影响可比产品成本降低计划完成的主要因素有哪些？

● 知识应用

1.你认为对管理费用的分析应注意什么问题？为什么？

2.单位产品材料成本降低一定是企业成本管理的工作成绩吗？为什么？

二、技能测试与考核

● 技能题

根据表6-16的资料，编制管理费用明细分析表。

● 能力题

【案例分析】华阳公司是我国机械制造业的一家股份制公司，主要从事机床的开发、设计、生产和销售业务。该公司202×年的有关资料如下：

（1）计划产量按上年实际单位成本计算的全部可比产品的上年总成本为2 400万元；

（2）计划产量按本年计划单位成本计算的全部可比产品的计划成本总额为2 160万元；

（3）实际产量按上年实际单位成本计算的全部可比产品的上年总成本为3 000万元；

（4）实际产量按本年计划单位成本计算的全部可比产品的计划成本总额为2 664万元；

（5）实际产量按本年实际单位成本计算的全部可比产品的实际总成本为2 475万元。

要求：

（1）计算影响华阳公司可比产品成本降低任务完成情况的各项因素的影响程度；

（2）根据计算结果，对华阳公司可比产品成本降低任务完成情况进行评价；

（3）简要说明单纯产量变动是否会影响成本降低率，并说明其原因。

● 实训题

1.通用机械厂的成本资料见表6-19：

表6-19 **商品产品成本表**

企业名称：通用机械厂　　202×年度　　单位：元

产品名称	计量单位	本年累计产量	单位成本			总成本		
			上年实际	本年计划	本年实际	按上年实际成本计算	按本年计划成本计算	实际成本
可比产品								
甲	件	60	250	230	220			
乙	台	60	250	210	205			
不可比产品								
丙	台	30	—	200	210			
合计								

要求：

（1）填表；

（2）计算全部商品产品成本计划的完成情况；

（3）对该企业全部商品产品成本计划完成情况做出简要评价。

2.资料：东大公司202×年度销售费用的支出情况见表6-20：

表6-20 **销售费用明细表**

单位名称：东大公司　　202×年度　　单位：万元

项目	本年计划数	本年实际数
工资及福利费	40 000	45 000
业务招待费	10 000	15 000
运杂费	60 000	65 000
包装费	30 000	35 000
保险费	10 000	10 000
展览费	40 000	40 000
广告费	200 000	165 000
差旅费	30 000	25 000
租赁费	30 000	25 000
办公费	20 000	20 000
折旧费	10 000	10 000
修理费	20 000	25 000
合计	500 000	480 000

要求：对东大公司202×年度销售费用的计划完成情况做出分析评价。

三、德技并修与提升

● 课程阅读

关于进一步提升上市公司财务报告内部控制有效性的通知

财会〔2022〕8号

各省、自治区、直辖市、计划单列市财政厅（局）、证监局，新疆生产建设兵团财政局，财政部各地监管局，各上市公司，有关会计师事务所：

为贯彻落实《国务院关于进一步提高上市公司质量的意见》（国发〔2020〕14号）、《国务院办公厅关于进一步规范财务审计秩序促进注册会计师行业健康发展的意见》（国办发〔2021〕30号）等有关要求，加强对上市公司实施企业内部控制规范的管理、指导和监督，规范会计师事务所内部控制审计行为，提升上市公司财务报告内部控制有效性和会计信息质量，强化资本市场领域财会监督力度，现将有关事项通知如下：

一、充分认识加强财务报告内部控制的重要意义

近年来，财政部会同证监会等相关部门，不断健全企业内部控制规范体系，逐步建立了上市公司实施、注册会计师审计、政府监管推动的内部控制实施机制，着力推动上市公司提升内部控制水平，上市公司实施企业内部控制规范总体取得一定成效。但部分上市公司仍存在对内部控制重视程度不够、内部控制缺陷标准不恰当、内部控制评价和审计未充分发挥应有作用等问题。

国发〔2020〕14号文件明确提出“严格执行上市公司内控制度，加快推行内控规范体系，提升内控有效性”。国办发〔2021〕30号文件要求“进一步明确会计核算、内部控制、信息化建设等要求”。内部控制特别是财务报告内部控制，是加强财会监督、遏制财务造假、提高上市公司会计信息质量的重要基础。有关地方和单位要高度重视，切实提升上市公司财务报告内部控制的有效性，充分发挥内部控制在上市公司财务报告中的控制关口前移、提升披露透明度、保护投资者权益等重要作用。

二、提升上市公司财务报告内部控制有效性的重点领域

针对当前多发的上市公司财务造假和相关内部控制缺陷，提升上市公司财务报告内部控制有效性，主要目标是评估和应对为迎合市场预期或特定监管要求、谋取以财务业绩为基础的私人报酬最大化、骗取外部资金、侵占资产、违规担保、内幕交易、操纵市场等动机，对财务报告信息作出虚假记载、误导性陈述或者重大遗漏的风险，特别是防范上市公司董事、监事、高级管理层和实际控制人等“关键少数”的舞弊风险。主要包括以下重点领域：

（一）资金资产活动相关舞弊和错报的风险与控制

1.加强资金资产管理舞弊风险评估与控制。一是关注为侵占资金资产、粉饰财务报表等目的，伪造、篡改或销毁原始凭证，隐瞒、截留或侵占收入，私签支票，盗用印鉴，违规提现，虚列费用，设账外账、小金库，伪造或篡改银行单据，资产私用，违规担保等相关风险。二是关注不相容岗位的有效分离，资金资产交易真实性，账账、账证、账实一致性等相关内部控制流程和控制措施的有效性。

2.加强资金资产活动相关账户及财务报表列报的风险评估与控制。一是关注货币资金、固定资产、在建工程、存货、无形资产、长期股权投资等报表项目或类别下资金与资产相关账户的发生额、准确性、确认时点、计量金额以及列报风险。二是关注资金归集管理、银行账户管理、票据管理、支付与授权审批管理、资产管理、坏账管理、担保管理等控制措施的有效性。三是关注违规占用资金的风险，加强对大股东借款、担保、投融资等活动的审核、追踪、预警和披露的控制。

（二）收入相关舞弊和错报的风险与控制

1.加强收入确认政策的合理性及其变更的控制。一是严格按照企业会计准则规定，评估收入确认政策的合理性，针对不同产品销售与服务提供方式所采用的具体确认方法的合理性，确认时点和确认依据的合理性以及披露的收入确认原则与实际确认方法的一致性。二是关注对收入确认会计政策变更程序的控制的有效性以及变更内容的合理性。

2.加强收入舞弊风险的评估与控制。一是关注为粉饰财务报表等目的虚增收入或提前确认收入，为报告期内降低税负、转移利润等目的少计收入或延后确认收入等相关风险。二是关注客户资信调查、交易合同商业背景的真实性、资金资产交易的真实性、销售模式的合理性和交易价格的公允性等内部控制流程和控制措施的有效性。

3.加强收入相关账户及财务报表列报的风险评估与控制。一是结合上市公司的行业特性、商业模式、具体业务和交易模式等，充分关注应收账款、应收票据、营业收入等收入相关账户及其明细账户的完整性、准确性、确认时点、计量金额和列报等风险。二是关注客户管理、销售管理、定价管理、合同管理、往来款项管理、坏账计提及核销等内部控制流程和控制措施的有效性。

（三）成本费用相关舞弊和错报的风险与控制

1.加强对成本费用相关会计政策和会计估计及其变更合理性的控制。一是严格按照企业会计准则规定，评估成本费用核算相关会计政策和会计估计的合理性，针对不同业务、产品、采购与生产流程所采用的具体核算方法的合理性，核算时点和核算依据基于商业实质的合理性以及披露的成本核算原则与实际核算方法的一致性。二是关注对成本费用相关会计政策和会计估计变更程序控制的有效性以及变更内容的合理性。

2.加强成本费用舞弊风险的评估与控制。一是关注为达到粉饰财务报表的目的少计成本费用、延迟核算成本费用、将费用性支出确认为资本化支出、由第三方承担成本费用、虚假采购以及其他调整成本费用以改变产品利润或利润构成等相关风险。二是关注营业收入与成本的匹配程度、成本费用归集与分配的准确性和完整性等内部控制流程和控制措施的有效性。

3.加强成本费用相关账户及财务报表列报的风险评估与控制。一是关注营业成本、销售费用、管理费用、财务费用、研发费用等成本费用相关账户及其明细账户的完整性、准确性、确认时点、计量金额和列报等风险。二是关注研发管理、采购管理、资金管理、资产管理、合同管理和会计核算等内部控制流程和控制措施的有效性。

（四）投资活动相关舞弊和错报的风险与控制

1.加强投资活动舞弊风险评估与控制。一是关注为完成业绩对赌、业绩承诺、满足股权激励行权条件、符合市场预期业绩等目的，以投资活动为名进行财务报表粉饰以及其他影响交易真实性、价格公允性的风险。二是关注对交易标的真实性、交易价格公允性、交易信息披露真实完整性等内部控制流程和控制措施的有效性。

2.加强投资活动相关账户及财务报表列报的风险评估与控制。一是关注投资活动的论证与决策控制，包括对投资目标、规模、方式、资金来源、风险与收益等进行评价与控制，在立项与决策、评估与审计、交易价格确定、交易合同管理、股权转让办理和会计核算等重要环节和领域建立并实施有效的内部控制流程和控制措施。二是关注投资活动相关的资产、负债、所有者权益等账户和列报等风险。三是关注投后管理内部控制的有效实施，包括股权变更、债务管理、商誉减值测试及减值计提、担保管理、人员委派与考核、股东事务管理等。四是关注对子公司或投资项目的管控，上市公司应要求子公司或投资项目在规定的合理时间内建立并有效实施内部控制，以便追踪监控子公司或投资项目进展，定期评估风险和内部控制缺陷，并强化整改落实和责任追责。

（五）关联交易相关舞弊和错报的风险与控制

1.加强关联交易舞弊风险的评估与控制。一是关注通过复杂交易、规避关联交易或利用关联交易非关联化等手段，影响关联交易真实性、价格公允性，从而粉饰财务报表或进行利益输送的风险。二是关注交易商业背景的真实性、资金资产交易的真实性、销售模式的合理性和公允性、关联交易金额上限的合规性等内部控制流程和控制措施的有效性。

2.加强关联交易列报风险的评估与控制。关注关联方确认与审批授权、交易类型、资金往来界定、定价管理、合同管理、信用管理和披露等关键环节的内部控制流程和控制措施的有效性。

（六）重要风险业务和重大风险事件相关的风险与控制

1.加强重要风险业务的风险评估及控制。一是定期评估重要风险业务可能导致的财务报告错报风险，尤其应关注以复杂交易掩盖业务实质和以表面上合法合规掩盖实质上违法违规行为的风险。二是针对重要风险业务建立并持续完善闭环控制流程，强化合规论证、外部咨询、集体决策、定期培训、加强监控预警等控制措施，并定期评估控制效果。

2.加强重大风险因素和事件预警及应急处置机制建设与实施。当内外部重大风险因素变化或风险事件发生时，应能够及时识别可能蒙受的资产损失、负面影响以及可能导致的财务报告错报风险。上市公司要制定重大风险事件报告、披露等管理制度，及时准确披露信息，合理预计或有负债和其他财务报告影响，深入剖析原因，及时完善控制措施，避免风险事件再次发生并定期评估控制效果。

（七）财务报告编制相关的风险与控制

1.加强财务报告流程相关风险评估与控制。一是关注会计政策和会计估计选择与变更、合并报表范围确定、重大会计事项处理、交易确认时点、合并抵销、披露事项等财务报告编制和审批流程，评估财务报告错报风险所对应控制措施的有效性。二是关注财务报告在收入和成本确认、关联交易、担保、并购重组、期后重大会计调整、持续经营等方面可能存在漏报、错报、侵占上市公司利益等风险的评估和控制的有效性。

2.加强对与财务报告编制相关的信息系统风险评估与控制。一是实施有效的信息系统总体控制，确保信息系统操作的可追溯性。二是实施有效的信息系统应用控制，包括对重要业务系统建立有效的访问权限管理、禁止不相容岗位用户账号的交叉操作以及建立实施不同信息系统之间的接口配置、系统配置、校验等其他重要的应用控制。

3.重点关注“关键少数”舞弊导致的财务报告重大错报风险，并建立有效的反舞弊机制。一是实施有效措施，确保上市公司与其控股股东、实际控制人及其关联方不违反法律法规和公司章程干涉上市公司的运作。二是形成有效机制，确保股东（大）会、董事会、监事会、管理层在决策、执行和监督等方面的分工和制衡，完善公司治理。三是明确董事会、管理层与相关部门在反舞弊工作中的职责权限，建立舞弊线索的发现、举报、调查、处理、报告和纠正程序，确保举报、投诉渠道通畅。

三、明确责任，加强组织实施

（一）上市公司作为第一责任人，要确保财务报告内部控制有效实施

上市公司应当根据企业内部控制规范和本通知要求，建立健全内部控制制度，科学、客观认定内部控制缺陷，重点对上述7个领域的财务报告内部控制有效性进行评价，出具年度内部控制评价报告。内部控制评价报告应当对内部控制缺陷认定标准进行详细说明，对认定过程进行清晰阐述，提高缺陷认定的透明度，以便外部审计人员和投资者进行评价。上市公司应当授权内部审计机构或履行内部审计职能的机构对内部控制的有效性进行监督，保证其机构设置、人员配备和工作的独立性，对监督发现的内部控制重大缺陷，应及时向董事会和监事会报告，并督促整改。上市公司董事会应严格执行上市公司信息披露相关规定，保证公开披露的报告内容不存在任何虚假记载、误导性陈述或重大遗漏，并对内部控制评价报告内容的真实性、准确性和完整性负责。

（二）会计师事务所要发挥审计监督作用，重点审计财务报告内部控制有效性

会计师事务所在开展财务报表审计时，如拟信赖上市公司控制运行的有效性，应当设计和实施控制测试，重点对上述7个领域的财务报告内部控制有效性进行评价，获取与审计相关的内部控制在整个拟信赖期间运行有效的审计证据，并保持职业怀疑，高度关注由舞弊导致的重大错报风险和管理层凌驾于控制之上的风险。对需要出具内部控制审计报告的上市公司，会计师事务所应当获取充分、适当的审计证据评估内部控制存在的缺陷，对上市公司财务报告内部控制在特定时点的设计和运行有效性发表恰当的审计意见。

（三）政府监管部门形成合力，强化对上市公司和会计师事务所监管

财政部、证监会等监管部门加强统筹协调、形成工作合力，加强对上市公司内部控制有效性评估和会计师事务所执业质量检查，重点关注上市公司财务报告内部控制有效性情况、内部控制信息披露情况和内部控制重大缺陷整改情况，加大对财务造假和审计舞弊案例的处罚力度，不断增强上市公司财务报告内部控制有效性，持续提升监管效能。

财政部 证监会

2022年3月2日

● 课程拓展

大数据对企业成本的影响

在企业的生产经营中，一项产品不论是由企业自身生产还是从市场上购买都将产生两

种成本。

如果企业自己生产，即纵向一体化，将产生两方面的成本：一是内部生产成本，即生产耗用的原材料、设备损耗、职工薪酬等；二是内部协调成本，也称内部交易成本或内部管理成本，是企业用于生产管理的设备费用、管理人员薪酬等。

如果选择外购，即专业化生产，也将产生两方面的成本：一是外部生产成本，即支付给供应商的购买价格；二是交易费用，即外部协调成本，是企业为了完成交易而发生的各种协调费用，如搜索信息费、通信费、律师费、差旅费等。

因此，企业的纵向边界取决于内部生产成本与内部协调成本之和与供应商生产成本与外部协调成本之和的比较。大数据将影响企业和市场的运行效率，随之而来的问题是，大数据是如何影响企业边界变动的？实践中，大数据已经并将持续对企业纵向边界的变动产生影响，这种影响源自大数据对若干成本（包括协调成本和生产成本）决定因素的作用结果，以及由此产生的成本变动情况。

一般情况下，企业的生产成本要高于外部供应商的生产成本，这是因为市场上存在着专业化的产品或活动的供应商。与企业相比，它具有规模经济和学习曲线的优势，因而其生产成本要低于企业的生产成本。但是，企业内部生产成本及供应商的生产成本都会受到大数据的影响，因此需特别说明，研究不考虑大数据对生产成本的影响，只考虑大数据对内部协调成本和外部协调成本的影响。

以朝阳大悦城为例，其开业之时，正处于零售环境的大变革时期。在电子商务的冲击下，传统的做法已经无法再满足需求，加上所处的地区商业氛围明显不足，朝阳大悦城曾面临很大压力。在巨大的压力下，朝阳大悦城很快意识到了未来互联网领域蕴含的巨大潜力。于是，朝阳大悦城就在商场的不同位置安装了将近200个客流监控设备，并通过WiFi站点的登录情况获知客户的到店频率。如今，朝阳大悦城已经建成了包括POS收银、CRM会员、MI商业智能管理、ERP系统、客流统计、客流属性分析、车流统计、WiFi系统、广告发布系统、APP管理在内的十大系统，并组建了专门的团队，进行数据的深度挖掘工作。通过对车流数据的采集分析，朝阳大悦城信息部发现，具备较高消费能力的驾车客户是朝阳大悦城的主要销售贡献者，而通过数据测算每辆车带来的消费，客单价超过700元。商场销售额的变化与车流变化有将近92%的相关度。为此，朝阳大悦城对停车场进行了改造，如增加车辆进出坡道、升级车牌自动识别系统、调整车位导识体系等，力争吸引驾车客户。此外，他们还调整了停车场附近商户的布局，极大地提高了优质驾车客群的到店频率。

可见，大数据不仅改变着人们的生活，也会对企业的成本产生深远的影响。

一、大数据对企业成本的影响

1.大数据对内部协调成本的影响

企业的内部协调成本包括代理成本和决策信息成本。代理成本包括：（1）订约成本；（2）监督和控制代理人的成本；（3）确保代理人做出最优决策或者保证委托人由于遭受次优决策而得到赔偿的保证成本；（4）尽管签订了合约或强制执行，但由于仍然不能完全控制人的行为而引起的剩余损失（福利损失）。

企业通过应用大数据技术，一方面，能够实现信息公开、规范化运营，可以及时发现和解决问题，有助于完善内部控制制度；另一方面，能够使内部信息传递、分析更加便捷、快速，同时也使信息在社会中得到快速扩散，减少了代理人和委托人之间的信息不对称，进而减少了不确定性，节约了代理成本中的监督成本和保证成本。

基于大数据的企业内部监督机制相比传统方式具有明显的优越性，并且提高了相关治理过程的效率。信息传递的方便、快捷，也使委托代理双方更容易协调，使剩余损失减少。

内部协调成本的另一个重要因素是决策信息成本，它包括信息处理成本和因信息质量低下引致的机会成本。信息处理成本指的是企业日常经营活动中，因各种沟通需要而产生的成本以及大量经营资料的记录和存储成本；信息质量低下引致的机会成本，指的是利用较低质量的信息做决策的企业往往不能取得较佳的决策效果，由此产生了机会成本。

大数据时代，与大数据相关的数据采集、存储、变换、分析、挖掘等一系列工具、技术，使得企业信息处理效率显著提高，信息处理的成本也大大降低。同时大数据背景下，一方面，社会信息的产生和传播方式发生了巨大的变化，企业可以拥有关于创意、生产、销售、消费者关系管理等环节的海量信息和数据，以往“闭门造车”的管理模式已被摒弃，另一方面，先进的数据交换技术、数据处理技术在很大程度上解决了以往因支持决策的信息质量低下而产生的问题，降低了机会成本。

在全球化经济形势下，各种成本因素价格上升，企业进入微利时代。如何获得高于竞争对手的利润，如何获得成本优势是财务管理的重要内容之一。而大数据分析就能够通过剔除无关成本，避免较大故障发生等事先成本控制手段，提高生产效率，降低产品成本。

2.大数据对交易费用的影响

交易费用理论认为，交易费用即外部协调成本影响企业的纵向边界。交易费用主要由资产专用性、信息不对称性和机会主义行为这三个因素决定：当交易所需的关系性投资的专用性程度越高，交易双方的信息越不对称，机会主义行为越盛行，交易费用就越高。资产的专用性主要有三种类型，即特殊地点资产的专用性、特殊资产的专用性和特殊人力资本的专用性。数据的特性使其基本不受地理位置的限制，其因地理位置限制而产生的专用性程度很低，数据分享得越多，产生得越多，使用的人越多，其价值就越大。数据具有天然的公用性和价值性。经过一定的学习，企业可以利用数据技术较方便地对数据进行分析、挖掘、预测等，通过网络可以使私人信息变为公共信息、隐性知识变为显性知识，从而降低特殊人力资本的专用性。因此，大数据使企业的资产专用性大大降低。

在很大程度上，信息不对称是由信息搜索的成本过高以及信息使用过程中的排他性所造成的。信息的均衡分布和快速传播会加强股东对企业管理层的约束力，提高企业效益。在发展过程中，企业在享受规模经济带来的效益的同时，股东所了解的信息远不如经营者有效、及时，股东不能很好地监督管理层会引发道德风险及逆向选择。

大数据时代数据的分布会更加均等，网络和民众监督会更加便捷、高效，这会使得资本管理机构感受到压力，从而改进企业管理人员的工作态度，防止其做出有利于自己但却有损于股东利益的行为和活动。因为大数据使搜索更容易，成本大幅下降，并使搜索范围迅速拓宽，极大地降低了信息不对称。大数据技术通过从最不可能的地方提取、量化数据，引发供应链管理开始转向大数据价值链的管理，并且这种技术也为把握全局性信息，减少信息不足、信息不对称提供了机遇。

同时，大数据的公用性也解决了信息使用的排他性问题，缓解了信息不对称问题。大数据技术应用于市场交易，交易双方就可以掌握以往的交易历史，并可以详细了解、掌握客户的财务状况、信用状况、履约情况等。这样，企业就要从大量的交易对象中筛选出合适的客户进行交易，从而减少或避免机会主义的发生。同时，由于信息能在网络中迅速传播，对交易方的机会主义也起到了限制作用。

二、大数据背景下企业成本的变动

在不同的企业里，大数据对内部协调成本和交易费用的影响程度不同，影响速度也不相同，具体受到组织结构、企业文化、技术特征、信息特征等组织特征的影响。

在很多行业，尤其是零售业和日用消费品行业，应用大数据有利于创造收入和开发新的商业模式。零售商拥有数据，但更重要的是拥有数据分析技术，可利用这些信息改进运营，向客户提供额外服务，甚至可代替当前为客户提供这些服务的第三方企业，由此产生全新的收入流。另外，大数据时代的商业模式能更加有效地控制成本结构，使得实时成本控制变为可能。从安装在发动机中的传感器、智能手机中的电子监控到财务交易中的欺诈监测，大数据分析可实时监控企业运营流程和销售情况，极大地减少突发事件，从而有效控制企业成本。

企业应用大数据可以有效地降低内部协调成本，大数据在经济社会的广泛应用则能有效地降低交易费用，这两者的综合作用引起企业纵向边界的变动。大数据时代，财务管理人员能够及时采集企业生产制造成本、流通销售成本等各种类型数据，并将这些海量数据应用于企业成本控制系统，通过准确汇集、分配成本，分析企业成本费用的构成因素，区分不同产品的利润贡献程度并进行全方位的比较与选择，从而为企业进行有效的成本管理提供科学的决策依据。

在大数据时代，传统的会计数据处理模式很难以低成本且有效的方式来解决会计大数据问题，而会计云计算为企业集团的会计核算提供了很好的技术支持。会计云计算是一个能为企业提供全天候处理完整业务服务的操作平台，多家企业通过企业操作平台组成一个完整的虚拟网络，使得企业之间形成一条完整的信息链，实现企业间的协作与同步，进而实现企业业务和效益的优化。会计云计算可以像用电一样，企业按使用量进行付费，这就大大节省了企业购买会计计算所需的软（硬）件产品的资金，同时免去了耗力且耗时的软件安装和维护工作。不仅如此，会计云计算有很好的存储能力与计算能力，能对物联网中人的行为和物的行为产生的海量数据进行有效的存储，能快速地处理结构化类型的数据和声音、图像等非结构化类型的数据。云计算模式下发展的数据仓库和数据挖掘技术能快速、有效地处理会计大数据问题。可以说，云计算是会计大数据的综合解决方案。

随着企业信息化和云计算的发展，企业在提供产品的方式、速度和质量上发生了变化，企业的组织流程、产品服务和业务模式有所创新。云服务提供商可以向消费者提供全套的信息化服务，企业不需要进行传统模式下的投资，只需购买云服务提供商的信息化服务，获得信息化使用权，这就免去了一次性购买投资的巨额资金，随时支付购买服务的营运费用即可。

三、大数据分析法在采购成本分析中的应用案例

某电气集团是一家国内领先的综合性装备制造业集团，制造业成本中的原材料成本比重远大于人工成本和制造成本，所以材料采购成本的控制是整个成本控制中最重要的环节。近年来，在经济发展新常态下，该电气集团的主要业务板块均面临国内产能过剩、销售价格持续走低的压力，进一步降低成本成为保证集团健康发展的紧迫任务。项目组首先选取了3家子公司作为试点，这3家子公司在2020—2022年的采购记录数分别为16万条、11万条和126万条，涉及的物料编码分别为39万个、0.5万个和9.4万个。如此庞大的数据量正符合大数据分析的要求。

1.分析采购行为让数据“说话”

项目组直接使用采购大数据，从采购单价、采购频次、供应商、采购员等多维度进行分析。分析前不进行任何人为假设，通过分析数据找到企业的采购行为趋势或异常情况，即让数据“说话”，为企业的采购行为做一份“体检”报告。通过筛选连续三年均有采购记录的物料（可比物料），计算出每一种物料每一年的平均采购单价，对可比物料价格趋势进行分析。例如，某子公司9.4万种物料中连续三年有采购记录的为1.66万种，从采购价格总体分析，可以看出2020—2022年连续涨价的物料个数为113种，且分析模型可以将数字继续展开，具体展示每一种物料的价格趋势，深度挖掘每一种连续涨价物料的信息。项目组从平均单价的趋势分析中发现3家试点子公司可比物料的占比都不高，进而对3家子公司的所有物料的“采购频次”进行深入分析。3家子公司的物料采购频次分布呈现以下特点：三年间仅采购一次的物料占比很高；3家试点子公司此类物料数量占比分别为50%、29%和39%，存在大量三年间仅采购一次的物料，这表明企业可能在产品零部件的通用性方面存在问题，值得技术部门深入研究。此外，从供应商维度出发，可分析同一物料多个供应商的情况，能发现企业采购行为异常；从采购员维度可以作类似的数据挖掘，可以分析每个采购员的行为是否有异常。基于大数据的充足信息量，利用趋势分析和多维度交叉分析，可以帮助管理者迅速找到异常趋势及异常点，从而使降低采购成本的工作有的放矢。

2.建立基于大数据的降低采购成本评价方法

项目组通过与试点子公司共同探讨，选择了“采购降本金额”和“采购降本率”两项指标来评价采购降本成效。两项指标一直是集团总部对企业的考核指标，但过去缺乏技术手段进行计算，完成情况基本靠被考核者上报，数据的准确性难以保证。基于大数据的采购降本评价方法有如下优点：一是客观，以企业比较期间的全部采购数据为评价对象，计算结果更加客观；二是简单，计算方法明确、算法简单，便于推广；三是可追溯，大数据的算法不仅能得到更为客观的降本指标，也使得降本金额可以追溯到每一种物料。计算3

家子公司2020—2022年的降本评价指标得出：A子公司年均降本金额为1.07亿元、年平均降本率为5.8%；B子公司年均降本金额为0.58亿元、年平均降本率为2.6%；C子公司年均降本金额为72万元、年平均降本率为0.3%。3家试点子公司的采购降本成效一目了然，并可相互比较。该电气集团在3家子公司试点的基础上，把这一分析方法推广到其下属的所有企业，可以在各企业和集团总部查阅分析数据。这一方面促进了企业降低采购成本，另一方面便于集团对采购成本的管控和评价考核。

项目七

合并财务报表及分部报告分析

7

学习目标

知识目标：

1. 了解企业合并的动因与形式；
2. 熟悉合并财务报表的特点；
3. 掌握合并财务报表项目分析及综合分析的方法。

技能目标：

1. 能运用增减分析法和比率分析法对合并财务报表进行综合分析；
2. 能根据企业管理需要，运用专门方法，对企业分部报告进行分析并做出业绩评价。

素质目标：

1. 培养学生在复杂多变的业务环境下保持诚信、守法、严谨、自律的职业操守；
2. 培养学生用系统、辩证的思维方式解读财务信息的管理意识和职业习惯；
3. 激发学生不断突破自我、主动寻求合作的勇气，培养学生适应行业和企业的长远发展而不断学习的职业自律意识与可持续发展能力；
4. 培养学生客观、公正、诚信、守法的职业素养和关注国家发展战略、积极履行社会责任的主人翁意识。

项目导读

企业合并——企业做强、做大的捷径之一

人们常说：瘦死的骆驼比马大。显见，体量大抗风险的能力就强。在市场竞争如此激烈的今天，怎样才能清楚企业经营得好不好？风险大不大呢？首先就要看它的财务报表。从专业的角度看，财务报表好像能“包治百病”，但从通俗的意义上理解，财务报表的功能就三个：一是企业能不能活；二是活得累不累；三是幸福指数有多高。

一些企业，特别是民营企业，总是想着如何把企业做大，原因在于：只有做大了，才有讨价还价的能力。尽管企业是股东的，但也不是股东想怎么干就能怎么干，遵守法律规范是最基本的行为底线。财务人员作为企业报表信息的提供者，企业管理过程的参与者，必须要牢牢守住这条底线，搞财务的人一定要清楚这一点。

把企业做大，能想到的办法很简单，要么举债，要么让股东继续掏钱。一般情况下，股东好“忽悠”一些；当然，股东也很无奈，谁让自己摊上了一个只会烧钱而不会挣钱的“主”呢？

只有企业做大了，企业下一步继续“折腾”才有“本钱”。企业拥有资产的目的就一个，即通过对资产的消耗（费用）来获取收益。资产规模越大，“折腾”的“本钱”也就越多，反之越少。只有企业做大了，管理者才有“面子”。一般情况下，管理的资产越多，管理者就越有“面子”，至于“里子”怎样，只有管理者自己清楚。表里如一的“面子”才能长久，有表无里的“面子”终究只是“昙花一现”。

无论你今后是要服务于某家企业，还是要选择自主创业，一定要牢记：企业发展的思路是“做强、做大”，而不是原来的“做大、做强”。要“做强、做大”，企业合并就是一条不可忽视的捷径。

因此，读懂合并企业的财务报表是财务人员履行责任的第一步。

企业的合并会带给财务人员极大的挑战。既有信息规模扩展、业务性质改变、难易程度升级、财务管控风险加大等方面的业务能力考验，更有对财务人员的专业价值观、企业发展理念、社会责任、职业诚信与工匠精神等方面的职业素养考验。这是一场高难度的综合职场大考。突破自我，迎接挑战，在实践探索中成长蜕变，这是走向职业生涯发展更高段位的必经之路。

任务一

初识合并财务报表分析

微课7-1

初识合并财务报表分析

一、企业合并的动因与形式

企业是国民经济的细胞，是国民收入的源泉。在市场经济条件下，每一个企业都必须遵循优胜劣汰、适者生存的竞争法则。但各个企业所面临的外部环境和内部经营管理水平等诸多方面的差异，使得一些处境危难的企业，为避免遭受更大的损失而不得不转让企业；或者使得一些目前境况较好的企业，为谋求更大的发展而主动寻求被更好的企业合并的机会。同时，一些外部环境好，经营管理得当，在市场竞争中处于优势地位的企业，为了进一步扩大市场份额，提高企业的资信力，也有招兵买马、扩张势力的主观愿望，以尽可能低的成本获取尽可能多的经济资源。因此，企业合并是市场经济发展的必然产物。

企业合并的原因是多方面的，但从微观经济角度看，企业合并的主要动因包括：

（1）节约成本。通常，一家企业通过企业合并取得所需设备和生产能力，比自己购建同样设备、形成同样生产能力所需要的费用要少。

（2）降低风险。购买已有的产品生产线，接纳现有的市场，通常比开发新的产品，拓展新的市场所面临的风险要小。当企业以分散风险为目标来实施企业合并时，尤其如此。

（3）能较早利用生产能力。通过企业合并取得的固定资产，可望在短期内投入运行，较早地转化为生产能力。而企业新建设备需要政府有关部门的批准，并且会耗用几年的建造时间，从而延误生产时机。

（4）取得无形资产。企业合并可能是为了取得有形的经济资源，但更可能是为了取得无形资产，如专利权、专营权、管理技术、优越的地理位置，甚至是进出口特许权等。这可能是有些企业合并的主要动因。

（5）获得税务优惠。通过企业合并，组建企业集团，可以得到税收上的优惠。我国和有些国家的税务条例、税法，对企业集团的增值税、所得税都给予了优惠条件，如符合税法规定条件的企业合并，可按税法规定享受企业所得税递延纳税优惠政策。

企业合并的实质就是通过某种方式把两个或两个以上的具有法律独立实体的企业合成一个经济实体。企业仅通过自身的内部积累来扩大经营规模是缓慢的，直接而有效的方式是通过收购、兼并其他企业，实现迅速成长，建立可靠的原材料供应基地、开辟新的市场、开展多种经营模式。可以说，在现代市场经济中，企业合并是司空见惯的现象。

企业合并的方式一般包括三种：

（1）新设合并。由两家或两家以上的企业合并成立一家新的企业，参与合并各方的法人资格在合并后均被注销。比如，两家在法律上独立的企业A公司和B公司合并成一家新的企业——C公司，那么，当C公司成立后，A公司和B公司将会随即注销。

（2）吸收合并。由一家企业兼并另一家或一家以上的企业，被兼并的企业宣告解散，失去法人资格，并予以注销。吸收合并后，其中一家企业继续存在，其他企业随即解散。比如，A公司购买了B公司的全部股份，A公司继续存在，B公司宣告解散。

（3）控股合并。一家企业通过合并取得另一家企业的控制权，前者取得了控制地位，为母公司或控股公司，也称为合并方（购买方），合并方确认企业合并形成的对被合并方的投资；后者为子公司，也称为被合并方，在合并后仍保持其法人资格，并继续经营。

在前两种合并方式下，在合并时需要处理有关企业的会计业务，合并完成之后，实际上就是一家公司，所属公司不具备法人地位，而只是一个或若干个分支机构或分公司，日常会计处理时作为一家公司对待。而控股合并则不同，尽管母公司具有控股地位，但母公司和各子公司仍是相互独立的法律实体，各自的会计核算也是相互独立的，各自编制自身独立的财务报表。由于母公司已经控制了子公司的经营，实际上，母公司和各子公司是一个经济实体。作为一个经济实体，就必须把母子公司的财务报表合并起来，编制一套反映母子公司作为一个经济实体的合并财务报表。对于母公司的股东来说，合并财务报表比母公司自身单独的财务报表更有意义。

二、合并财务报表的概念与特点

合并财务报表是指反映母公司和其全部子公司形成的企业集团整体财务状况、经营成果、现金流量以及所有者权益的财务报表。合并财务报表应由母公司编制，其具体组成内容应包括：合并资产负债表、合并利润表、合并现金流量表、合并所有者权益变动表及报表附注。

由于合并财务报表是以母子公司组成的企业集团作为一个会计主体，以母子公司各自的个别财务报表为基础编制的，因而，它不同于个别财务报表，其主要特点反映在以下几个方面：

（1）反映的对象不同。合并财务报表反映的对象是由若干个法人组成的会计主体（是经济意义上而不是法律意义上的主体）；个别财务报表反映的对象是单个的企业法人。

（2）编制的原则不同。合并财务报表只是由对其他企业有控制权的控股公司（母公司）编制，而不是所有企业都要编制（即便在集团公司内部也是如此）；个别财务报表是由独立法人编制，而且所有企业都必须编制。

（3）编制的基础不同。合并财务报表是以纳入合并范围的个别财务报表为基础，通过抵销有关会计事项对财务报表的影响编制，不需要设置账簿体系；个别财务报表的编制从设置账簿、审核凭证直至编制财务报表都必须完全按照完整的会计核算体系来进行，方法固定。

如果说，汇总报表的概念如同“1+1=2”，那么合并财务报表的概念就如同“1+1≠2”。与汇总报表相比，合并财务报表又具有以下特点：

（1）编制的目的不同。合并财务报表编制的目的是满足集团公司的所有者、债权人以及其他方面的利益关系主体了解企业集团整体财务状况、经营成果和现金流量的需要；而汇总报表则是为了满足国家或行政管理部门了解和掌握某一行业或下属企业财务状况、经营成果及现金流量的需要。

（2）编制的范围不同。合并财务报表只是以母公司对另一个（或多个）企业的控制关系作为编报范围的依据；而汇总报表则是以财务上的隶属关系作为确定编报范围的依据。

（3）编制的方法不同。合并财务报表必须在抵销内部投资、债权债务以及内部销售等集团内部交易对个别财务报表的影响后编制；而汇总报表则通过项目的简单加总进行编制。

【知识广角 7-1】

在编制合并财务报表时，子公司除了应当向母公司提供报表外，还应当向母公司提供下列有关资料：

1.采用的与母公司不一致的会计政策及其影响金额；

2.对与母公司不一致的会计期间的说明；

3.与母公司、其他子公司之间发生的所有内部交易的相关资料；

4.所有者权益变动的有关资料；

5.编制合并财务报表所需要的其他资料。

三、合并财务报表的合并范围

合并财务报表的编制主体是企业集团中的母公司，而母公司在编制合并财务报表时，首先要确定其合并范围。

合并财务报表的合并范围是指纳入合并财务报表编报的子公司的范围，主要明确哪些子公司应当包括在合并财务报表的编报范围之内，哪些子公司不应当包括在合并财务报表的编报范围之内。

合并范围“应当以控制为基础予以确定”，即不论拥有权益性资本的比例为多少，只要能够控制，均应纳入合并范围。

【知识广角 7-2】

控制，是指一个企业能够决定另一个企业的财务和经营政策，并能据以从另一个企业的经营活动中获得利益的权力。

控制的方式主要有两种：

（1）以所有权方式达到控制的目的。这是指一方拥有另一方半数以上有表决权的资本，包括直接拥有、间接拥有、直接拥有加间接拥有。

（2）以所有权加其他方式达到控制的目的。这是指一方拥有另一方有表决权资本的比例虽然不超过半数，但通过其拥有的表决权资本和其他方式达到控制的目的。比如，通过与被投资单位其他投资者之间达成的协议，拥有被投资单位半数以上的表决权；根据公司章程或协议，有权决定被投资单位的财务和经营政策；有权任免被投资单位的董事会或类似机构的多数成员；在被投资单位的董事会或类似机构中占多数表决权。

【小提示7-1】

合并范围确定的原则简单概括为“投资+控制”，只有同时满足这两个条件，才能纳入合并范围；以控制为基础确定合并财务报表的合并范围，应当强调“实质重于形式”的原则，要综合考虑所有相关事实和因素进行判断，如投资者的持股情况、投资者之间的相互关系、公司治理结构、潜在表决权等；在编制合并财务报表时，企业集团内部的业务必须抵销，而且“只调表、不调账”。

任务训练7-1

请列举说明企业合并的三种方式以及各自的特点。

任务训练7-2

请列表说明合并财务报表与个别财务报表的区别，进而掌握合并财务报表的特点。

任务二

掌握合并财务报表项目的分析方法

合并财务报表的抵销项目不仅是合并财务报表编制者必须掌握的基本内容，同时也是合并财务报表阅读者需要了解的重要内容。

子任务1　了解合并财务报表的格式与项目说明

从总体上看，合并财务报表的格式和结构与个别财务报表并无太大的差别，其反映的经济内容也大体一致。但由于合并财务报表是针对特定主体的，因而在涉及资本、利润等方面的内容时，与个别财务报表还是存在一些差别的。为避免内容的重复，这里仅结合各类报表对不同项目的内容作简单说明。

一、合并资产负债表

合并资产负债表是将母公司与纳入合并范围的子公司作为一个会计实体，合并反映该实体在某一日期财务状况的报表，其基本格式见表7-1。

从合并资产负债表中可以看出，其与个别资产负债表不同的项目主要包括：少数股东权益和外币报表折算差额等。

表 7-1

合并资产负债表

会合01表

编制单位：××股份有限公司　　20××年×月×日　　单位：元

资　　产	期末余额	上年年末余额	负债和所有者权益（或股东权益）	期末余额	上年年末余额
流动资产:			流动负债:		
货币资金			短期借款		
结算备付金			向中央银行借款		
拆出资金			吸收存款及同业存放		
交易性金融资产			拆入资金		
应收票据			交易性金融负债		
应收账款			应付票据		
预付款项			应付账款		
应收保费			预收款项		
应收分保账款			卖出回购金融资产款		
应收分保合同准备金			应收手续费及佣金		
其他应收款			应付职工薪酬		
买入返售金融资产			应交税费		
存货			其他应付款		
一年内到期的非流动资产			应付分保账款		
其他流动资产			保险合同准备金		
流动资产合计			代理买卖证券款		
非流动资产:			代理承销证券款		
发放贷款及垫款			一年内到期的非流动负债		
债权投资			其他流动负债		
其他债权投资			流动负债合计		
长期应收款			非流动负债:		
长期股权投资			长期借款		
投资性房地产			应付债券		
固定资产			长期应付款		
在建工程			专项应付款		
工程物资			预计负债		
生产性生物资产			递延所得税负债		
油气资产			其他非流动负债		
无形资产			非流动负债合计		
开发支出			负债合计		

续表

资　产	期末余额	上年年末余额	负债和所有者权益（或股东权益）	期末余额	上年年末余额
商誉			所有者权益（或股东权益）:		
长期待摊费用			实收资本（或股本）		
递延所得税资产			资本公积		
其他非流动资产			减：库存股		
非流动资产合计			其他综合收益		
			专项储备		
			盈余公积		
			一般风险准备		
			未分配利润		
			外币报表折算差额		
			归属于母公司所有者权益合计		
			少数股东权益		
			所有者权益（或股东权益）合计		
资产总计			负债和所有者权益（或股东权益）总计		

1.“少数股东权益”项目

“少数股东权益”项目反映除母公司以外的其他投资者在子公司的权益，表示其他投资者在子公司所有者权益中所拥有的份额。

母公司采用购买法取得子公司股份时，既可能购买子公司的全部股份，也可能只购买子公司的部分股份。当母公司拥有子公司的全部股份时，子公司就没有其他投资者，因而也不存在少数股东权益；当母公司对子公司的持股少于100%时，有部分股票就不为母公司掌握。当母公司掌握的控制股权占多数时，剩余的少数股东所拥有的股东权益称为“少数股东权益”。少数股东在数量上未必占少数股份，有时甚至在子公司中占多数股份。

【知识广角7-3】

“少数股东权益”具有特殊的性质，它既不属于母公司的债务，也不属于母公司的股权。“少数股东权益”在数量上等于子公司的所有者权益总额与少数股东持股比例的乘积。

2.“外币报表折算差额”项目

根据相关制度的规定，对以外币表示的资产负债表进行折算时，所有“资产”“负债”类项目，都必须按照合并财务报表决算日的市场汇率折算为母公司的记账本位币；“所有者权益”类项目，除“未分配利润”项目外，均按照发生时的市场汇率折算为母公司的记账本位币。折算后，“资产”类项目与“负债”类项目和“所有者权益”类项目合计数的差额，作为“外币报表折算差额”在“未分配利润”项目后单独列示。

“外币报表折算差额”项目，是指专门用于反映将以母公司记账本位币以外的货币编制的子公司财务报表折算为母公司记账本位币时所产生的折算差额。

具体来说，企业集团的子公司如果设在中国境外，其所编报的财务报表是用当地的货币作为记账本位币编制的，而国内母公司所编报的财务报表是以人民币作为记账本位币编制的，不同货币的财务报表不能直接合并。因此，在编制合并资产负债表时，必须将其子公司所编制的资产负债表中各项外币余额按相应汇率折合为人民币后，再进行汇编。但母公司与其子公司之间需要相互抵销的项目，由于不同时期的汇率浮动，在编制合并财务报表时将外币金额按年末汇率折合的人民币数，往往与相关项目原先折合的人民币数出现差额，导致无法抵销差额，因此，其差额一般在合并资产负债表的“外币报表折算差额”项目中反映。

例如，某境外公司采用美元记账，其资产负债表中列明“资产”为10万美元，“负债”为4万美元，“所有者权益”为6万美元，其中“未分配利润”为0。合并财务报表决算日汇率为6.8，所有者权益发生日汇率为6.7，则折算时，资产原币金额10万美元应折算成68万元人民币，负债原币金额4万美元应折算成27.2万元人民币，所有者权益原币金额6万美元应折算成40.2万元人民币，负债与所有者权益总额为67.4万元人民币，与资产折算金额68万元人民币的差额为6 000元，应填入“外币报表折算差额”项目单独反映。

二、合并利润表

合并利润表是反映母公司与纳入合并范围的子公司作为一个会计实体，在某一会计期间所取得的经营成果的财务报表，其基本格式见表7-2。

表7-2　　合并利润表　　会合02表

编制单位：××股份有限公司　　20××年×月×日　　单位：元

项　　目	本期金额	上期金额
一、营业总收入		
其中：营业收入		
利息收入		
已赚保费		
手续费及佣金收入		
二、营业总成本		
其中：营业成本		
利息支出		

续表

项　　目	本期金额	上期金额
手续费及佣金支出		
退保金		
赔付支出净额		
提取保险合同准备金净额		
保单红利支出		
分保费用		
税金及附加		
销售费用		
管理费用		
研发费用		
财务费用		
其中：利息费用		
利息收入		
加：其他收益		
投资收益（损失以“-”号填列）		
其中：对联营企业和合营企业的投资收益		
以摊余成本计量的金融资产终止确认收益（损失以“-”号填列）		
汇兑收益（损失以“-”号填列）		
公允价值变动收益（损失以“-”号填列）		
资产减值损失（损失以“-”号填列）		
资产处置收益（损失以“-”号填列）		
三、营业利润（亏损以“-”号填列）		
加：营业外收入		
减：营业外支出		
其中：非流动资产处置损失		
四、利润总额（亏损总额以“-”号填列）		
减：所得税费用		
五、净利润（净亏损以“-”号填列）		
（一）按经营持续性分类		
1.持续经营净利润（净亏损以“-”号填列）		
2.终止经营净利润（净亏损以“-”号填列）		
（二）按所有权归属分类		

续表

项　　目	本期金额	上期金额
1.归属于母公司所有者的净利润（净亏损以“-”号填列）		
2.少数股东损益（净亏损以“-”号填列）		
六、其他综合收益的税后净额		
七、综合收益总额		
（一）归属于母公司所有者的综合收益总额		
（二）归属于少数股东的综合收益总额		
八、每股收益		
（一）基本每股收益		
（二）稀释每股收益		

注：（1）合并利润表的收入、费用项目按照各类企业利润表的相同口径填列；

（2）同一控制下企业合并的当期，还应单独列示被合并方在合并前实现的利润。

合并利润表与单个利润表的项目不同的是，在合并利润表中要求将“归属于母公司所有者的净利润”和“少数股东损益”在“净利润”项下单独列示。同少数股东权益类似，“少数股东损益”项目也是用来反映少数股东对子公司当期经营成果所享有的部分，其金额等于子公司的净利润与少数股东持股比例的乘积。

在阅读合并利润表时，应将合并利润表与个别利润表进行对比分析，判断企业集团内部之间形成的损益是否完全抵销，以防止企业集团通过内部往来转移资产或负债等途径达到改变当期损益的目的。

例如，母公司存货中有1 000件商品是从子公司购买的，其买价为13 000元，而子公司销售这些商品的成本仅为10 000元，则在母公司账面上存货增加了13 000元，银行存款减少了13 000元，而子公司账面上表现为实现销售（营业）收入13 000元，结转销售（营业）成本10 000元，其差额为子公司实现的利润3 000元。但如果编制合并财务报表，母公司与子公司的组合体才是会计主体，商品并没有脱离这一组合体，所以相对于整个主体来看，商品尚未实现销售，而对于这个主体来说，没有卖出的商品成本（存货成本）应是真正所耗用的成本，即子公司的成本10 000元。因此，母公司的存货价值应减去3 000元。同样的道理，商品尚未实现销售，也就不应出现销售（营业）利润。从合并主体的角度看，子公司收到的13 000元银行存款正好与母公司支付的13 000元相互抵销，企业集团并没有形成实际利润。因而，合并利润表也应从子公司的收益中减去3 000元。

上述例子比较简单，是单一方向销货，但在实际工作中，企业集团内部各企业之间往往存在互相销货给对方，或发生内部费用收支等业务，尤其是还存在少数股权问题。因此，作为报表阅读者一定要留意合并利润表中是否真实地反映了企业集团当期的经营成果。

由于合并财务报表的基本前提为母公司与子公司应是一个完整的经济实体，在经济实体内部发生的购销等业务不能视为该实体的购销业务，因而不能确认这些业务。正如一家企业的部门与部门之间的材料、商品转移不会实现利润一样。否则，材料、商品在集团内部转移次数越多，它们的存货价值就会越高，内部未实现利润也会越多，这明显不合情理。

三、其他合并财务报表

其他合并财务报表是指除合并资产负债表、合并利润表之外的合并财务报表，具体包括：合并现金流量表、合并所有者权益变动表等。这些报表与个别财务报表的项目基本一致，各项目所包含的内容也基本相似，只是为之服务的对象不是一个单独的法人，而是作为一个整体的企业集团，故此不再重复。

【小提示 7-2】

合并财务报表是关于企业集团的财务状况和经营成果等信息的全面汇总报表，就了解这一整体财务状况和经营成果等而言，该表具有非常重大的作用。但也应看到，合并财务报表反映的会计信息存在一定的局限性：合并财务报表无法提供母公司与子公司本身的财务状况和经营成果；根据合并财务报表资料进行比率分析，有时无法做出准确的财务判断；母公司的股东仅从合并财务报表中取得的资料非常有限；有境外子公司的企业集团所编制的合并财务报表数据不能反映真实的经济信息等。了解这些局限性，对于报表使用者做出正确决策有很大的帮助。

子任务2　掌握合并财务报表抵销项目的分析方法

一、合并资产负债表抵销项目的分析

1.合并企业之间的投资项目

其主要是指母公司对子公司的长期股权投资与母公司在子公司所有者权益中所享有的份额，应相互抵销，同时抵销相应的长期股权投资减值准备。因为母公司对子公司的投资形成子公司的资本，成员企业在编制各自的报表时，已将这部分资本包括在各自的资本总额内。如果在合并时，只是将母公司资产负债表上的资本数额与子公司资产负债表上的资本数额简单相加，就会造成资本总额的虚增。所以，企业集团在编制合并财务报表时，应将这种业务通过特定方法相互抵销，以剔除其对资产负债表的影响。

2.合并企业之间的债权与债务项目

其主要包括：应收账款与应付账款、应收票据与应付票据、预付款项与预收款项、债权投资与应付债券、其他应收款与其他应付款等。如果计提有减值准备，也应一并抵销。因为母公司与子公司以及子公司与子公司之间的应收应付、预收预付款项属于企业集团的内部往来，从整个企业集团的角度看，这些款项并不属于集团整体的债权债务。如果将这

些款项简单相加，就会造成重复计算。因此，母公司在编制合并财务报表时，也要将这些项目相互抵销，以剔除其对资产负债表的影响。

3.合并企业之间的进销交易项目

其主要是指母公司与子公司之间通过销售商品、提供劳务或其他方式形成的存货、固定资产、工程物资、在建工程、无形资产等交易项目，因为这些交易项目会相应增加个体的营业收入或营业成本，以及形成某一方的营业利润。但从企业集团整体来看，这是资产在企业集团内部之间所进行的等额流转，而并非对外实现购销业务，对企业实际利润不会产生任何影响，因此，不应作为企业集团销售收入的一部分，而应该相互抵销，以剔除其对资产负债表的影响。对存货、固定资产、工程物资、在建工程和无形资产等计提的跌价准备或减值准备，与未实现内部销售损益相关的部分也应当抵销。

4.合并企业之间的其他项目

其主要是指合并企业之间发生的其他对合并资产负债表有影响的内部交易项目，如母子公司之间提取的盈余公积等，理由同上，此处不再赘述。

二、合并利润表抵销项目的分析

1.合并企业之间的商品购销项目

其主要是指母公司与子公司、子公司之间销售商品，期末全部实现对外销售的，应当将购买方的营业成本与销售方的营业收入相互抵销。母公司与子公司、子公司之间销售商品，期末未实现对外销售而形成的存货、固定资产、工程物资、在建工程、无形资产等，在抵销销售商品的营业成本和营业收入的同时，应当将各项资产所包含的未实现内部销售损益予以抵销。

虽然这些交易项目会增加集团内部个体企业的营业收入或营业成本，以及形成某一方的营业利润，但从企业集团整体来看，它只不过是资产在企业集团内部进行的等额流转，并未实现对外销售，因此应当抵销，以剔除其对利润表的影响。

【小提示7-3】

对合并企业之间销售商品形成的固定资产或无形资产所包含的未实现内部销售损益也应进行抵销，方法同上。所不同的是，还应当同时对固定资产折旧额或无形资产摊销额，与未实现内部销售损益相关的部分进行抵销。

2.合并企业之间的投资收益项目

其主要包括母公司与子公司、子公司之间持有对方长期股权投资的投资收益，应当与其对应的应付股利相互抵销，持有对方债券所产生的投资收益，应当与其对应的发行方利息费用相互抵销。

这是因为，集团公司内部投资产生的投资收益或相互持有债券产生的利息收入，均不能增加集团公司整体的净利润水平。为避免重复计算以及由此带来的虚假盈利，必须对其进行抵销处理，以剔除其对利润表的影响。

3.合并企业之间的费用收支项目

企业集团成员在内部往来时经常会发生费用收付。比如子公司向母公司购买产品时支付运输费，从表面上看，子公司发生了费用支出，母公司增加了运输收入。但从企业集团整体来看，既没有增加费用支出，也没有增加运输收入，反映在合并资产负债表中的“银行存款”项目的合并数并无增减。诸如此类的内部之间的费用收支，均不会影响企业总体的利润。因此，在编制合并利润表时，这类项目也应相互抵销，以免产生假象。

4.合并企业之间的其他对合并利润表有影响的内部交易项目

除上述项目外，还有发生在合并企业之间且对合并利润表有影响的内部交易项目，如纳入合并范围的子公司利润分配项目等。

三、合并现金流量表抵销项目的分析

1.合并企业之间的现金投资项目

由母公司与子公司、子公司相互之间当期以现金投资或收购股权增加的投资所产生的现金流量，应当抵销。

任务训练 7-3

母公司经董事会同意向子公司追加投资额20 000元。20××年11月20日，以银行转账方式注入资金。应编制的抵销分录如下：

借：投资活动现金流量——投资支付的现金　　20 000

　　贷：筹资活动现金流量——吸收投资收到的现金　　20 000

2.合并企业之间的以现金形式收到的投资收益项目

母公司与子公司、子公司相互之间当期取得投资收益收到的现金，应当与分配股利、利润或偿付利息支付的现金相互抵销。

任务训练 7-4

母公司拥有某子公司80%的股份。假设该子公司20××年实现净利润40 000元，经股东大会同意于下年4月30日按净利润的10%向投资者分派现金股利。母公司收到现金股利3 200元。为此，进行抵销处理时应编制如下抵销分录：

借：筹资活动现金流量——分配股利、利润或偿付利息支付的现金　　3 200

　　贷：投资活动现金流量——取得投资收益收到的现金　　3 200

3.合并企业之间的以现金结算的债权债务项目

母公司与子公司、子公司相互之间以现金结算债权债务所产生的现金流量，应当抵销。

4.合并企业之间的当期销售商品产生的现金流量项目

母公司与子公司、子公司相互之间当期销售商品所产生的现金流量，应当抵销。

任务训练7-5

某子公司个别资产负债表"存货"项目中有20 000元为本期从母公司购进的存货。母公司本期销售该商品的销售收入为20 000元（不考虑增值税），销售成本为14 000元，销售毛利率为30%，该笔销售在当期全部收到现金。对此，在编制合并现金流量表时，必须将现金销售收入予以抵销。相应的抵销分录如下：

借：经营活动现金流量——购买商品支付的现金　　20 000

　贷：经营活动现金流量——销售商品收到的现金　　20 000

5.合并企业之间的处置固定资产等收回的现金项目

母公司与子公司、子公司相互之间处置固定资产、无形资产和其他长期资产收回的现金净额，应当与购建固定资产、无形资产和其他长期资产支付的现金相互抵销。

任务训练7-6

母公司向其子公司销售母公司生产的设备，取得收入50 000元，该设备的生产成本为40 000元。母公司在本期收到该笔款项。对此，在编制合并财务报表时，需要将母公司相应的现金收入和子公司的现金流出予以抵销。相应的抵销分录如下：

借：投资活动现金流量——购建固定资产支付的现金　　50 000

　贷：经营活动现金流量——销售商品收到的现金　　50 000

任务三

掌握合并财务报表综合分析的方法

一、合并财务报表分析的特点

合并财务报表分析的方法与个别财务报表分析的方法基本相同，分析指标的计算方法以及应用方法几乎没有大的差异。但由于合并财务报表是以个别财务报表为基础，经过复杂的合并程序编制而成的，因此，在分析时还需要增加如下合并财务报表分析所特有的程序：

1.掌握企业集团的形态

企业集团的形态与合并财务报表的数据有很大关系。比如，集团内部企业间的融资会影响合并资产负债表的数据。因此，在进行合并财务报表分析时，掌握被分析企业集团的实际状况和特点非常重要，如母公司、子公司的业务内容；母公司持有子公司的股份比率；母子公司间的交易内容和资金借贷关系；母公司向子公司派遣管理人员的情况等。

2.确认合并原则和会计准则

对多个企业集团进行合并财务报表分析时，应注意各个集团的合并原则可能存在差异。特别是当母子公司遵循不同国家的不同合并会计准则时，合并财务报表所反映的内容也不相同。在我国，发行外资股的公司“可以提供按国际会计准则或者境外主要募集行为发生地会计准则调整的财务报告”。对发行外资股的企业集团，应注意所利用的分析资料在会计准则的应用上是否同质。

3.比较合并财务报表与个别财务报表

由于编制合并财务报表时要对合并企业之间的债权债务以及内部交易进行抵销，与个别财务报表比较来看，经营成果的变动幅度会比较明显，经营状况的变化比较容易解读，这可以为母公司的财务报表分析提供有用的信息。而且，通过对合并财务报表与个别财务报表的比较，还可能发现利用子公司进行的利润操纵行为。

二、合并财务报表分析的内容

合并财务报表分析的体系，如图 7-1 所示。

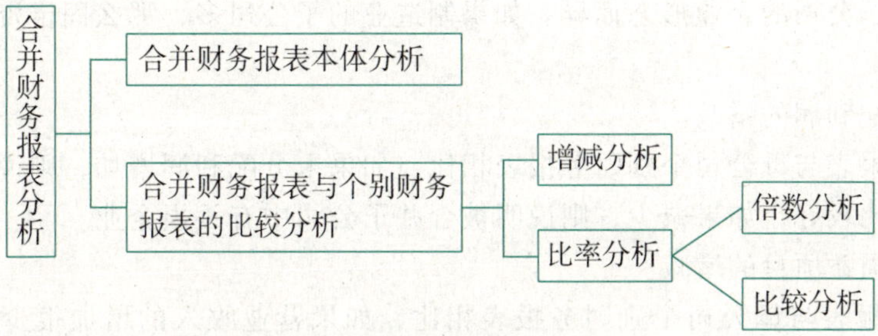

图 7-1　合并财务报表分析体系

1.增减分析的内容

增减分析是指通过比较母公司的个别财务报表与合并财务报表的各个项目的金额，从而对其增减金额进行调查的分析方法。增减分析方法可以用来分析如下事项：

（1）与母公司的规模相比较，子公司群的规模；

（2）合并对母公司的经营成果、财务状况和现金流量带来的影响；

（3）有无利用企业集团内部交易进行财务数据操纵行为；

（4）企业集团的经营管理体制如何等。

主要报表项目的增减分析以及分析要点如下：

（1）总资产的增减。

合并财务报表的总资产金额与母公司个别财务报表的总资产金额相比，如果增加额很小，可能存在如下情况：一是集团内部存在大量累计损失的企业；二是集团内部存在大额未实现损益的内部交易；三是母、子公司之间存在大量的债权债务。

（2）应收、应付账款的增减。

一般情况下，在横向合并的企业集团中，母公司和子公司之间的交易不会太多。因此，母、子公司之间的债权债务抵销金额不会很大，合并财务报表所反映的应收、应付账款金额可能比母公司个别财务报表所反映的金额大。

反之，在纵向合并的企业集团中，母公司和子公司之间的交易会比较多。由于母、子公司之间的债权债务抵销金额比较大，因此，合并财务报表所反映的应收、应付账款金额可能比母公司个别财务报表所反映的金额小。

（3）存货的增减。

合并财务报表所反映的存货金额与母公司个别财务报表所反映的存货金额相比，如果增加很多，可能存在如下情况：一是子公司的销售有困难；二是母公司将存货转移给子公司；三是存货内部销售未抵销。

（4）债权债务的增减。

因为集团内部的资金借贷产生的债权债务，在编制合并财务报表时会被抵销。因此，合并财务报表所反映的金额与母公司个别财务报表所反映的金额相比可能会减少。但如果减少额异常，应该考虑母公司是否给予子公司很多的资金援助。

（5）固定资产的增减。

合并财务报表所反映的固定资产金额应该比母公司的固定资产总额多。但是，增加的程度因被合并子公司的企业形态而异。如果制造业的子公司多，那么固定资产的增加额就会比较大。

（6）未分配利润的增减。

合并财务报表与母公司个别财务报表相比，如果未分配利润增加，则说明被合并子公司的盈利能力比较好；如果减少，则说明被合并子公司中有亏损企业。

（7）营业损益项目的增减。

合并财务报表与母公司个别财务报表相比，如果营业收入的增加很少，则应该考虑母、子公司之间的内部交易很多。

（8）期间费用项目的增减。

合并财务报表与母公司个别财务报表相比，如果期间费用的增减很小，则应该考虑母、子公司之间是否存在固定资产的租赁交易。母、子公司之间的广告代理、业务委托等交易也会导致上述结果。

2.比率分析的内容

比率分析包括倍数分析和比较分析两种形式。倍数分析是以母公司个别财务报表的数据为分母，以合并财务报表的数据为分子，计算合并对个别的倍数，据以分析判断的方法。比较分析是分别计算合并财务报表与个别财务报表的比率指标，对其进行比较判断的方法。这两种方法的分析要点如下：

（1）倍数分析。

倍数分析的公式如下：

$$合并倍数=\frac{合并报表的相应数据(本期合并销售收入等)}{个别报表的相应数据(本期销售收入等)}$$

在这个公式中，可以代入各种项目进行计算，比较典型的项目有本期净利润等。倍数分析是用比率反映的增减分析，即将绝对数的比较转换为相对数的比较，这种指数化可以让判断变得容易一些。鉴于倍数分析是增减分析的指数化，因此，倍数分析的要点可以参考增减分析。

【小提示 7-4】

应用合并倍数进行分析时，需要注意：合并倍数高并不一定意味着合并子公司群的业绩优良。因为在母公司经营恶化、利润减少时，也会产生合并倍数高的结果。

（2）比较分析。

①总资产收益率的比较。

总资产收益率=净利润÷总资产平均余额×100%

一般情况下，采用权益结合法的企业集团，其合并财务报表的总资产收益率往往比较高。另外，在被合并子公司的少数股东较多的情况下，总资产收益率往往比较低。

②销售（营业）利润率的比较。

销售（营业）利润率=利润总额÷营业收入（主营业务收入）净额×100%

一般情况下，纵向系列的企业集团，其合并财务报表的销售（营业）利润率往往比较高。

③总资产周转率的比较。

总资产周转率=营业收入（主营业务收入）净额÷总资产平均余额

一般情况下，横向系列的企业集团，其合并财务报表的总资产周转率往往比较高；纵向系列的企业集团，其合并财务报表的总资产周转率往往比较低。

④流动比率的比较。

流动比率=流动资产÷流动负债

根据被合并子公司的企业形态对债权债务抵销程度的影响，企业集团的合并财务报表中流动资产、流动负债的金额增减可能发生较大变化。但是在流动比率上，一般没有很大的差异。

⑤固定长期适合比率的比较。

固定长期适合比率=固定资产÷（所有者权益+非流动负债）×100%

固定长期适合比率是反映企业自有资本和长期借款可以支付取得固定资产成本的程度。通过该指标，可以了解企业对固定资产的投资有无稳定的资金来源。同流动比率一样，该指标无论合并还是个别，都没有很大的差异。

任务训练 7-7

请选出五个主要报表项目，分别阐述进行增减分析时的分析要点。

任务训练 7-8

请选出比率分析方法中三个常用的比率，分别说明其与个别报表之间的比较特点。

任务四

掌握分部报告分析的方法

一、分部报告的性质与作用

在企业已出现跨行业、跨地区经营的全球性发展趋势的今天，企业的经营规模和经营范围已经越来越大，呈现出跨行业、跨地区甚至跨国家的经营趋势，而通常情况下，企业对外提供财务会计报告时按各自企业合并后的数字提供，因而，投资者通过财务会计报告很难分析出企业利润增长和财务状况变动的原因；同时，企业的所有权与控制权的极大分离，使大量的财务报告使用者只能以企业披露的信息作为其决策的基本依据。随着投资者理性程度的提高，财务报表使用者对企业分部信息的关注程度日益提高，这在客观上就需要企业提供分部报告。分部报告是资产负债表和利润表两张主表的一张综合附表，它是反映企业各行业、各地区经营业务的收入、成本、费用、营业利润、资产总额以及负债总额等情况的财务报告。分部提供会计信息的目的，就是让信息使用者了解企业各行业、各地区的分布规模、利润情况以及发展趋势等资料，使他们能够对企业做出更加准确的判断。

二、分部报告的格式与内容

根据财政部发布的《企业会计准则解释第3号》的规定，企业应当以内部组织结构、管理要求、内部报告制度为依据确定经营分部，以经营分部为基础确定报告分部，并按规定披露分部信息；取消原有关确定地区分部和业务分部以及按照主要报告形式、次要报告形式披露分部信息的规定，这是根据修改后的《国际财务报告准则第8号——经营分部》的内容，结合我国实际对分部报告做出的相应调整。这种调整提高了企业编制分部报告的灵活性，也符合企业披露分部信息的实际情况，能够为报告使用者提供更为有用的信息。

【知识广角7-4】

经营分部，是指企业内同时满足下列条件的组成部分：

1.该组成部分能够在日常活动中产生收入、发生费用；

2.企业管理层能够定期评价该组成部分的经营成果，以决定向其配置资源、评价其业绩；

3.企业能够取得有关该组成部分的财务状况、经营成果和现金流量等会计信息。

例如，中原公司2022年度财务报告中的分部报告就是根据该公司内部组织结构、管理要求，按照经营区域确定报告分部。因为该公司每个报告分部的城市店铺面向不同消费群体提供产品，每个分部采取不同的市场策略而需要单独的管理。公司的管理层会定期审阅不同分部的财务信息，以决定如何向其配置资源并进行业绩评价。中原公司2022年度分部报告的具体格式见表7-3。

表7-3　　中原公司2022年度分部财务信息　　单位：百万元

项　目	大连区域	沈阳区域	长春区域	吉林区域	哈尔滨区域	牡丹江区域	大庆区域	内蒙区域	其他区域	未分配	抵销	合计
一、分部收入	15 394	3 900	4 644	1 614	8 090	3 094	1 470	3 930	7 510	18	−976	48 688
其中：对外交易收入	14 470	3 900	4 644	1 594	8 090	3 094	1 464	3 904	7 510	18	0	48 688
分部间交易收入	924	0	0	20	0	0	6	26	0	0	−976	0
二、分部费用	14 966	3 976	4 290	1 586	7 900	2 800	1 454	4 218	7 658	188	−974	48 062
三、分部利润	428	−76	354	28	190	294	16	−288	−148	−170	−2	626
四、分部资产	7 638	2 270	1 756	608	2 498	1 720	738	2 008	4 060	5 162	−5 258	23 200
五、分部负债	5 676	1 798	1 246	618	1 846	1 274	668	2 756	3 362	3 452	−5 258	17 438
六、补充信息												
1.折旧和摊销费用	204	92	68	22	76	62	44	124	214	20		926
2.资本性支出	120	258	8	20	10	14	12	208	390	12		1 052

分部的划分和确定是分部财务报告的基础。企业既可以按业务不同，也可以按地区不同进行分部的划分。当然，企业还可以根据自身的特点和需要，确立分部报告的划分标准。如果企业按照业务不同进行分部报告，则可以将一个企业内可以区分的、主要是向企业外部的客户分别提供不同的产品或劳务（或者不同类别的相关产品或劳务）的各个部分作为分部报告的单位。企业在确定业务分部时，应当结合企业内部管理要求，并考虑以下主要因素：①各单项产品或劳务的性质，包括产品或劳务的规格、型号、最终用途等；②生产过程的性质，包括采用劳动密集型等方式组织生产、使用相同或相似设备和原材料、采用委托生产或其他加工方式等；③购买产品或劳务的客户类型，包括大宗客户、零散客户等；④销售产品或提供劳务的方式，包括批发、零售、自产自销、委托销售、承包等；⑤生产产品或提供劳务受法律、行政法规的影响，包括相关法律、法规对企业经营范围或交易定价的限制等。由于产业结构几乎是影响所有企业机会和风险的关键因素，故此项信息特别重要。

如果企业按照地区划分分部报告，则可以将一个企业内可以区分的、在特定经济环境中从事提供产品或劳务的部分作为分部报告的单位，它承担的风险和获取的报酬不同于企业在其他经济环境中经营的部门。企业在确定地区分部时，应当结合企业内部管理要求，并考虑以下主要因素：①所处的经济、政治环境的相似性，包括境外经营所在地区经济和政治的稳定程度等；②在不同地区经营之间的关系，包括在某地区进行产品生产，而在其他地区进行产品销售等；③经营的接近程度，包括在某地区生产的产品是否需要在其他地区进一步加工生产等；④与在某一特定地区经营相关的特别风险，包括气候的异常变化等；⑤外汇管理规定，即境外经营所在地区是否实行外汇管制；⑥外汇风险。由于不同地区的政治环境、社会环境、法律环境、经济环境等各不相同，会对企业的发展产生重大影响，因此，按地区分部提供信息，将有助于人们深入了解企业的机会和风险。

三、分部报告的分析方法

在企业分部、可报告分部确定合理，分部报表项目确认、计量恰当的基础上，报表使用者可以采用一定的分析方法，对分部报告进行分析，以获取有用的信息。传统的财务报表分析方法（如比较分析法、趋势分析法、比率分析法等）也适用于对分部报告的分析。从分部报告的目的出发，结合企业管理部门设定的目标和管理战略，投资者通常采用以下方式对可报告分部的业绩进行分析：

1.确认和比较不同报告分部的增长率水平、销售水平、利润水平以及整个企业增长率变动的原因

通过采用趋势分析法计算各分部的增长率水平、销售水平和利润水平的变化，以此为基础，报表使用者可以进一步分析整个企业增长率变动的原因。因为企业的整体是由各个分部构成的，分部的增长率水平会影响整个企业的增长率水平。通过这一分析，企业的管理层可以判断各分部发展速度的快慢、发展前景的好坏、管理水平的高低，从而对企业的产品结构进行调整、对管理人员进行调动。而投资者可以重点研究引起整个企业增长率变动的主要分部，分析判断这些分部的前景和持续发展能力以及存在的潜在风险等问题。

2.计算每一可报告分部的非企业间销售和利润对整个企业销售和利润的贡献大小，以确定每一分部的相对重要性

企业最终的利润来自于外销，而非企业集团中的内部销售。外销收入和利润越多的分部，对整个集团的收入和利润的贡献也就越大，这一分部也就越重要。这种对比可以影响管理层对企业战略计划的调整，使资源由外销收入少、获利能力弱的分部向外销收入多、获利能力强的分部转移，以达到企业资源的优化配置。而报表使用者可以了解引起企业的收入和利润增长的主要业务、主要经营部门、主要地区等，有助于报表使用者在对这些业务、部门、地区进行分析的基础上，对企业做出客观的评价，并做出科学合理的决策。

3.计算每一可报告分部的经营收益率和资产经营报酬率，以确定每一分部的相对获利能力与整个企业获利水平的关系

应报告分部的经营成果是企业整体经营成果的主要组成部分，计算每一应报告分部的经营收益率和资产经营报酬率，能够判断每一分部的经营成果对企业整体业绩水平变动的影响程度，并借以判断该可报告分部的重要性。在阅读企业的母公司报表及合并报表时，面对企业的整体收益，必须通过对分部收益的分解，才能得到较好的评价结果，否则往往会误导信息使用者。借此分析，报表使用者可以更清楚地了解企业的盈利主要来自于哪些方面，企业盈利水平的提高或降低主要是由哪些分部引起的，从而关注重点分部，因为它们往往是将来促使企业成功或失败的关键。

4.计算每一可报告分部的总资产变动趋势，借以更好地理解管理层的有关资源配置决策以及每一报告分部和总公司对资本的要求

采用趋势分析法可计算出每一报告分部的总资产变动趋势，一般而言，总资产不断增加的分部，应是那些有发展前景、销售收入较高和获利能力较强的分部。总资产变动趋势分析还可以引导管理层追加投资的方向，体现出管理层资源配置的有序性以及经营战略的

不断优化组合。对于报表使用者来说，可以借此了解企业管理层进行资源配置以及工作重心转移的情况。

5.比较每一报告分部的资产相对分布百分比，以评价企业资产的变动特点

分部资产的分布百分比对整个企业而言，是指每一报告分部的资产占企业总资产的比重。占资产比重较大的分部，一般是管理层较为重视的分部，其代表着企业未来的发展方向，报表使用者也可以从资产分布百分比的变化中看出企业资产的流向。

6.运用资产周转率、经营获利率和资产报酬率等指标进行综合分析

运用资产周转率、经营获利率和资产报酬率等指标进行综合分析以确定资产周转率和经营获利率对每一分部资产报酬率指标的影响，并解释每一分部对整个企业资产回报率变动的影响。

分部报告分析是一个比较复杂的过程，除了要掌握一定的分析方法外，还必须深入了解企业的管理战略、内外部环境、经济政治因素、相关行业状况、地理环境等相关信息。对于报表分析者来说，影响分部报告分析效率的另一个重要因素是编报企业方面的压力。当企业管理层认为分部报告的内容和形式与企业的利益不相符合，强制性披露将对企业产生不利后果时，他们可能会对披露分部信息的有关规定产生抵触情绪，而对所披露的信息进行粉饰。同时，在分部报告中存在较多的成本费用被武断分配的情况，这也增加了分析者的分析难度。因此，坚持编制分部报告的客观准确性和分析分部报告的客观公正性，是高质而有效地披露分部财务信息，准确、及时地服务于报表使用者的前提，更是企业履行社会责任的集中体现。

任务训练 7-9

请以列表的方式梳理出对分部报告进行分析应把握的六大要点。

项目小结

合并财务报表反映的是母公司和子公司所组成的企业集团整体的财务状况、经营成果、现金流量以及所有者权益，反映的对象是由若干个法人组成的会计主体，是经济意义上的会计主体，而不是法律意义上的主体。合并财务报表由企业集团中对其他企业有控制权的控股公司或母公司编制。

合并财务报表编制方法独特，阅读时应注意与个别财务报表不同的项目的含义，如“少数股东权益”和“外币报表折算差额”项目。

对合并财务报表进行综合分析，既要作合并财务报表的总体分析，又要作合并财务报表与个别财务报表的比较分析，采用的方法有增减分析和比率分析，而比率分析又包括倍数分析和比较分析。

项目训练

一、知识掌握与应用

● **主要概念**

合并财务报表　控制　少数股东权益

● **阅读理解**

1.控股合并的含义是什么?

2.确定合并范围的原则是什么?

● **知识应用**

1.如何理解外币报表折算差额?

2.如何进行合并财务报表的分析?

二、技能测试与考核

● **技能题**

运用合并财务报表分析的方法，计算一家集团公司的合并资产负债表和合并利润表的合并倍数，并做出简要分析。

● **能力题**

了解一家集团公司的财务状况与经营成果，并通过相关指标以及发展能力指标的计算与分析，全面评价该公司的业绩。

三、德技并修与提升

● **课程阅读**

海南省财政厅行政处罚决定书

琼财监罚〔2022〕7号

当事人：海南中正联合会计师事务所（普通合伙）注册会计师孙格力

地　址：海口市大同路36号华能大厦18楼A8

一、违法事实

（一）对同一委托单位的同一事项，依据相同的审计证据出具不同审计意见的审计报告

检查组抽查中正联合所17份审计报告，其中有2份审计报告存在同一个文号的审计报告出具两份不同审计意见的问题，签字注册会计师为万红、孙格力。

1.中正联合所2021年5月20日出具《五指山中部旅游投资有限公司2020年度财务报表审计报告》(中正联合会审字〔2021〕第0344号)，签字注册会计师为万红、孙格力。中正联合所的留存报告、省注协业务报备系统均为“否定意见”，检查组从委托单位调取的审计报告的审计意见类型为“无保留意见”。

2.中正联合所2021年5月17日出具《海南博鳌亚洲风情广场有限公司2020年度财务报表审计报告》(中正联合会审字〔2021〕第0406号)，签字注册会计师为万红、孙格力。中正联合所的留存报告、省注协业务报备系统均为“无法表示意见”，检查组从委托单位调取的审计报告的审计意见类型为“无保留意见”。

以上行为违反了《会计师事务所执业许可和监督管理办法》(财政部令第97号)第六十条“会计师事务所和注册会计师必须按照执业准则、规则的要求，在实施必要的审计程序后，以经过核实的审计证据为依据，形成审计意见，出具审计报告，不得有下列行为：……(二)对同一委托单位的同一事项，依据相同的审计证据出具不同结论的审计报告；(三)隐瞒审计中发现的问题，发表不恰当的审计意见；(四)为被审计单位编造或者伪造事由，出具虚假或者不实的审计报告……”的规定。

(二)在未实施审计程序、未获取审计证据、未确定审计数据的情况下出具审计报告

中正联合所在未实施任何审计程序、未获取任何审计证据的情况下，出具了无保留意见的《五指山中部旅游投资有限公司2020年度财务报表审计报告》(中正联合会审字〔2021〕第0344号)，签字注册会计师为万红、孙格力。

以上行为违反了《会计师事务所执业许可和监督管理办法》(财政部令第97号)第六十条“会计师事务所和注册会计师必须按照执业准则、规则的要求，在实施必要的审计程序后，以经过核实的审计证据为依据，形成审计意见，出具审计报告，不得有下列行为：(一)在未履行必要的审计程序，未获取充分适当的审计证据的情况下出具审计报告……”、《中国注册会计师审计准则第1301号——审计证据》(财会〔2016〕24号)第九条“注册会计师的目标是，通过恰当的方式设计和实施审计程序，获取充分、适当的审计证据，以得出合理的结论，作为形成审计意见的基础”、《中国注册会计师审计准则第1501号——对财务报表形成审计意见和出具审计报告》(财会〔2019〕5号)第四十二条“审计报告应当注明报告日期。审计报告日不应早于注册会计师获取充分、适当的审计证据，并在此基础上对财务报表形成审计意见的日期。在确定审计报告日时，注册会计师应当确信已获取下列两方面的审计证据：(一)构成整套财务报表的所有报表(含披露)已编制完成；(二)被审计单位的董事会、管理层或类似机构已经认可其对财务报表负责”的规定。

二、处罚依据和处罚种类

关于对同一委托单位的同一事项出具不同审计意见，在未实施审计程序、未获取审计证据、未确定审计数据的情况下出具审计报告的问题，根据《会计师事务所执业许可和监督管理办法》(财政部令第97号)第七十条“注册会计师违反本办法第六十条第一项至第四项规定的，由省级以上财政部门给予警告；情节严重的，可以由省级以上财政部门暂停其执行业务1个月至1年或者吊销注册会计师证书”的规定，我厅决定给予注册会计师孙格力警告，暂停执行业务6个月。

三、权利告知

如不服本处罚决定，可以在接到本处罚决定书之日起60日内依法向财政部或海南省人民政府申请行政复议，或者在接到本处罚决定书之日起六个月内依法向有管辖权的人民法院提起行政诉讼。逾期不申请行政复议或者不向人民法院提起行政诉讼又不履行行政处罚决定的，本机关将依法申请人民法院强制执行。

除法律另有规定外，行政复议和行政诉讼期间，行政处罚不停止执行。

海南省财政厅

2022年1月30日

请思考：

1.要当好资本市场的“看门人”，会计师事务所应发挥哪些作用？

2.对于海南省财政厅做出的行政处罚决定，你认为是否能起到震慑作用？为什么？

资料来源 海南省财政厅. 海南省财政厅行政处罚决定书［EB/OL］.（2022-02-14）. http：//mof.hainan.gov.cn/sczt/0503/202202/1bc64a5f19914d74ab4ae79611710125.shtml.

● 课程拓展

依法依规发挥审计鉴证作用 助力海南自贸港高质量发展

2020年6月1日，中共中央、国务院印发了《海南自由贸易港建设总体方案》（以下简称《方案》）。6月8日，国新办召开新闻发布会，正式向媒体宣讲、介绍《方案》的主要内容，在国内外引起巨大反响。

在海南建设自由贸易港，是党中央着眼国内、国际两个大局，为推动中国特色社会主义创新发展做出的一项重大战略决策。它是我国新时代改革开放进程中的一件大事，对民族复兴、建设世界一流现代化强国意义重大。在海南建设自由贸易港，其战略意义主要体现在：它是中国社会推进高水平开发，建立开放型经济新体制的根本要求；是深化市场化改革，打造法治化、国际化、便利化营商环境的迫切需求；是贯彻新发展理念，推进高质量发展，建设现代化经济体系的战略选择；是支持经济全球化，体现大国担当，履行大国义务，构建人类命运共同体的实际行动。

自由贸易港的建设，首先需要公平、透明、守法、有序的信息环境和经济秩序。其中：作为国际交流的商业语言——财务信息的公正性、对等性、及时性及质量是营造良好经济秩序的重要基础。而加强注册会计师行业的审计鉴证与监督，是建立良好经济秩序的重要保障。海南省政府高度重视对注册会计师行业的专项整治工作。2022年3月，海南省财政厅发布了《关于2021年注册会计师行业专项整治工作情况的公告》。具体内容如下：

海南省财政厅关于2021年注册会计师行业专项整治工作情况的公告

（海南省财政厅备案公告2022年第15号）

根据《中华人民共和国注册会计师法》、《会计师事务所执业许可和监督管理办法》（财政部令第97号）等法律法规的有关规定，以及《国务院办公厅关于进一步规范财务审计秩序促进注册会计师行业健康发展的意见》（国办发〔2021〕30号）、《财政部、人力资源社会保障部关于开展注册会计师挂名执业行为整治工作的通知》（财会〔2021〕12号）、《财政部关于开展注册会计师超出胜任能力执业行为整治工作的通知》（财会〔2021〕14号）、《财政部、市场监管总局关于开展会计师事务所“无证经营”行为整治工作的通知》（财会〔2021〕15号）等文件要求，海南省财政厅、海南省注册会计师协会2021年7月至12月开展了注册会计师行业突出违法违规行为专项整治工作。现将整治工作有关情况公告如下：

一、注册会计师“挂名执业”问题整治情况

海南省注册会计师协会2021年共核查注册会计师624人，核查比例100%，已确认494人为专职执业，对蔡文胜、乐铮等115名存在“挂名执业”问题的注册会计师，依法注销其执业会员资格，注销比例为18.43%，15名具有“双师”资格的注册会计师名单已报财政部会计司等待认定。其中，注册会计师“挂名执业”现象最为严重的是立信长江（海南）会计师事务所，共有黄建宏、金永等16名注册会计师因未在该所专职执业被注销其执业会员资格。

二、会计师事务所“无证经营”问题整治情况

（一）严肃查处“无证经营”违法行为

海南华之睿会计师事务所于2020年12月28日在海南省市场监管局注册并取得了营业执照，截至检查日尚未取得财政部门执业许可。该所在未取得财政部门执业许可的情况下，以会计师事务所的名义开展业务活动，共开具了12.06万元的审计服务费发票。省财政厅已按程序对该所下达行政处罚决定，责令其停止违法活动，没收违法所得12.06万元。

（二）督促“有照无证”的会计师事务所进行整改

截至2022年3月2日，全省53家“有照无证”的会计师事务所中，1家存在“无证经营”违法行为被行政处罚；7家超过整改限期的名单已报送省市场监管局依法处理，并在省财政厅外网公告；11家已列入“经营异常名录”或“严重违法失信企业名单”；2家正在申请执业许可并已提交相关材料；3家已完成分所备案；9家已变更名称和经营范围；20家已完成工商注销。

三、注册会计师超出胜任能力执业问题整治情况

重点抽查的15家会计师事务所中，海南捷达会计师事务所、海南荣德诚会计师事务所、海口普信永和会计师事务所、立信长江（海南）会计师事务所等4家会计师事务所存在部分注册会计师超出胜任能力执业的问题，如海南荣德诚会计师事务所注册会计师李卫东、海南捷达会计师事务所注册会计师王情秋和丁忠诚、海口普信永和会计师事务所注册会计师周金泽在财政会计行业管理系统报备的2020年度审计报告数量分别为378份、337份、333份、318份，平均0.97天、1.08天、1.1天、1.15天出具1份审计报告，显示事务所在业务承接、人员委派方面存在缺陷，部分注册会计师承接了与自身执业能力不匹配的业务，审计程序明显缺失，审计报告质量较差。省财政厅已分别下达行政处理决定书，责令限期整改，后续拟由省注协按照行业自律程序对事务所主要负责人和相关注册会计师进行处理。

四、其他违法违规问题整治情况

重点抽查的15家会计师事务所普遍存在审计计划不完整，对货币资金、应收应付款项、固定资产、存货和损益类科目等实施审计程序不到位、获取的审计证据不充分不适当，未保持应有的职业怀疑态度，审计过程记录较少、审计轨迹不清晰、底稿资料和相关要素不完整、底稿归档不及时，未真实、完整、准确录入相关业务报备信息等问题，有的甚至出现审计数据相互矛盾，审计报告披露内容不完整、结论不正确、意见类型不恰当的现象，省财政厅已分别下达行政处理决定书，责令限期整改，并要求被查事务所举一反三，对2020年以来已出具的审计报告全面自查自纠。

其中，海南中正联合会计师事务所（以下简称“中正联合所”）存在以下突出违法违规问题：

（一）已被注销注册的张巨航、陈亚南仍签名出具审计报告

中正联合所的原合伙人张巨航、陈亚南因年龄超过70周岁属于任职资格不通过人员，省注协已于2020年7月6日注销张巨航、陈亚南的注册。2020年12月，中正联合所的合伙人由张巨航、陈亚南变更为万红、孙格力。检查组抽查的17份审计报告中，共有3份是张巨航、陈亚南在被注销注册后共同签名出具的无效报告。

（二）对同一委托单位的同一事项，依据相同的审计证据出具不同审计意见的审计报告

检查组抽查的17份审计报告中，共有7份为“阴阳报告”，即中正联合所的留存报告、省注协业务报备系统均为“无法表示意见”或“否定意见”，检查组从委托单位调取的审计报告的审计意见类型却是“无保留意见”，其中签字注册会计师为张巨航、陈亚南的5份，签字注册会计师为万红、孙格力的2份。

（三）在未实施审计程序、未获取审计证据、未确定审计数据的情况下出具审计报告

1.中正联合所在未实施任何审计程序、未获取任何审计证据的情况下，出具了1份无保留意见的审计报告，签字注册会计师为万红、孙格力。

2.中正联合所在未签订业务约定书、未收集相应审计材料、未确定最终审计数据的情况下，出具了1份清产核资报告，签字注册会计师为张巨航、孙晓欧。

针对上述突出违法违规问题，省财政厅已按程序分别向中正联合所及其2名注册会计师万红、孙格力下达行政处罚决定，责令中正联合所停止违法行为，撤销张巨航、陈亚南在被注销注册后签名出具的审计报告，撤销对同一委托单位的同一事项出具的不同审计意见的审计报告，重新向委托单位出具相同审计意见的审计报告，并在主要报刊网站上公告撤销的审计报告相关信息；给予中正联合所警告，没收违法所得38.7万元，暂停执行业务6个月；给予注册会计师万红、孙格力警告，暂停执行业务6个月。

省财政厅将按照2022年全国财政工作会议“强化会计质量监督和注册会计师行业建设，切实履行好财会监督主责”的要求，继续会同省注协联合开展注册会计师行业专项整治行动，对年度内出具100份以上审计报告的注册会计师、人均创收过高的会计师事务所进行重点检查，严厉打击质量控制流于形式、审计程序不到位等执业质量突出问题，坚持严惩重罚，形成有效震慑，促进注册会计师行业健康发展，切实发挥注册会计师审计鉴证作用，为海南自贸港经济高质量发展提供有力支撑。

海南省财政厅

2022年3月8日

资料来源 根据海南省财政厅网站信息加工整理。

● 故事中的财务分析

两块石头

很久以前，有一座山，山上有很多石头。

日复一日，年复一年，山上的每块石头都安居乐业，过着幸福祥和的日子，处处洋溢着安定繁荣的气氛。

天有不测风云，一场史无前例的暴风雨突然来临。暴风雨将山上的石头冲击得东倒西

歪，山上一片狼藉，但更大的灾难还在后头。

暴风雨过后，山上的石头慢慢滑向山脚。

有两块石头也向山下缓缓滑行，它们都发现了对方。

石头甲大声说：“阿牛哥，救救我，我快支持不住了。”

正在下滑的石头乙也想找块石头帮帮自己。它慢慢地走到石头甲的身边，对它说：“小鸭子，别怕。我们抱在一起就会没事的。”

于是，它们慢慢地拥抱在一起。

但出乎它们的意料，它们非但没有停下来，反而下滑得更快了。

故事点评：

故事中的两块石头就像低迷时期的两家企业，它们希望通过合并减缓业务的下滑，但却因为合并后增加的种种难题，反而加快了下滑的速度，最终给双方都带来了灭顶之灾。所以，要不要联合、联盟，选择何种方式进行联盟合作，是企业应该认真思考的问题。

项目八

8

财务报表综合分析

学习目标

知识目标：

1. 了解财务报表综合分析的性质、作用及指标体系的构成内容；
2. 熟悉各类指标之间的关系，加深对财务报表信息的理解，明晰发现问题、解决问题的思路。

技能目标：

1. 能梳理并描述财务报表综合分析的指标体系；
2. 能熟练计算体系内的各项财务指标；
3. 能根据财务指标的计算结果，结合其他相关信息，对企业的财务形势做出综合判断和评价。

素质目标：

1. 培养学生的专业认同感和严谨、细致的工作作风；
2. 培养学生公正、独立、依法执业的职业道德，和运用现代信息技术对财务及相关信息进行系统、辩证分析与应用的信息素养；
3. 培养学生关注国家发展战略，积极投身行业变革和职能转变的职业使命感与专业荣誉感。

项目导读

数字经济时代——必须学会让比率说话

数字经济是随着信息技术革命发展而产生的一种新的经济形态，并已成为全球经济的重要内容。2017年3月，数字经济首次写入我国的政府工作报告，它不仅是中国经济提质增效的新变量，还会成为中国经济转型增长的新蓝海。在这股浪潮之中，无论是新兴产业发展还是传统产业转型，都将面临着前所未有的机遇与挑战，而财务人员的职业发展更是首当其冲，因为其所提供的资金运动数据正是数字经济的信息基础，其岗位职责就是在服务数字经济发展过程中，学会让财务比率说话。

用通俗的语言去解读财务报表，其功能就三个：一是企业能不能活？二是活得累不累？三是幸福指数有多高？

“活着”（即会计上所讲的持续经营）是企业的最高境界，但能不能活，要看一个指标——资产负债率，资产负债表主要说的就是这个事。

活得累不累？关键看你活干得多不多，看企业累不累也有一个指标——资产周转率。一般情况下，周转率越快，资产使用的效率越高，盈利能力也会越强。从财务的角度看，考察管理层的工作效率，主要看资产周转率指标。该指标越高，意味着管理层工作越努力。虽然企业累，但效率、效益都会提高。当然还有一些指标，如应收账款周转率、存货周转率也是需要一并考核的。

对企业而言，累并不可怕，关键是累完以后有没有效果，即幸福指数有多高？从财务的角度看，衡量企业幸福指数要看一个指标——净资产收益率，这个指标越高，企业越幸福；反之，企业越痛苦。这个指标要结合资产负债表和利润表一起进行考察。表中有数，数可以计算成率，率可以直观反映问题。可见，表、数、率三者相互联系、互为补充，点面结合，共显功能。

准备好了吗？让我们踏上本次以“率”为轨道的新时代数字经济的幸福列车，朝着我们的目的地——提高企业的经济效益、服务社会经济发展的总目标，快乐出发吧！

任务一

初识财务报表综合分析

一、财务报表综合分析的性质与作用

财务报表综合分析，是以企业财务报表等核算资料为基础，通过对盈利能力、偿债能力、营运能力及发展能力等各项指标的计算与分析，系统、全面、综合地对企业财务状况和经营成果进行剖析、解释和说明，从而对企业整体的财务形势和经济效益做出全面、客观、准确评价的分析方法。

企业的经济活动是一个有机的整体，只有进行更加深入的分析，才能帮助报表阅读者了解企业整体的财务状况，做出正确的决策。要实现这一目的，仅仅通过几个简单的、孤立的财务比率的测算是远远不够的。只有将反映企业盈利能力、偿债能力、营运能力和发展能力的指标有机地联系起来，进行全面、系统、综合的分析，才能够从总体上反映企业的财务状况和经营成果，并对其经济效益的优劣做出客观、公正的评价。

企业的经营业绩关系到政府、投资者、债权人及其他利益相关者的利益。因此，只有对企业的经营业绩进行客观、科学、准确、综合的分析与评价，才能有助于以上各利益主体做出正确的判断和决策；同时，也有助于企业管理者客观认识企业的管理水平和盈利能力，促使企业改善经营管理，提高经济效益。

进行财务报表综合分析是在单项财务比率分析的基础上，对企业整体的经济活动所进行的更深入、更广泛的分析，其作用主要体现在以下五个方面：

①为投资人进行投资决策提供科学依据；

②为债权人提供企业信誉和偿债能力的信息；

③为政府和监管机构的宏观决策与管理提供信息支持；

④为投资人对经营者进行激励和约束提供参考依据；

⑤为管理者改善经营、强化管理提供信息服务。

总之，科学规范的业绩评价体系能为不同的利益主体提供不同内容的信息服务。

二、财务报表综合分析的指标体系

财务报表综合分析指标体系，是在汇总相关指标并考评其实际价值后，从中筛选出的财务分析的重要指标。这些指标涵盖了企业盈利能力分析、营运能力分析、偿债能力分析和发展能力分析等方面，有利于对企业进行客观、公正的评价。

财务报表综合分析指标体系的具体内容见表8-1。

表8-1 财务报表综合分析指标体系

综合指标	相关内容	相关指标
盈利能力	销售盈利能力	营业毛利率 营业利润率 营业净利率
	资产经营盈利能力	总资产报酬率
	资本经营盈利能力	净资产收益率
	上市公司盈利能力	普通股每股收益 普通股每股股利 股利支付率 市盈率
营运能力	全部资产营运能力	总资产周转率
	流动资产营运能力	流动资产周转率 流动资产垫支周转率
	固定资产营运能力	固定资产周转率

续表

综合指标	相关内容	相关指标
偿债能力	短期偿债能力	流动比率 速动比率 现金比率
	长期偿债能力	资产负债率 利息保障倍数
发展能力	销售增长能力	营业增长率 总资产增长率
	可持续发展能力	可持续增长率

任务二

掌握盈利能力分析的方法

盈利是企业的重要经营目标，是企业生存和发展的物质基础，企业的所有者、债权人以及经营管理者都非常关心企业的盈利能力。盈利能力是指企业在一定时期内获取利润的能力，它是评价企业经营管理水平的重要依据。盈利能力的大小是一个相对的概念，即利润相对于一定的资源投入、一定的收入来说：利润率越高，盈利能力越强；利润率越低，盈利能力越差。盈利能力分析就是通过一定的分析方法，判断企业获取利润的能力，包括企业在一定会计期间内从事生产经营活动的盈利能力分析和企业在较长时期内稳定地获取较高利润的能力分析。盈利能力分析是企业财务分析的重点，企业经营的好坏最终可以通过盈利能力表现出来，它也是企业利益相关单位了解企业、认识企业以及企业内部经营管理改进的重要手段之一。

微课 8-1

财务报表综合分析之——盈利能力分析

【小提示 8-1】

企业生产经营的最终目的是实现社会效益最大化，只有不断地寻找提升盈利水平的途径，才能满足投资者、债权人、经营管理者的需要，因此，盈利能力的分析是企业最为关心的内容。

盈利能力分析是企业财务分析的核心，通过分析，可以发现企业在经营管理中存在的问题，有利于企业及时改善财务结构，提高企业营运及偿债能力，促进企业持续稳定发展。盈利能力分析主要通过不同的利润率分析来满足各方面对财务信息的需求。其主要内容包括：

（1）销售盈利能力分析指标。其包括营业毛利率、营业利润率、营业净利率指标。企业的利润主要来源于销售商品，对销售盈利能力指标的分析，有助于了解企业的市场占有率，增强产品的市场竞争能力。

（2）资本经营与资产经营盈利能力分析指标。其包括净资产收益率和总资产报酬率指标。对资本经营与资产经营盈利能力指标的分析，有利于了解企业资本与资产的利用效率，分析其因素变化对利润的影响程度。

（3）上市公司盈利能力分析指标。其包括普通股每股收益、普通股每股股利、股利支付率、市盈率指标。对上市公司盈利能力指标的分析，有利于了解上市公司的盈利水平，预测未来的财务发展状况和经营成果。

一、销售盈利能力分析

企业经营的基本目标是使利润最大化，只有盈利才能使企业更好地生存和发展。因此，销售盈利能力指标是财务报表使用者较为关注的能力指标，也是考核同一行业管理水平的重要依据。反映销售盈利能力的指标主要包括营业毛利率、营业利润率、营业净利率等。

1.营业毛利率

营业毛利率是指营业毛利与营业收入的比率。营业毛利是企业营业收入扣除营业成本与税金及附加后的差额，反映了企业在销售环节的获利水平。通常，营业毛利率指标越高，企业的销售盈利能力越强，其产品在市场上的竞争能力也越强。营业毛利率的计算公式为：

$$营业毛利率=\frac{营业毛利}{营业收入净额}\times 100\%$$

【例 8-1】欣东公司 20××年营业收入为 2 030 000 元，发生营业折扣与折让 30 000 元，营业成本为 1 490 000 元，税金及附加为 10 000 元，其营业毛利率是多少？

$$营业毛利率=\frac{营业毛利}{营业收入净额}\times 100\%=\frac{(2\,030\,000-30\,000)-1\,490\,000-10\,000}{2\,030\,000-30\,000}\times 100\%=25\%$$

营业毛利率的高低与企业产品的定价政策有关，并且不同行业间的营业毛利率也有很大的差别。一般来说，营业周期长、固定费用高的行业，如工业企业，会有较高的毛利率，这样会弥补其较高的营业成本；而营业周期短、固定费用低的行业，如商品流通企业，其毛利率可以低一些。为了公正地评价企业的盈利能力，应将该指标与行业的平均水平或先进水平进行比较，并结合企业的目标毛利率来分析，以便更好地发现问题并寻找原因，以提高企业的盈利能力。

2.营业利润率

营业利润率是指企业营业利润与营业收入的比率，反映企业成熟产品的销售盈利能力。营业利润率是衡量企业创利能力高低的一个重要财务指标：该指标越高，表明企业的营业创利能力越强，未来收益的发展前景越可观。营业利润率的计算公式为：

$$营业利润率=\frac{营业利润}{营业收入净额}\times 100\%$$

【例 8-2】欣东公司 20××年营业利润为 300 000 元，营业收入净额为 2 000 000 元，其营业利润率是多少？

$$营业利润率=\frac{营业利润}{营业收入净额}\times100\%=\frac{300\,000}{2\,000\,000}\times100\%=15\%$$

该比率越高，表明企业的营业活动为社会创造的价值越多，贡献也就越大。同时，该指标也反映了企业经营活动获利能力的高低。营业利润率的水平高低与行业有关，因此，在分析时应参照同行业的平均水平或先进水平进行评价。

3.营业净利率

营业净利率是指企业净利润与营业收入的比率。通常，营业净利率指标越高，说明企业的销售盈利能力越强。但也并非营业净利率越高越好，因为除此之外还必须看企业的销售增长情况和净利润的变动情况。营业净利率的计算公式为：

$$营业净利率=\frac{净利润}{营业收入净额}\times100\%$$

【例 8-3】欣东公司 20××年净利润为 100 000 元，营业收入净额为 2 000 000 元，其营业净利率是多少？

$$营业净利率=\frac{净利润}{营业收入净额}\times100\%=\frac{100\,000}{2\,000\,000}\times100\%=5\%$$

由于影响企业净利润的因素有多种，因而不能简单地通过这一比率来说明企业管理水平的高低；另外，营业净利率指标的高低还要结合行业的特点，不同行业的企业营业净利率大不相同；在使用该指标进行分析时，要考虑企业在扩大营业收入的同时还必须获得更多的净利润，才能使这一指标保持不变或者提高。

二、资本经营与资产经营盈利能力分析

对资本经营与资产经营盈利能力的分析，主要是通过分析净资产收益率和总资产报酬率指标来进行的。

1.净资产收益率

资本经营盈利能力分析是站在所有者的立场来衡量企业盈利能力的高低，其也是最被投资者关注的指标分析内容。投资者投资企业的最终目的是获取利润，通过对净资产收益率的计算，可以判断企业的投资效益，了解企业潜在投资者的投资倾向，进而预测企业的筹资规模、筹资方式及发展方向。

净资产收益率是指企业的净利润与平均净资产的比率，它是反映投资者资本获利能力的指标。净资产收益率的计算公式为：

$$净资产收益率=\frac{净利润}{平均净资产}\times100\%$$

【例 8-4】欣东公司 20××年净利润为 100 000 元，年初所有者权益为 900 000 元，年末所有者权益为 1 300 000 元，其净资产收益率是多少？

$$净资产收益率=\frac{净利润}{平均净资产}\times100\%=\frac{100\,000}{(900\,000+1\,300\,000)\div2}\times100\%=9.1\%$$

这一比率越高，说明企业运用资本创造利润的效果越好；反之，则说明资本的利用效果较差。

2.总资产报酬率

总资产报酬率主要用来衡量企业利用总资产获得利润的能力，它反映了企业总资产的利用效率。在分析这一指标时，通常要结合同行业平均水平或先进水平，以及企业前期的水平进行对比分析，才能判断企业总资产报酬率的变动对企业的影响，从而了解企业总资产的利用效率，发现企业在经营管理中存在的问题，挖掘潜力，调整经营方针，以达到提高总资产利用效率的目的。

总资产报酬率是指企业在一定时期内息税前利润与平均总资产的比率。总资产报酬率的计算公式为：

$$\text{总资产报酬率}=\frac{\text{息税前利润}}{\text{平均资产总额}}\times 100\%=\frac{\text{利润总额}+\text{利息支出}}{\text{平均资产总额}}\times 100\%$$

【例8-5】欣东公司20××年利润总额为200 000元，利息支出为40 000元，年初总资产为1 800 000元，年末总资产为2 400 000元，其总资产报酬率是多少？

$$\text{总资产报酬率}=\frac{\text{利润总额}+\text{利息支出}}{\text{平均资产总额}}\times 100\%=\frac{200\,000+40\,000}{(1\,800\,000+2\,400\,000)\div 2}\times 100\%=11.43\%$$

总资产报酬率反映了企业资金的利用效率，即“所费”和“所得”的关系。以较少的资金占用获得较高的利润回报，是企业管理者最期望出现的结果。总资产报酬率的高低验证了企业经营管理水平的高低，通过对总资产报酬率的分析，能够了解企业供、产、销各环节的工作效率和质量，有利于明确各有关部门的责任，发现问题，改正错误，从而调动各部门改善经营管理的积极性，提高经济效益。

三、上市公司盈利能力分析

对上市公司盈利能力的分析，主要是通过分析普通股每股收益、普通股每股股利、股利支付率以及市盈率等指标来进行的。

1.普通股每股收益

普通股每股收益是指普通股每股利润或每股盈余，即净利润与发行在外的普通股股数的比值。其计算公式为：

$$\text{普通股每股收益}=\frac{\text{净利润}}{\text{发行在外的普通股股数}}$$

【例8-6】欣东公司20××年净利润为100 000元，年初发行在外的普通股股数为200 000股，当年7月1日又增发了80 000股，其普通股每股收益是多少？

$$\text{普通股每股收益}=\frac{\text{净利润}}{\text{发行在外的普通股股数}}=\frac{100\,000}{200\,000+(80\,000\times 6\div 12)}=0.42\ (\text{元/股})$$

普通股每股收益反映了普通股的获利能力，是衡量上市公司盈利能力的一个重要财务指标，也是投资人最为关心的指标之一，它反映了上市公司的经营成果以及股东投资的报酬水平。该指标值越高，表明每股股票所获得的利润就越多，股东的投资效益就越好，反之则越差。

2.普通股每股股利

普通股每股股利是指普通股股利总额与发行在外的普通股股数的比值。其计算公式为：

$$普通股每股股利=\frac{普通股股利总额}{发行在外的普通股股数}$$

【例 8-7】欣东公司 20××年普通股股利总额为 24 000 元，发行在外的普通股平均股数为 240 000 股，其普通股每股股利是多少？

$$普通股每股股利=\frac{普通股股利总额}{发行在外的普通股股数}=\frac{24\,000}{240\,000}=0.1（元/股）$$

公式中的股利总额是指用于分配的普通股现金股利总额，该公式表明在某一时期内每股普通股能够获得的股利收益。每股股利的高低取决于上市公司盈利能力的强弱；同时，公司的股利分配政策和现金是否充沛也决定了每股股利的高低。

3.股利支付率

股利支付率也称股利发放率，是指普通股每股股利与普通股每股收益的比率，用于衡量普通股的每股收益中有多少用于支付股利。其计算公式为：

$$股利支付率=\frac{普通股每股股利}{普通股每股收益}\times100\%$$

【例 8-8】欣东公司 20××年普通股每股股利为 0.10 元/股，普通股每股收益为 0.42 元/股，其股利支付率是多少？

$$股利支付率=\frac{普通股每股股利}{普通股每股收益}\times100\%=\frac{0.10}{0.42}\times100\%=23.81\%$$

该指标反映了普通股股东从每股收益中实际分到了多少收益，即上市公司在当年的净利润中拿出了多少利润分配给股东，它是比每股收益更能直接体现的收益。该比率越大，说明公司当期对股东发放的股利越多。股利支付率主要取决于公司的股利分配政策，其大小并不能表明企业的经济效益。当然，企业的经营政策在很大程度上也影响着股利的分配政策。

4.市盈率

市盈率是指普通股每股市价与每股收益的比值。其计算公式为：

$$市盈率=\frac{普通股每股市价}{普通股每股收益}$$

【例 8-9】欣东公司 20××年普通股每股市价为 4.20 元/股，普通股每股收益为 0.42 元/股，其市盈率是多少？

$$市盈率=\frac{普通股每股市价}{普通股每股收益}=\frac{4.20}{0.42}=10$$

市盈率指标是衡量上市公司盈利能力的重要指标之一，它反映了投资者对每 1 元净利润所愿支付的价格，可以用来估计股票的投资报酬与风险。较高的市盈率说明上市公司具有潜在的成长能力。一般来说，市盈率越高，公众对该公司的股票评价越好，但投资风险也会越大。分析市盈率时应结合其他相关指标，因为某些异常的原因也会引起股票市价的变动，造成市盈率的不正常变动。另外，该指标不能应用于不同行业公司间的比较。

任务训练 8-1

请以图解方式归纳和总结盈利能力分析包括的主要内容、相关指标以及记忆规律。

任务三

掌握营运能力分析的方法

微课 8-2

财务报表综合分析之二——营运能力分析

营运能力是指企业利用现有资源创造效益的能力，即以较少的资金占用，在较短的时间内获得较多的财富。企业资产运营的状况直接关系到资本增值的程度，同时也会对企业的盈利能力、偿债能力产生影响。资产的营运效率越高，企业的盈利能力就越强，偿债能力也会越高；反之，资产的营运效率越低，企业的盈利能力就越差，偿债能力就会越低。营运能力分析对企业财务状况的稳定和获利能力的提高都有极其重要的意义。

（1）通过对企业营运能力进行分析，有利于企业管理者更好地使用和配置企业的各项经济资源，对经营过程中不合理的资产进行重新组合，提高资产的利用效率，加快资金的周转速度。

（2）通过对企业营运能力进行分析，有利于企业投资者或潜在投资者判断企业财务的安全性，更好地评价企业的价值创造能力。同时，也可以评价企业经营者的经营业绩，发现经营中存在的问题。当企业运用一定的资产进行经营时，才可能有收益的产生，资产的流动性越高，企业财务的安全性就越高，从而预示着企业未来的收益会更好。

（3）通过对企业营运能力进行分析，有利于企业债权人判断企业的偿债能力和盈利能力，通过资产结构分析企业债权的物资保证程度，考察企业资产结构和债务结构的合理性，保障债权人的合法权益。

【小提示 8-2】

企业在发展过程中要不断地调整资产的结构，优化资产的配置，使其更加合理，这样才能取得更好的经济效益。在获取相同利润的前提下，占用的资金越少，其资产的利用效率就越高。所以，对于企业来说，应将以较少的资金占用获得较大的利润作为其经营的目标之一。

对企业的营运能力进行分析，主要包括以下内容：

（1）全部资产营运能力分析。通过对总资产周转率、总资产产值率、总资产收入率等指标的分析，了解总资产周转的速度和总资产的利用效果，评价全部资产的营运能力。

（2）流动资产营运能力分析。通过对流动资产周转率、流动资产垫支周转率等指标的分析，了解流动资产周转的速度和流动资产的利用效果，评价流动资产的营运能力。

（3）固定资产营运能力分析。通过对固定资产周转率、固定资产产值率、固定资产收入率等指标的分析，了解固定资产周转的速度和固定资产的利用效果，评价固定资产的营运能力。

一、全部资产营运能力分析

对企业全部资产营运能力的分析，主要是通过分析总资产周转率指标来进行的。

总资产周转率是评价企业全部资产营运能力的最有代表性的指标，它是指企业一定时期的营业收入净额与总资产平均余额之间的比例关系，反映了企业总资产在一定时期内创造了多少营业收入或周转额。其计算公式为：

$$总资产周转率（次数）=\frac{营业收入净额}{总资产平均余额}$$

总资产周转率也可以用周转天数来表示：

$$总资产周转率（天数）=\frac{360}{总资产周转次数}=\frac{360\times 总资产平均余额}{营业收入净额}$$

【例 8-10】欣东公司 20××年营业收入净额为 2 000 000 元，年初总资产为 1 800 000 元，年末总资产为 2 400 000 元，其总资产周转次数和周转天数各是多少？

$$总资产周转率（次数）=\frac{营业收入净额}{总资产平均余额}=\frac{2\,000\,000}{(1\,800\,000+2\,400\,000)\div 2}=0.95（次）$$

$$总资产周转率（天数）=\frac{360}{总资产周转次数}=\frac{360\times 总资产平均余额}{营业收入净额}$$

$$=\frac{360\times(1\,800\,000+2\,400\,000)\div 2}{2\,000\,000}=378（天/次）$$

总资产周转率主要用来分析企业全部资产的使用效率：总资产周转率越高，表明总资产周转速度越快，资产的管理水平越高，企业运用全部资产进行经营的效率越高；反之，则说明企业利用全部资产进行经营的效率较差。总资产周转率过低，最终将影响企业的盈利能力，需要企业采取措施，在扩大销售的同时，提高各项资产的利用效果，压缩多余、未使用和不需用的资产，通过提高资产的周转速度来提高资产的使用效果。

二、流动资产营运能力分析

对企业流动资产营运能力的分析，主要是通过分析流动资产周转率和流动资产垫支周转率这两个最有代表性的指标来进行的。

1. 流动资产周转率

流动资产周转率是指企业一定时期的营业收入净额与流动资产平均余额的比例关系，它是反映企业流动资产周转速度和综合利用效率的指标。其计算公式为：

$$流动资产周转率（次数）=\frac{营业收入净额}{流动资产平均余额}$$

流动资产周转率也可以用周转天数来表示：

$$流动资产周转率（天数）=\frac{360}{流动资产周转次数}=\frac{360\times 流动资产平均余额}{营业收入净额}$$

【例 8-11】欣东公司 20××年营业收入净额为 2 000 000 元，年初流动资产为 800 000

元，年末流动资产为1 000 000元，其流动资产周转次数和周转天数各是多少？

$$流动资产周转率（次数）=\frac{营业收入净额}{流动资产平均余额}=\frac{2\,000\,000}{(800\,000+1\,000\,000)\div 2}=2.22（次）$$

$$流动资产周转率（天数）=\frac{360}{流动资产周转次数}=\frac{360\times 流动资产平均余额}{营业收入净额}$$

$$=\frac{360\times(800\,000+1\,000\,000)\div 2}{2\,000\,000}=162（天/次）$$

流动资产周转率越高，说明企业流动资产的经营利用效果越好，进而将使企业的偿债能力和盈利能力得到加强；反之，则表明企业利用流动资产进行经营的效果差，说明企业经营管理者没有充分利用流动资产进行投资或经营。

根据流动资产周转速度指标的经济内容和影响因素，可以将流动资产周转率指标分解为：

$$流动资产周转率（次数）=\frac{营业收入净额}{流动资产平均余额}=\frac{营业成本}{流动资产平均余额}\times\frac{营业收入净额}{营业成本}$$

$$=流动资产垫支周转率\times 成本收入率$$

【例8-12】欣东公司20××年营业收入净额为2 000 000元，营业成本为1 490 000元，年初流动资产为800 000元，年末流动资产为1 000 000元，分析流动资产周转率的影响因素。

$$流动资产周转率（次数）=\frac{1\,490\,000}{(800\,000+1\,000\,000)\div 2}\times\frac{2\,000\,000}{1\,490\,000}=1.66\times 1.34=2.22（次）$$

由以上分解式可知，影响流动资产周转率的因素有两个：一个是流动资产垫支周转率，另一个是成本收入率。提高流动资产周转率，必须以加速流动资产垫支周转率为前提，在成本收入率大于1时，流动资产垫支周转率越快，表明企业流动资产营运能力越强；反之，在成本收入率小于1时，流动资产垫支周转率越快，表明企业亏损越多。

2.流动资产垫支周转率

流动资产垫支周转率是指企业一定时期的营业成本与流动资产平均余额的比例关系，它是反映企业流动资产垫支周转速度的指标。其计算公式为：

$$流动资产垫支周转率（次数）=\frac{营业成本}{流动资产平均余额}$$

根据流动资产垫支周转速度指标的经济内容和影响因素，可以将流动资产垫支周转率指标分解为：

$$流动资产垫支周转率（次数）=\frac{营业成本}{流动资产平均余额}=\frac{营业成本}{存货平均余额}\times\frac{存货平均余额}{流动资产平均余额}$$

$$=存货周转率\times 存货构成率$$

【例8-13】欣东公司20××年营业成本为1 490 000元，年初流动资产为800 000元，年末流动资产为1 000 000元，年初存货为420 000元，年末存货为480 000元，分析流动资产垫支周转率的影响因素。

$$流动资产垫支周转率（次数）=\frac{1\,490\,000}{(420\,000+480\,000)\div 2}\times\frac{(420\,000+480\,000)\div 2}{(800\,000+1\,000\,000)\div 2}$$

$$=3.31\times 0.5=1.66（次）$$

由以上分解式可知，存货周转率加快，流动资产垫支周转率才能加速，存货构成率也会对流动资产垫支周转率造成影响。

三、固定资产营运能力分析

固定资产周转率是评价企业固定资产营运能力的最有代表性的指标，它是指企业一定时期的营业收入净额与平均固定资产总值（或固定资产平均余额）的比例关系，反映了固定资产的周转状况和运用效率。其计算公式为：

$$\text{固定资产周转率（次数）}=\frac{\text{营业收入净额}}{\text{平均固定资产总值}}$$

【例 8-14】欣东公司 20××年营业收入净额为 2 000 000 元，年初固定资产总值为 900 000 元，年末固定资产总值为 1 200 000 元，其固定资产周转率是多少？

$$\text{固定资产周转率（次数）}=\frac{\text{营业收入净额}}{\text{平均固定资产总值}}=\frac{2\,000\,000}{(900\,000+1\,200\,000)\div 2}=1.90\text{（次）}$$

一般情况下，固定资产周转率越高越好。该指标越高，说明企业固定资产的利用效果越好，资产经营风险越小，同时也表明企业固定资产投资得当，固定资产结构合理。

根据固定资产周转速度指标的经济内容和影响因素，可以将固定资产周转率指标分解为：

$$\begin{aligned}\text{固定资产周转率（次数）}&=\frac{\text{营业收入净额}}{\text{平均固定资产总值}}\\&=\frac{\text{营业收入净额}}{\text{平均生产设备总值}}\times\frac{\text{平均生产设备总值}}{\text{平均生产用固定资产总值}}\times\frac{\text{平均生产用固定资产总值}}{\text{平均固定资产总值}}\\&=\text{生产设备产出率}\times\text{生产设备构成率}\times\text{生产用固定资产构成率}\end{aligned}$$

【例 8-15】欣东公司 20××年营业收入净额为 2 000 000 元，平均固定资产总值为 1 050 000 元，其中，平均生产用固定资产总值为 650 000 元，平均生产设备总值为 500 000 元，分析固定资产周转率的影响因素。

$$\text{固定资产周转率（次数）}=\frac{2\,000\,000}{500\,000}\times\frac{500\,000}{650\,000}\times\frac{650\,000}{1\,050\,000}=4\times0.77\times0.62=1.91\text{（次）}$$

由以上分解式可知，提高固定资产周转率，主要受生产设备产出率和固定资产结构的影响，说明在全部固定资产中应提高生产设备所占的比重，降低非生产用固定资产所占的比重，使固定资产的结构比例更趋合理。

任务训练 8-2

请以图解方式归纳和总结营运能力分析包括的主要内容、相关指标以及记忆规律。

任务四

掌握偿债能力分析的方法

偿债能力是指企业偿还各种债务的能力，是企业对债务清偿的保证程度。债权人通常把偿债能力作为考察评价企业的主要内容，并以此判断是否对企业放债。对于企业经营者来说，进行偿债能力分析主要是优化企业的权益资本结构，提高企业承担财务风险的能力。因此，对企业而言，保持良好的偿债能力，是企业持续经营的重要前提。

【小提示 8-3】

举借债务是企业筹资的一种方式，企业在利润的驱使下，可能会通过不同的途径筹措资金以备生产经营所需。但举债意味着风险的加大，当到期债务不能偿还时，企业经营将会面临很多困难，如购销环节中的信用危机等，甚至会面临破产。因此，企业必须根据自身情况，保持一个适度的债务规模。

偿债能力分析主要包括以下两个方面的内容：

（1）短期偿债能力分析。通过对企业短期偿债能力的分析，了解企业能否及时偿付到期的流动负债。

（2）长期偿债能力分析。通过对企业长期偿债能力的分析，了解企业能否及时偿付到期的非流动负债。

一、短期偿债能力分析

对企业短期偿债能力的分析，主要是通过对流动比率、速动比率和现金比率指标的分析来进行的。

1.流动比率

流动比率是指一定时期内企业的流动资产与流动负债的比率，它是衡量企业短期偿债能力的常用指标之一，反映了短期债权的安全程度。其计算公式为：

$$流动比率=\frac{流动资产}{流动负债}$$

【例 8-16】欣东公司 20××年流动资产总额年初为 800 000 元，年末为 1 000 000 元；流动负债总额年初为 600 000 元，年末为 650 000 元，其流动比率是多少？

$$年初流动比率=\frac{流动资产}{流动负债}=\frac{800\,000}{600\,000}=1.33$$

$$年末流动比率=\frac{流动资产}{流动负债}=\frac{1\,000\,000}{650\,000}=1.54$$

一般来说，企业的流动比率越高，表明其短期偿债能力越强。根据经验，债权人通常认为流动比率达到2时，企业的财务状况才能算作安全可靠，表明企业除了满足日常生产经营的流动资金需要外，还有足够的流动资产去偿还到期的短期债务。如果流动比率过低，则意味着企业短期偿债能力较弱。但流动比率也不宜过高，因为过高的流动比率会使企业丧失机会收益，也会影响资金的使用效率和企业的获利能力。

2.速动比率

速动比率又称酸性测试比率，是指一定时期内企业的速动资产与流动负债的比率。速动资产是指现金和易于变现、可以随时用来偿还债务的那部分流动资产，一般由货币资金、短期投资、应收票据、应收账款等构成。由于扣除了流动资产中不宜变现的存货和预付账款，因此，该指标更能代表企业的短期偿债能力。其计算公式为：

$$速动比率=\frac{速动资产}{流动负债}$$

【例 8-17】欣东公司20××年速动资产总额年初为500 000元，年末为600 000元；流动负债总额年初为600 000元，年末为650 000元，其速动比率是多少？

$$年初速动比率=\frac{速动资产}{流动负债}=\frac{500\ 000}{600\ 000}=0.83$$

$$年末速动比率=\frac{速动资产}{流动负债}=\frac{600\ 000}{650\ 000}=0.92$$

一般来说，企业的速动比率越高，表明其短期偿债能力越强。根据经验，债权人通常认为速动比率达到1时，企业才会具有良好的财务状况和短期偿债能力。速动比率越高，对债权人的保证程度越强，但并不表明企业有足够的现金来偿还债务，也不意味着存货就毫无价值，所以这个比率并不是绝对的。在企业存货流转顺畅的情况下，即使速动比率较低，而流动比率较高，企业也仍然有能力如期偿还债务。

3.现金比率

现金比率是指一定时期内企业的现金以及现金等价物与流动负债的比率。这里所说的现金是指企业的货币资金和现金等价物的总和。现金等价物是指3个月内到期的短期有价证券。现金比率最能直接反映企业可以随时偿还短期债务的能力。其计算公式为：

$$现金比率=\frac{货币资金+有价证券}{流动负债}$$

该指标数值越高，说明企业短期偿债能力越强，但过高的现金比率意味着企业资金使用效果不佳，资金分布不合理，因为现金往往是企业中收益率最低的资产，企业不应将大量资产停留在现金上。

二、长期偿债能力分析

对企业长期偿债能力的分析，主要是通过对资产负债率和利息保障倍数指标的分析来进行的。

1.资产负债率

资产负债率也称负债比率，是指企业负债总额与资产总额的比率。它表明在企业全部资产中，由债权人提供的资金所占的比重。该指标用来衡量企业对债权人权益的保障程度，是显示企业财务风险的重要指标。其计算公式为：

$$\text{资产负债率}=\frac{\text{负债总额}}{\text{资产总额}}\times 100\%$$

【例 8-18】欣东公司 20××年资产总额年初为 1 800 000元，年末为 2 400 000元；负债总额年初为 900 000元，年末为 1 100 000元，其资产负债率是多少？

$$\text{年初资产负债率}=\frac{\text{负债总额}}{\text{资产总额}}\times 100\%=\frac{900\,000}{1\,800\,000}\times 100\%=50\%$$

$$\text{年末资产负债率}=\frac{\text{负债总额}}{\text{资产总额}}\times 100\%=\frac{1\,100\,000}{2\,400\,000}\times 100\%=45.83\%$$

该指标越低，表明企业偿债能力越强，对于企业债权人来说，其信贷资金的安全性越好，风险越低。因此，债权人希望企业的资产负债率越低越好。但对于企业所有者来说，负债能利用财务杠杆作用，在投资回报率高于债务利息率的情况下，资产负债率高会使企业所有者得到较多的投资回报，但风险也会随之加大，因为债务的成本是固定的，但未来经营的预期性是不稳定的。

2.利息保障倍数

利息保障倍数也称已获利息倍数，是指举债经营企业的息税前利润与所支付利息费用之间的倍数关系。该指标能测定企业以获取的利润承担借款利息的能力，也是评价债权人投资风险程度的重要指标之一。其计算公式为：

$$\text{利息保障倍数}=\frac{\text{息税前利润}}{\text{利息支出}}=\frac{\text{利润总额}+\text{利息支出}}{\text{利息支出}}$$

【例 8-19】欣东公司 20××年利润总额为 200 000元，利息支出为 40 000元，其利息保障倍数是多少？

$$\text{利息保障倍数}=\frac{\text{息税前利润}}{\text{利息支出}}=\frac{200\,000+40\,000}{40\,000}=6$$

利息保障倍数是从企业的盈利方面来考察其长期偿债能力，利息保障倍数越高，说明企业对偿还债务的保障程度就越强。从长期来看，利息保障倍数至少应大于1，企业的长期债务才有偿还的保障。

任务训练8-3

请以图解方式归纳和总结偿债能力分析包括的主要内容、相关指标以及记忆规律。

任务五

掌握发展能力分析的方法

发展能力是指企业通过自身的生产经营活动，用内部形成的资金不断扩大积累而形成的发展潜能。企业未来的获利能力和资本实力是衡量和评价企业持续发展的依据。通过企业发展能力的分析，能够使经营者更好地了解企业的经济实力和经济能力的持续发展趋势。

（1）通过发展能力分析，有利于了解企业的发展状况。企业要想生存和发展，就必须增加营业收入，营业收入不断增长才能使企业的盈利能力得到增强。对营业收入增减变化进行分析，将为企业开发新产品、扩大市场占有率、促进企业的进一步发展奠定基础。

（2）通过发展能力分析，有利于了解企业的资产规模和发展水平。企业生产经营的增长离不开资产的增长，资产的增长是企业发展的物质保障，也是企业价值增长的基础，企业资产规模的增加反映了企业发展的水平。

（3）通过发展能力分析，有利于了解企业可持续发展的能力。一方面，企业资产规模的不断扩大，表明企业经济实力的提升，能增强投资者的投资信心，为企业进一步筹资提供保障；另一方面，留存收益的积累也为企业的进一步发展提供了条件。

对企业发展能力的分析，主要包括以下两个方面的内容：

（1）销售增长能力分析，主要包括营业增长率和总资产增长率两个指标。营业增长率反映企业营业状况的变动趋势，预示企业是否有较好的发展前景；总资产增长率反映企业总资产规模的增长变化，是企业经营现状的重要表现。

（2）可持续发展能力分析，主要通过计算和分析可持续增长率来反映企业可持续获利水平的变化情况。

一、销售增长能力分析

1.营业增长率分析

营业增长率是指企业一定时期内营业收入增长额与前期营业收入的比率。它表明企业营业收入的增减变动情况，是评价企业发展能力的重要指标。其计算公式为：

$$营业增长率=\frac{本期营业收入增长额}{前期营业收入}\times100\%$$

【例 8-20】欣东公司 20××年营业收入净额为 2 000 000 元，上一年营业收入净额为 1 600 000 元，其营业增长率是多少？

$$营业增长率=\frac{本期营业收入增长额}{前期营业收入}\times100\%=\frac{2\,000\,000-1\,600\,000}{1\,600\,000}\times100\%=\frac{400\,000}{1\,600\,000}\times100\%=25\%$$

该指标越高，表明企业的产品适销对路，价格合理，产品质量和性能得到了社会的认可，企业未来有较好的发展前景。如果该指标降低，则说明企业未来的发展令人担忧。

2.总资产增长率分析

总资产增长率是指企业一定时期内总资产增长额与期初资产总额的比率。该指标用资产规模来衡量企业的发展能力，表明企业规模增长水平对企业发展的影响。其计算公式为：

$$总资产增长率=\frac{本期总资产增长额}{期初资产总额}\times100\%$$

【例 8-21】欣东公司 20××年资产总额为 2 400 000 元，上一年资产总额为 1 800 000 元，其总资产增长率是多少？

$$总资产增长率=\frac{本期总资产增长额}{期初资产总额}\times100\%=\frac{2\,400\,000-1\,800\,000}{1\,800\,000}\times100\%=\frac{600\,000}{1\,800\,000}\times100\%=33.33\%$$

该指标越高，表明企业一定经营周期内的资产规模的扩张速度越快。如果企业能在一个较长时期内持续稳定地保持总资产的增长，则有助于企业增强竞争实力。

二、可持续发展能力分析

对企业可持续发展能力的分析，主要是通过计算和分析可持续增长率指标来进行的。

可持续增长率是指企业在保持目前经营策略和财务策略的情况下能够实现的增长速度。它与企业的融资和股利政策密切相关。其计算公式为：

可持续增长率=净资产收益率×（1−股利支付率）

【例 8-22】欣东公司 20××年净资产总额年初为 900 000 元，年末为 1 300 000 元，净利润为 100 000 元，股利支付率为 23.81%，其可持续增长率是多少？

可持续增长率=净资产收益率×（1−股利支付率）

$$=\frac{100\,000}{(900\,000+1\,300\,000)\div 2}\times(1-23.81\%)=6.93\%$$

可持续增长率越高，表明企业收益的未来增长速度越快；反之，则表明企业收益的未来增长速度越慢。

任务训练 8-4

请列示出分析企业发展能力的指标，并说明每个指标反映的不同视角以及与主要报表的关系。

任务六

掌握常用的综合分析指标体系

微课 8-3

财务报表综合分析之三——综合分析指标体系

一、常用综合分析指标的选择

财务综合分析是以企业的财务报告等资料为基础，将各项财务分析指标作为一个整体，综合投资者、债权人、经营管理者的需要，系统、全面地对企业在一定时期内的财务状况、经营成果进行剖析和评价，借以说明企业经济效益的优劣。在财政部颁布的《企业经济效益评价指标体系》中选择的经济效益指标，包括四个方面的十项指标。

1.反映盈利能力和资本保值增值能力的指标

（1）销售（营业）利润率：反映企业销售（营业）收入的获利水平。

$$销售（营业）利润率=\frac{利润总额}{销售（营业）收入净额}\times 100\%$$

【小提示 8-4】

如果企业要剔除营业外收支对经营成果的影响，也可将营业利润作为分子。

（2）总资产报酬率：用于衡量企业总资产的获利能力。

$$总资产报酬率=\frac{利润总额+利息支出}{平均资产总额}\times100\%$$

（3）资本收益率：反映企业运用投资者投入资本获取利润的能力。

$$资本收益率=\frac{净利润}{平均实收资本}\times100\%$$

（4）资本保值增值率：反映投资者投入企业资本的完整性和保全性。

$$资本保值增值率=\frac{期末所有者权益总额}{期初所有者权益总额}\times100\%$$

2.反映资产负债水平和偿债能力的指标

（1）资产负债率：用于衡量企业债务水平的高低，反映企业的长期偿债能力。

$$资产负债率=\frac{负债总额}{资产总额}\times100\%$$

（2）流动比率或速动比率：反映企业在某一时点状态下，偿付到期短期债务的能力。

$$流动比率=\frac{流动资产}{流动负债}$$

$$速动比率=\frac{速动资产}{流动负债}$$

3.反映营运能力的指标

（1）应收账款周转率：用于衡量应收账款周转速度的快慢。

$$应收账款周转率=\frac{赊销收入净额}{应收账款平均余额}$$

其中：$应收账款平均余额=\frac{期初应收账款余额+期末应收账款余额}{2}$

由于企业赊销收入净额属于商业秘密，很难查找，因此，在实际工作中常常以营业收入净额来替代赊销收入净额。

（2）存货周转率：用于反映企业在一定时期内存货资产的周转速度，作为衡量企业购、产、销平衡的效率尺度。

$$存货周转率=\frac{营业成本}{存货平均余额}$$

其中：$存货平均余额=\frac{期初存货余额+期末存货余额}{2}$

4.反映企业对国家或社会贡献水平的指标

（1）社会贡献率：用于衡量企业运用全部资产为国家或社会创造或支付价值的能力。

$$社会贡献率=\frac{企业社会贡献总额}{平均资产总额}\times100\%$$

其中，企业社会贡献总额包括：职工报酬（含奖金、津贴等工资性收入）、劳动保险、退休统筹及其他社会福利支出、利息支出净额、税金及附加、应交所得税及其他税收、净利润等。

（2）社会积累率：用于衡量企业的社会贡献总额中上交财政部分所占的比率。

$$社会积累率=\frac{上交国家财政总额}{企业社会贡献总额}\times100\%$$

其中，上交国家财政总额包括：应交增值税、应交所得税及其他税收等。

二、常用综合分析指标的标准比率

为了准确评价企业的经营业绩，根据企业类型的不同及指标分类情况，对各项经济指标标准值规定了不同的标准，具体见表8-2。

表8-2　财务综合分析指标标准比率表

财务评价指标	标准值	权　数
销售（营业）利润率	15%	15
总资产报酬率	10%	15
资本收益率	12%	15
资本保值增值率	108%	10
资产负债率	50%	5
流动比率	2	5
应收账款周转率	4	5
存货周转率	2	5
社会贡献率	20%	10
社会积累率	40%	15
合　计		100

任务训练8-5

请在认真复习四个方面的十项经济效益指标的基础上，挑选出本门课程前续内容中没有学习到的指标，并阐明该指标反映了企业哪些方面的效益，以及分子、分母的涵盖内容。

【知识广角8-1】

中央企业在国家产业布局、经济发展和国计民生保障中，承担着大国重器的核心责任。中央企业的财务管理体系建设对全国各类企业的财务管理工作起着引导、示范和带动作用。既是中国企业财务管理水平科学化、国际化的外在形象，也是中国企业实现基业长青的内在基础保障。为加速推进中央企业建设世界一流财务管理体系的进程，2022年2月18日，国资委发布了《关于中央企业加快建设世界一流财务管理体系的指导意见》（简称《指导意见》国资发财评规〔2022〕23号），在《指导意见》的第二部分（三）“推动财务管理机制变革”中指出：“加强关键指标硬约束。坚持质量第一，效益优先，建立以资产负债率、净资产收益率、自由现金流、经济增加值等关键指标为核心的财务边界，测算投资、负债、利润、现金流等指标的平衡点，保持企业整体资本结构稳健，风险可控在控。”这说明，当我们使用财务报表综合分析的方法对企业的财务状况、经营风险进行系统分析时，不仅要考虑债务水平、自有资本收益水平，还要综合考虑现金生成和回笼能力、税后营业利润扣除资本成本后企业积累的增值能力。只有统筹兼顾、全面平衡，才能保障企业防范风险、稳健经营。

项目小结

企业的经济活动是一个有机的整体，只有将财务指标有机地联系起来进行分析，才能对企业整体的财务与经营状况作出客观的评价和正确的投、融资决策。

财务报表综合分析就是以企业财务报表等核算资料为基础，通过对盈利能力、偿债能力、营运能力及发展能力等各类指标进行分析，系统、全面、综合地对企业的财务状况和经营成果进行剖析、解释和说明，从而对企业整体的财务形势和经济效益做出全面、客观、准确评价的分析方法。盈利能力分析主要包括：销售盈利能力分析、资本经营盈利能力分析、资产经营盈利能力分析和上市公司盈利能力分析。营运能力分析主要包括：全部资产营运能力分析、流动资产营运能力分析和固定资产营运能力分析。偿债能力分析主要包括短期偿债能力分析和长期偿债能力分析。发展能力分析主要包括销售增长能力分析和可持续发展能力分析。国有企业可采用财政部颁布的《企业经济效益评价指标体系》中的四大方面、十大主要指标来进行分析。

项目训练

一、知识掌握与应用

● 主要概念

盈利能力　营运能力　偿债能力

● 阅读理解

1.简述盈利能力分析的目的。

2.影响总资产周转率的因素有哪些？

3.影响流动资产垫支周转率的因素有哪些？

● 知识应用

1.查找某一上市公司的有关资料，对其进行盈利能力、营运能力、偿债能力的分析。

2.财务分析与财务报表分析存在怎样的联系？

二、技能测试与考核

● 技能题

资料：某上市公司20××年息税前利润为62 500元，税后利润为50 000元，负债总额为500 000元，资产负债率为46%。该公司只发行普通股，流通在外的普通股股数为

100 000股，每股市价为12元。

要求：根据上述资料，分别计算总资产报酬率、净资产收益率、普通股每股收益、市盈率。

● **能力题**

【案例分析1】资料：根据某上市公司20××年中期报告，摘录综合分析评价所需的相关数据见表8-3，报告期为20××年1月1日至6月30日。

表8-3 **某上市公司相关数据表** 单位：千元

利润总额	58 070.50	
净利润	32 856.20	
营业收入净额	967 587.56	
营业成本	754 283.38	
利息支出	18 567.79	
其中：利息净支出	8 085.89	
	期初	期末
资产总计	624 678.06	975 413.73
实收资本	154 120.00	194 120.00
所有者权益	209 753.31	523 748.76
负债合计	414 924.75	451 664.97
应收账款	102 801.79	90 838.56
存货	201 458.88	260 934.17
流动资产		656 822.48
流动负债		457 761.02
工资、劳保退休统筹及其他社会福利支出		22 351.99
应交的各种税金及附加		112 882.34

要求：运用上述资料，结合财政部确定的十项评价指标，分别计算出各项财务比率。对有关指标进行相关调整，使其换算为全年指标，并对该企业的财务状况做出综合评价。

【案例分析2】资料：东方公司20××年财务比率有关数据资料见表8-4。

要求：根据上述资料，对东方公司目前的财务状况做出评价，主要分析如下内容：

1.该公司生产经营有什么特点？

2.流动比率与速动比率的变动趋势为何会产生差异？如何减少这种差异？

3.资产负债率的变动说明了什么问题？

4.为何资产报酬率与销售净利率的变动程度不一致？

表 8-4　　20××年东方公司财务比率数据表

项　　目	1月	2月	3月	4月	5月	6月	7月	8月	9月	10月	11月	12月
流动比率	2.2	2.3	2.4	2.2	2.0	1.9	1.8	1.9	2.0	2.1	2.2	2.2
速动比率	0.7	0.8	0.9	1.0	1.1	1.15	1.2	1.15	1.1	1.0	0.9	0.8
资产负债率（%）	52	55	60	55	53	50	42	45	46	48	50	52
资产报酬率（%）	4	6	8	13	15	16	18	16	10	6	4	2
销售净利率（%）	7	8	8	9	10	11	12	11	10	8	8	7

5.该企业在筹资和投资上应注意什么问题？

● 实训题

1.资料：某企业流动资产周转速度的相关分析指标见表8-5。

表 8-5　　分析指标资料表（一）　　单位：千元

项　　目	2021年	2022年
营业收入净额	8 000	9 000
营业成本	5 000	5 400
流动资产	4 000	4 200
存货	1 800	2 000

注：当需要平均余额时，假定当期余额即为平均余额。

要求：根据上述资料，分别计算流动资产周转速度指标、流动资产垫支周转速度指标，并对流动资产的周转速度做出分析。

2.资料：某企业固定资产营运能力的相关分析指标见表8-6。

表 8-6　　分析指标资料表（二）　　单位：千元

项　　目	2021年	2022年
营业收入净额	85 000	100 000
固定资产原值	80 000	90 000
其中：生产用固定资产原值	50 000	60 000
生产设备原值	30 000	40 000

要求：根据上述资料，分别计算固定资产周转率指标、生产设备产出率指标，并对固定资产的营运能力做出分析。

三、德技并修与提升

● 课程阅读

从财务报告分析的逻辑步骤看职业理想的实现路径

财务报告是以数字的方式准确刻画企业特征的重要文件，是企业几乎所有重要经济活动的最终体现。财务报告就是企业的一部发展史，每份财务报告的背后都有一个悲欢离合的故事，或精彩，或拙劣，以各种各样的变脸演绎着企业的兴衰。阅读财务报告是了解一个企业最直接、最高效、最聪明的途径。具备基本的财会知识、掌握阅读财务报告的基本方法是作为管理者应具备的专业素质之一。

进行财务报告分析所依据的资料可按其来源分为内部资料和外部资料。作为外部阅读者，如银行、中小股民等，财务报告分析最主要的资料就是财务报表及其附注资料。

哈佛大学的三位教授共同出版了一本关于财务报告分析方面的著作，他们在书中提出了图8-1所示的财务分析框架，包括四个关键步骤：行业与战略分析、会计分析、财务分析及前景分析。这一分析思路已逐渐成为国内财务分析领域的主流做法，称之为哈佛财务报告分析框架。

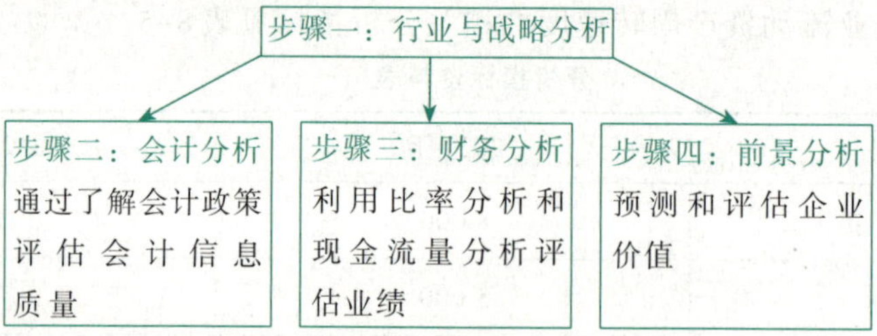

图8-1　哈佛财务报告分析框架

1.步骤一：行业与战略分析

行业与战略分析的目的在于识别企业主要的盈利领域和商业风险，进而定性地评估企业潜在的盈利能力。行业与战略分析包括分析企业所在行业的基本情况和该企业的经营战略，进而为企业创造持续的竞争优势。这种定性分析是财务分析重要的、首要的步骤，通过这种分析，可以为以后的会计分析和财务分析提供依据和基础。例如，识别企业关键的盈利因素和风险因素，可以为财务经理以外的人员评价企业的主要会计政策提供一些线索；评价企业的竞争优势有助于评价当前的盈利水平是否可以持续下去；更为重要的是，经营战略分析可以为财务经理以外的人员预测企业未来的业绩提供合理的假设与前提。

所有的步骤中，要格外强调的就是第一步——行业与战略分析。有效的财务报表分析要求分析者不仅要学会运用会计数据，而且要善于运用非会计数据。会计数据只是企业实施其经营战略的“财务表现”，忽略对企业所处环境和经营战略的分析，报表分析只能是一种重形式、轻实质的“数字游戏”。

行业与战略分析的目的在于把目标企业放到一个参照系中进行比较。例如，东凌粮油的毛利率是7%，那么这个获利水平是高还是低呢？粮食加工企业的毛利率一般都不会超过10%，普遍较低，因此7%就是一个正常的获利水平；相反，如果该企业的毛利率达到15%，此时我们就要怀疑，行业平均水平为10%左右，那么该企业为什么能获得远远超过行业平均水平的利润率呢？是原材料采购成本低、工艺过程更有效率，还是产品采用了差异化路线，从而售价中包含了超额利润呢？如果找不到合理的解释，那么很有可能是企业少计算了成本，或者营业额中含有“水分”。因此，行业与战略分析是进行财务报表分析的逻辑出发点。

行业分析目前最实用的工具是波特的五力分析模型，如图8-2所示。

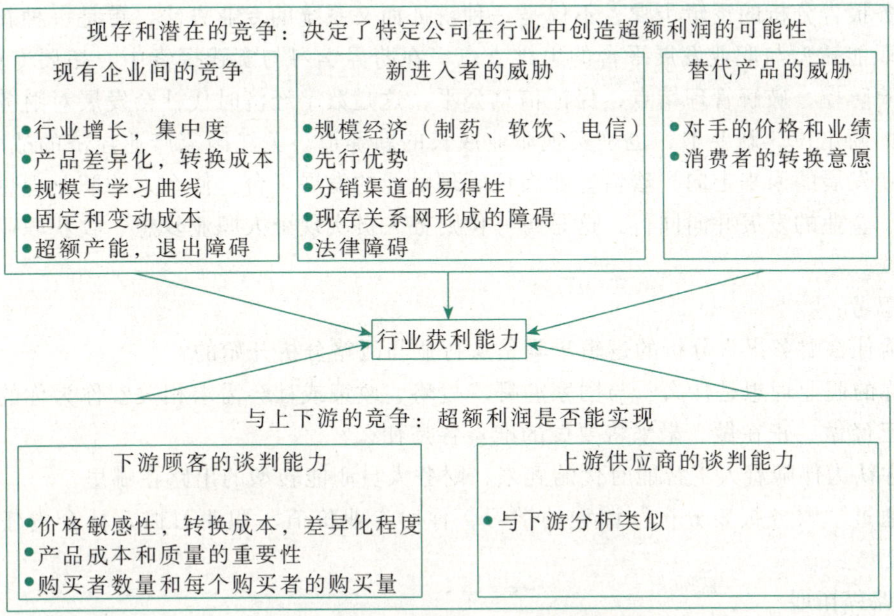

图8-2 波特的五力分析模型

2.步骤二：会计分析

会计分析的目的在于评价目标企业的会计报表是否最为恰当、公允地反映了该企业经营活动的真实情况。财务经理以外的人员的重点分析领域是会计政策选择自由度较大或可供企业选择的会计政策较多的领域。通过分析企业选择会计政策和会计估计的恰当程度，能够就该企业财务会计数据对其经营活动的扭曲程度做出一个评估，进而由会计专业人员通过重新调整有关会计数据尽可能地消除不恰当的会计政策对其经营活动的歪曲。健全的会计分析有助于加强财务分析所得结论的可靠性。

3.步骤三：财务分析

财务分析的目的是运用财务报表数据评价一个企业现在、过去的财务状况及其发展的可持续性。这里有两个需要注意的地方：一个是财务分析必须全面、系统并富有效率；另一个是财务报表数据分析必须与企业活动相结合。财务分析中常用的方法主要包括比率分析和现金流量分析。比率分析注重评价企业产品市场的业绩和财务政策；现金流量分析则注重企业资产流动性和资产折现能力的分析。

4.步骤四：前景分析

前景分析是财务报表分析的最后一个步骤，它主要聚焦于企业的未来。前景分析中最为常用的两个技术是预计财务报表与价值分析。这两种分析技术是经营战略分析、会计分析和财务分析的综合，目的是预测企业未来的发展前景。

企业未来的现金流反映企业的价值，同时也可以基于企业当期权益的账面价值、权益报酬率和增长速度分析企业的价值。经营战略分析、会计分析和财务分析为评价企业内部价值提供了良好的基础。而经营战略分析，除了保证健全的会计和财务分析外，还有助于分析企业竞争优势的变化及其对企业未来权益报酬率和增长速度的影响。

财务报告分析的逻辑步骤，不仅是一种辩证而又系统的专业方法，更是一种新时期财务人员职能转型与职业发展平台的思维支点。在跨界学习与实践探索中，拓展专业视野，做好风险防控，破解管理堵点，保证信息公平，这是数字经济时代社会发展对财务人员专业职责的新定位、新要求，也是实现职业成长的新赛道。关注国家产业经济的战略布局，顺应行业发展的未来走向，珍惜专业岗位管理赋能的发展平台，使个人的职业理想与国家的需要、企业的发展并向同行，这是每一位财务人员实现个人职业梦想、收获职业幸福的最优路线。

请思考：

1.为什么财务报告分析的逻辑步骤是从行业与战略分析开始的？

2.你的职业理想是什么？与国家的哪些战略、政策或社会需求相关？你为你的职业理想实现已经做、正在做、未来将要做的准备各是什么？

3.你认为伴随着人工智能时代的到来，财务人员职能转型的出路在哪里？

4.通过“财务报表分析”课程的学习，你对专业价值、职业习惯、社会责任有哪些认识？

● 课程拓展

一封《关注函》引发的思考

企业经营涉及的财会领域主要包括：外部会计（财务会计）、内部会计（管理会计）、财务管理、税收、审计及相关经济法律。其中审计包括国家审计（由审计署、省审计厅、市审计局等政府机关审计部门执行）、企业内部审计（由各企业内部的审计部门，如审计处、审计科执行）以及社会审计（也称第三方审计，由中介机构——会计师事务所的注册会计师执行）。企业财务人员编制的四张主要报表要经由会计师事务所的审计，并出具审计报告才具有公信力。会计师事务所的注册会计师执行了审计程序之后，要通过出具审计报告表达审计意见。审计意见主要有四种类型：无保留意见的审计报告、保留意见的审计报告、否定意见的审计报告和无法表示意见的审计报告。

2022年3月9日，深圳证券交易所向湖南容信会计师事务所发出《关注函》，并提醒：请严格遵循《中国注册会计师执业准则》《中国注册会计师职业道德守则》等规定，保持审计独立性，出具恰当的审计意见，确保审计质量。到底发生了什么？《关注函》如下：

关于对湖南天润数字娱乐文化传媒股份有限公司
2021年度财务报告审计工作的关注函

公司部函〔2022〕第119号

湖南容信会计师事务所（普通合伙）：

2022年3月3日，湖南天润数字娱乐文化传媒股份有限公司（以下简称“公司”）召开股东大会，审议通过了《关于聘任2021年度审计机构的议案》，聘任你所为2021年度审计机构。我部在日常监管中关注到公司存在以下事项：

1.公司年度财务报告连续三年被出具保留意见的审计报告

公司2018年度、2019年度和2020年度的财务报告，均被出具保留意见的审计报告，形成保留意见的基础包括针对违规担保诉讼计提的预计负债、对无形资产中租赁合同收益权计提的减值准备，会计师无法获取充分、适当的审计证据判断相关金额的准确性。请你所在执行2021年度财务报告审计工作中，充分关注保留意见涉及事项，包括对违规担保计提预计负债是否充分适当、相关无形资产的减值计提是否充分，审慎判断相关事项对财务报表的影响是否具备重大性和广泛性，并出具恰当的审计意见。

2.公司存在多笔资金占用、违规担保

截至2021年年底，公司尚存七笔对控股股东的违规担保未解决，担保金额17.65亿元，担保余额13.95亿元。此外，公司自查发现多笔控股股东非经营性资金占用。请你所在执行2021年度财务报告审计工作中，充分关注公司内部控制的有效性、公司同控股股东之间交易形成应收应付款项的合理性与准确性以及相关会计科目的确认计量是否准确、是否存在控股股东及关联方直接或间接占用上市公司资金的情形。

3.公司预计2021年实现大额亏损

公司于2022年1月披露《2021年度业绩预告》，预计2021年度净利润为-3.3亿元至-2.5亿元，亏损原因主要为对两家子公司计提大额商誉减值，公司2020年未经审计净资产为3.81亿元。请你所在执行2021年度财务报告审计工作中，结合商誉所在资产组的运营情况，充分关注商誉减值计提的合理性和充分性，同时关注公司是否存在净资产为负的风险。

4.公司因涉嫌信息披露违规正被中国证监会立案调查

2019年5月，因公司涉嫌存在信息披露违法违规，中国证监会决定对公司立案调查。2021年12月，公司收到中国证监会的《行政处罚及市场禁入事先告知书》，目前正处于听证、陈述和申辩阶段。

请你所高度重视上述情况，做好与前任会计师事务所的沟通，重点关注以前年度保留意见涉及事项的解决情况、违规担保形成预计负债计量的准确性、相关无形资产减值计提的充分性、同控股股东之间往来款项的商业实质和准确性、是否存在资金占用、商誉减值计提的充分性，同时请你所重点考虑公司内部控制的有效性、是否存在重大缺陷，以及立案调查对公司的实际影响。

请你所严格遵循《中国注册会计师执业准则》《中国注册会计师职业道德守则》等规定，勤勉尽责，保持独立性，审慎设计和实施审计程序，获取充分、适当的审计证据，确保审计质量，出具恰当的审计意见，不得用保留意见代替无法表示意见或否定意见。

同时我部提醒你所：会计师事务所及注册会计师从事证券服务业务，应当按照有关法律法规和本所《股票上市规则》等规定，诚实守信，公正独立，勤勉尽责，并保证所出具的文件真实、准确、完整，不存在任何虚假记载、误导性陈述或重大遗漏。

特此函告。

深圳证券交易所上市公司管理二部

2022年3月9日

请思考：

1.深圳证券交易所发《关注函》的目的是什么？

2. 如果你是会计师事务所的经办人员，你应秉承怎样的职业立场、职业精神履行职责？

3. 如果你是天润公司的财务人员，根据近三年的审计报告，你会为企业领导提供哪些整改或预警性的建议？

4. 由这封《关注函》能引起你对财务报表信息质量以及第三方审计监督质量的哪些思考？

资料来源　根据会计雅苑-会计审计资讯平台的资料加工整理。

项目九 9

财务报表综合分析应用

学习目标

知识目标：

1. 了解财务分析与财务评价的关系；
2. 熟悉绩效评价的特点与步骤；
3. 明确综合评价结果等级的含义；
4. 掌握撰写评价报告的具体要求。

技能目标：

1. 能描绘杜邦财务分析体系图；
2. 能准确计算杜邦财务分析体系和帕利普财务分析体系中各项分析指标；
3. 能根据计算结果对企业财务形势做出综合评价。

素质目标：

1. 培养学生立足全面企业管理的财务观，强化财务工作的前瞻性管理意识；
2. 拓展行业视野，培养学生的辩证思维能力，增强对虚假财务信息的甄别判断和风险防范能力，坚定职业操守；
3. 引导学生关注民族企业的发展，激发学生的家国情怀，培养创新、敬业、忠诚、担当的职业精神。

项目导读

企业的幸福指数与人类命运共同体

在项目八的项目导读中，我们已经了解到，企业的幸福指标高不高，关键看一个指标——净资产收益率。而企业要想幸福指数高，一要多干活，让资产转起来；二要严控成本费用支出。在收入一定的情况下，让盈余多起来，同时还要让债务结构合理，偿债能力增强（保证企业先活着）。由此可见，幸福指数绝对是一个财务指标的综合体。

企业要活下去，而且要活得越来越好，用一个专业名词来表达就是实现“可持续发展”，那么就应该提高企业的可持续增长率。如何提高？持续的前提是自有资产的盈利能力（即净资产收益率的提高），而增长速度的快慢又取决于企业盈余的积累（即扣除股利支付后企业的留存比率）。由此可见，幸福指标仍然表现为一个财务指标的综合体。

绩效评价则是以四类评价指标为基础框架的多功能、全方位的财务指标综合体的集合。要成为一名高级财务管理人员，提高个人的职业生涯幸福指数，就必须学习和掌握这些综合体及其集合。

可见，无论是企业发展还是个人职业成长，都需要在多元化的框架下，以合作求共赢，以互利谋福祉。

大到国家层面更是如此。现今的世界是一个多元化、多变化、尊重个性又相互依存的格局。各国好，世界才会好。习近平总书记提出了“人类命运共同体”的主张，并已成为我国坚定执行的大国外交的新理念、新构想。倡导人类命运共同体理念（像财务报表综合指标体系整体最优），就是要本着和平、发展、公平、正义、民主、自由的全人类共同的价值观，在追求本国利益的同时（像追求各类财务指标最优的同时），兼顾他国的利益（像指标体系中其他类别指标的均衡发展），扩大各国的利益交流（像扩大各类指标的最优化交流），建立更加平等均衡的新型发展伙伴关系（即各类财务指标没有短腿），从而构成人类命运共同体（即企业综合效益指标和社会贡献率最优）。

以小见大，大家好，才是真的好！

任务一

掌握杜邦财务分析体系的应用

杜邦财务分析体系又称杜邦分析法，它是利用各个主要财务比率之间的内在联系，综合地分析和评价企业财务状况和经营成果的方法。该方法最初是由美国杜邦公司的经理创造的，故称为杜邦财务分析体系。其主要特点是：将几种反映盈利能力、营运能力的比率按其内在联系，组成一个完整的指标体系，并最终通过净资产收益率这一核心指标来反映，全面、系统、直观地反映企业的财务状况。

微课 9-1

杜邦财务分析体系的应用

在杜邦财务分析体系中，包含以下两大层次：

第一层次包括：

$$\text{净资产收益率}=\frac{\text{净利润}}{\text{净资产}}=\frac{\text{净利润}}{\text{总资产}}\times\frac{\text{总资产}}{\text{净资产}}$$

$$=\text{总资产收益率}\times\text{权益乘数}$$

其中：$\text{总资产收益率}=\frac{\text{净利润}}{\text{总资产}}=\frac{\text{净利润}}{\text{营业收入}}\times\frac{\text{营业收入}}{\text{总资产}}$

$$=\text{营业净利率}\times\text{总资产周转率}$$

$$\text{权益乘数}=\frac{\text{总资产}}{\text{净资产}}=\frac{1}{\frac{\text{净资产}}{\text{总资产}}}=\frac{1}{\frac{\text{总资产}-\text{总负债}}{\text{总资产}}}$$

$$=\frac{1}{1-\text{资产负债率}}$$

因此，净资产收益率就可以表示为：

$$\text{净资产收益率}=\text{营业净利率}\times\text{总资产周转率}\times\text{权益乘数}$$

这一关系被称为杜邦财务分析体系的核心。企业所有者更关心企业最终会获得多少利润，因此用净资产收益率作为中心指标。通过分解可知，净资产收益率又受营业净利率、总资产周转率和权益乘数这三个因素的影响，它们分别代表了企业的盈利能力、营运能力和偿债能力。通过对这三个因素的进一步分解，可以考察和评价企业的财务情况，以及对企业利润的影响程度。

第二层次包括：

对营业净利率进行分解：

$$\text{营业净利率}=\frac{\text{净利润}}{\text{营业收入}}=\frac{\text{营业收入}-\text{营业成本}-\text{期间费用}-\text{相关税金}-\text{其他支出}}{\text{营业收入}}$$

对总资产周转率进行分解：

$$\text{总资产周转率}=\frac{\text{营业收入}}{\text{总资产}}$$

$$=\frac{\text{营业收入}}{\text{流动资产}+\text{非流动资产}}$$

以上指标体系的关系，如图 9-1 所示。

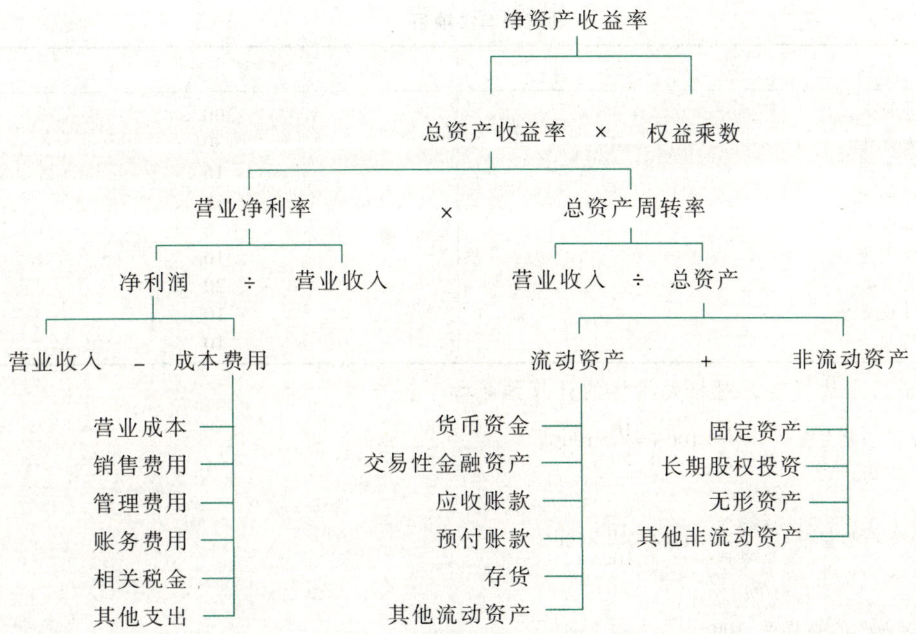

图 9-1 杜邦财务分析体系图

任务训练 9-1

景阳公司20××年度资产负债表和利润表有关项目的数据见表9-1、表9-2。

表 9-1 **资产负债表有关项目** 单位：万元

资 产	年末数	负债和所有者权益	年末数
货币资金	12	短期借款	10
交易性金融资产	2	应付账款	20
应收账款	6	应付职工薪酬	5
存货	20	应交税费	5
流动资产合计	40	流动负债合计	40
长期股权投资	3	非流动负债合计	10
固定资产	45	所有者权益合计	50
无形资产及其他非流动资产	12		
非流动资产合计	60		
资产总计	100	负债和所有者权益总计	100

注：假设计算中所需要的平均数即年末数。

表 9-2 **利润表有关项目** 单位：万元

项　目	累计数
营业收入	200
营业成本	130
销售费用	16
管理费用	18
财务费用	6
其他支出	10
利润总额	20
所得税费用	10
净利润	10

根据上述资料，对相关指标的计算结果如下：

$$净资产收益率=\frac{净利润}{净资产}\times100\%=\frac{10}{50}\times100\%$$
$$=20\%$$

$$总资产收益率=\frac{净利润}{总资产}\times100\%=\frac{10}{100}\times100\%$$
$$=10\%$$

$$权益乘数=\frac{总资产}{净资产}=\frac{100}{50}=2$$

$$营业净利率=\frac{净利润}{营业收入}\times100\%=\frac{10}{200}\times100\%$$
$$=5\%$$

$$总资产周转率=\frac{营业收入}{总资产}=\frac{200}{100}=2$$

将该公司各相关财务指标之间的关系通过杜邦财务分析体系图表现出来，如图 9-2 所示。

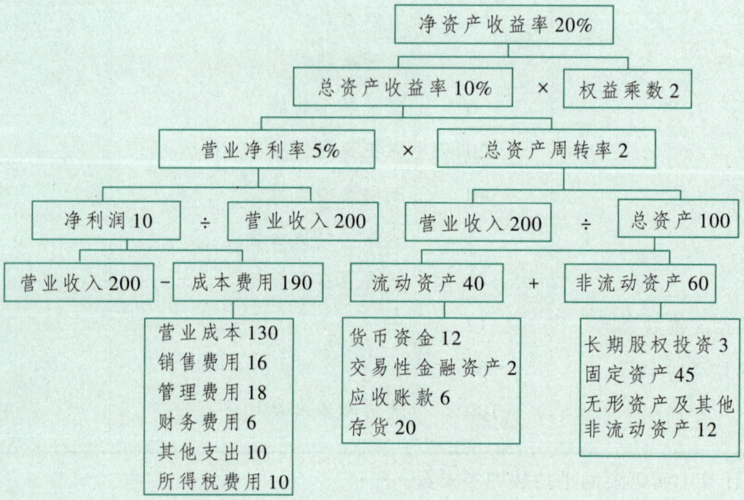

图 9-2　杜邦财务分析体系图（金额单位：万元）

通过对杜邦财务比率的分析，不仅能对该公司20××年度总体的财务情况有所了解，而且通过对具体的报表项目构成进行分析，特别是将不同时期的项目进行对比，可以看出企业资产、负债、成本及期间费用的变化情况，从而在总体上把握企业重要财务比率的变化原因及变化结果。

任务二

掌握帕利普财务分析体系的应用

一、杜邦财务分析体系的缺陷

杜邦财务分析体系将反映企业的财务状况和经营成果的财务指标有机地结合在一起，通过指标的相关关系进一步说明企业经营业绩形成的原因，它是一个综合性较强的财务分析方法。但其指标体系较为机械，只能是若干财务指标的集合，而一些比较有代表性的指标则不在其分析体系范围内，对企业未来的发展能力也没有予以说明。

二、帕利普财务分析体系的内容

帕利普财务分析体系是在杜邦财务分析体系的基础上进行的加工、补充和发展，它以可持续增长率指标为核心，将反映企业盈利能力、营运能力及偿债能力的指标联系在一起，使财务综合分析的方法体系更加完善。因为该体系是由美国哈佛大学帕利普教授创造的，所以称为帕利普财务分析体系。其指标构成如下：

可持续增长率=净资产收益率×（1-股利支付率）

可持续增长率=营业净利率×总资产周转率×权益乘数×（1-股利支付率）

相关指标包括：

反映盈利能力的指标：营业收入成本率、营业毛利率、营业收入期间费用率、营业收入净利率、息税前利润率等。

反映营运能力的指标：流动资产周转率、流动资产垫支周转率、固定资产周转率、应收账款周转率、存货周转率等。

反映偿债能力的指标：流动比率、速动比率、资产负债率、利息保障倍数等。

帕利普财务分析体系的内容，如图9-3所示。

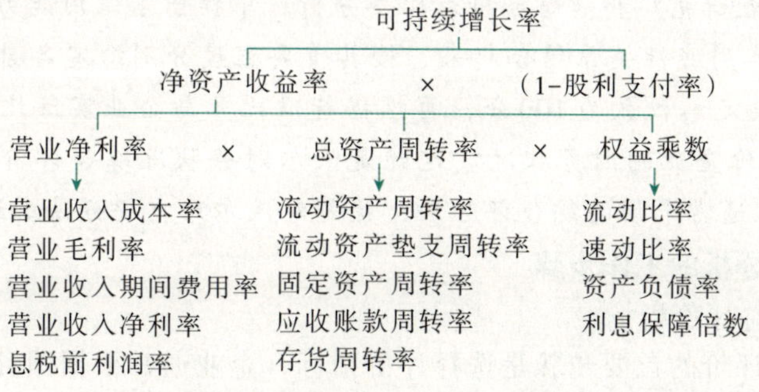

图9-3　帕利普财务分析体系图

任务三

掌握绩效评价分析方法的应用

一、绩效评价分析的特点

绩效评价的内容根据评价对象和评价目的的不同而有所不同。分析者既可以从经济活动的过程，即筹资活动、投资活动、经营活动和分配活动入手进行绩效评价，也可以从财务分析的角度，对盈利能力、营运能力、偿债能力和发展能力进行绩效评价。我国企业经济效益评价是从盈利能力状况、资产质量状况、债务风险状况以及对社会贡献能力这四个方面进行的综合评价。企业绩效评价的特点主要表现在以下几个方面：

（1）以盈利能力状况为企业绩效评价的核心内容。企业绩效评价包括企业经济效益和经营者业绩评价。而企业经济效益和经营者业绩主要体现在企业的财务效益情况，即企业的资产收益能力。所以，绩效评价指标体系以净资产收益率为核心指标，以求通过尽可能少的投入获得尽可能多的产出。

（2）设置多方面、多层次的指标体系，反映企业各个方面的情况。为充分反映企业的绩效，分别设置了相应的评价指标，通过标准指标、实际指标、修正指标对企业绩效进行层层深入的分析，使企业绩效评价结论能更真实地反映企业实际，尽可能保证评价结果的可靠性。

（3）以行业平均值作为评价基准。通过与行业平均值的对比分析，可以了解企业在同行业中所处的地位。标准值由财政部统一公布，使评价工作能够有序展开。

（4）定量分析与定性分析相结合。企业绩效评价指标体系一共有30个指标，其中，定量指标有22个，侧重于财务绩效评价；定性指标有8个，侧重于管理绩效评价，即对于绩效评价中很难量化的因素，采用定性指标加以对比分析。

（5）评价各环节可以采用电算化进行操作。运用计算机软件计算评价指标的实际分数，然后再根据标准值，计算出各项指标的得分，最后进行汇总评价打分。

【知识广角9-1】

绩效评价的先驱者之一是美国的亚历山大·沃尔教授。他在20世纪初出版的两本著作——《信用晴雨表研究》和《财务报表比率分析》中提出了信用能力指数的概念，他把选定的7个财务比率用线性关系结合起来，按其重要程度分别给定各自在总评价中所占的比重（即权数），设定总权数为100分，再根据标准比率与企业实际比率的对比，最后求出总分值，据以评价企业的财务状况。这就是沃尔财务状况综合评价法（也称沃尔比重评分法）。我们现在通常采用的综合评分法，就是对沃尔比重评分法的进一步改进。

二、绩效评价分析的工作步骤

1.选择经济效益评价指标

进行经济效益评价的首要步骤是选择评价指标，企业通常根据国资委颁布的《中央企业综合绩效评价实施细则》的规定，运用定量分析与定性分析相结合、横向对比与纵向对比相补充的方法，采用22个财务绩效定量评价指标和8个管理绩效定性评价指标组成的指标体系，作为考核评价标准。

2.确定各项业绩指标的标准值

标准值的确定主要参考两方面内容：一是采用国际上通用的指标标准；二是参考我国企业近3年的平均值。标准值的具体数值，详见项目八中表8-2的相关内容。

3.计算各项业绩指标的单项指数

单项指数是指各项经济指标的实际值与标准值之间的比值。其计算公式为：

$$单项指数=\frac{指标实际值}{指标标准值}$$

这一单项指数的计算公式既适用于经济指标为正指标的情况，也适用于反指标的情况。如果经济指标为正指标，则单项指数越高越好；如果经济指标为反指标，则单项指数越低越好。如果某一经济指标既不是正指标，也不是反指标，如资产负债率、流动比率、速动比率等，其单项指数可按以下公式计算：

$$单项指数=\frac{指标标准值-实际值与标准值差额的绝对值}{指标标准值}$$

例如，当流动比率的标准值为200%，实际值为240%时，其单项指数为：

$$单项指数=\frac{200\%-|240\%-200\%|}{200\%}=0.8$$

4.确定各项业绩指标的权数

各项经济指标权数应依据各指标的重要程度而定，详见项目八中表8-2的相关内容。一般来说，某项经济指标越重要，其权数就越大；反之，其权数就越小。

5.计算综合经济指数

综合经济指数是指以单项指数为基础，乘以各指标数值所得到的一个加权平均数。其计算公式为：

$$综合经济指数=\sum(某指标单项指数\times该指标权数)$$

（1）如果各单项指数取值高于100%，综合经济指数不封顶，那么综合经济指数就可能高于100%。这时，指标越高，说明企业经营业绩越好。但这样计算有可能使某些完成状况较好的指标数值弥补了完成状况较差的指标数值，掩盖了企业在某些方面存在的问题。因此，即使综合经济指数大于或等于100%，也不能说明企业的各项经济指标都达到了标准值的要求。

（2）如果各单项指数最高取值是100%，当综合经济指数达到了100%时，就说明企业各项经济指标都达到了标准值，取得了理想的经营业绩；当低于100%时，则说明企业在某些方面存在问题。但当标准值为行业平均值时，通过该种方法计算的综合经济指数即便达到了100%，也只能说明企业在行业中处于一个中游水平。所以，在实际工作中，可以将这两种方法结合使用，取长补短，以便更好地评价企业的经济效益。

6.综合经济指数评价

一般情况下，综合经济指数达到100%，说明企业经营总体水平达到了标准要求。该指标越高，说明经营效益水平越高；该指标越低，说明企业经营效益水平越低。

三、绩效评价分析指标体系

企业综合绩效评价分析的一般程序或步骤包括：选择业绩评价指标；确定各项业绩评价指标的标准值；确定各项业绩评价指标的权数；计算各类业绩评价指标得分；计算各类综合评价分数；经营业绩综合评价分级。下面根据《中央企业综合绩效评价实施细则》来说明综合评分法的程序、方法及应用。

1.选择业绩评价指标

企业经营业绩综合分析的第一步是选择评价指标，指标的选择要根据分析的目的和要求，考虑分析的全面性、综合性。根据《中央企业综合绩效评价实施细则》选择的指标，包括22个财务绩效定量评价指标和8个管理绩效定性评价指标，具体见表9-3。

表9-3 企业综合绩效评价指标体系

评价指标类别	财务绩效定量评价指标		管理绩效定性评价指标
	基本指标	修正指标	
一、盈利能力状况	净资产收益率 总资产报酬率	销售（营业）利润率 盈余现金保障倍数 成本费用利润率 资本收益率	战略管理 发展创新 经营决策 风险控制 基础管理 人力资源 行业影响 社会贡献
二、资产质量状况	总资产周转率 应收账款周转率	不良资产比率 流动资产周转率 资产现金回收率	
三、债务风险状况	资产负债率 已获利息倍数	速动比率 现金流动负债比率 带息负债比率 或有负债比率	
四、经营增长状况	销售（营业）增长率 资本保值增值率	销售（营业）利润增长率 总资产增长率 技术投入比率	

（1）基本指标。

基本指标是评价企业绩效的核心指标，由反映四部分评价内容的8项计量指标构成，用以形成企业绩效评价的初步结论。

①净资产收益率，是指企业净利润与平均净资产的比率，它是反映投资者资本获利能力的指标。其计算公式为：

$$净资产收益率=\frac{净利润}{平均净资产}\times 100\%$$

其中：平均净资产=（期初所有者权益+期末所有者权益）÷2

②总资产报酬率，是指企业息税前利润与平均资产总额的比率，它是用于衡量企业运用全部资产获利能力的指标。其计算公式为：

$$总资产报酬率=\frac{利润总额+利息支出}{平均资产总额}\times 100\%$$

其中：平均资产总额=（期初资产总额+期末资产总额）÷2

③总资产周转率，是指企业一定时期的营业收入与平均资产总额的比率，它是综合评

价企业全部资产经营质量和利用效率的重要指标。其计算公式为：

$$\text{总资产周转率}=\frac{\text{营业收入净额}}{\text{平均资产总额}}$$

④应收账款周转率，是指企业一定时期的营业收入与应收账款平均余额的比率，它是评价企业应收账款周转速度、管理质量和利用效率的指标。其计算公式为：

$$\text{应收账款周转率}=\frac{\text{营业收入净额（赊销收入净额）}}{\text{应收账款平均余额}}$$

其中：应收账款平均余额=（期初应收账款余额+期末应收账款余额）÷2

应收账款余额=应收账款净额+应收账款坏账准备

⑤资产负债率，是指企业负债总额与资产总额的比率，它是反映企业负债水平与偿债能力的情况、衡量企业对债权人权益的保障程度以及显示企业财务风险程度的重要指标。其计算公式为：

$$\text{资产负债率}=\frac{\text{负债总额}}{\text{资产总额}}\times 100\%$$

⑥已获利息倍数，是指企业息税前利润与利息支出之间的比率，它是用于衡量企业偿债能力的指标。其计算公式为：

$$\text{已获利息倍数}=\frac{\text{利润总额}+\text{利息支出}}{\text{利息支出}}$$

⑦销售（营业）增长率，是指企业本年营业收入增长额与上年营业收入的比率，它是反映企业销售（营业）收入增长情况的指标。其计算公式为：

$$\text{销售（营业）增长率}=\frac{\text{本年营业收入}-\text{上年营业收入}}{\text{上年营业收入}}\times 100\%$$

⑧资本保值增值率，是指扣除客观因素影响后的年末所有者权益与年初所有者权益的比率，它是用于衡量企业所有者权益的保持和增长幅度的指标。其计算公式为：

$$\text{资本保值增值率}=\frac{\text{扣除客观增减因素的年末所有者权益}}{\text{年初所有者权益}}\times 100\%$$

任务训练 9-2

汇华公司是一家国有企业，根据上述公式计算出的2022年度财务绩效基本指标见表9-4。

表 9-4　**汇华公司财务绩效基本指标表**

基本指标	2022年度
净资产收益率（%）	3.69
总资产报酬率（%）	2.93
总资产周转率（次）	0.85
应收账款周转率（次）	15.90
资产负债率（%）	9.05
已获利息倍数（倍）	5.19
销售（营业）增长率（%）	−18.27
资本保值增值率（%）	100.66

（2）修正指标。

修正指标用以对基本指标形成的盈利能力状况、资产质量状况、债务风险状况、经营增长状况的初步评价结果进行修正，以产生较为全面、准确的企业绩效评价结果，具体由14项计量指标构成。

①销售（营业）利润率$=\frac{营业利润}{营业收入}\times100\%$

②盈余现金保障倍数$=\frac{经营现金净流量}{净利润}$

③成本费用利润率$=\frac{利润总额}{成本费用总额}\times100\%$

其中：成本费用总额=营业成本+税金及附加+销售费用+管理费用+财务费用

④资本收益率$=\frac{净利润}{平均资本总额}\times100\%$

其中：平均资本总额=［（年初实收资本+年初资本公积）+（年末实收资本+年末资本公积）］÷2

⑤不良资产比率$=\frac{资产减值准备余额+应提未提和应摊未摊的潜亏挂账+未处理资产损失}{资产总额+资产减值准备余额}\times100\%$

⑥流动资产周转率$=\frac{营业收入}{流动资产平均余额}$

其中：流动资产平均余额=（年初流动资产余额+年末流动资产余额）÷2

⑦资产现金回收率$=\frac{经营现金净流量}{平均资产总额}\times100\%$

⑧速动比率$=\frac{速动资产}{流动负债}$

其中：速动资产=流动资产-存货-预付账款

⑨现金流动负债比率$=\frac{经营现金净流量}{流动负债}\times100\%$

⑩带息负债比率$=\frac{带息负债总额}{负债总额}\times100\%$

$=\frac{短期借款+一年内到期的非流动负债+长期借款+应付债券+应付利息}{负债总额}\times100\%$

⑪或有负债比率$=\frac{或有负债平均余额}{所有者权益平均余额}\times100\%$

其中：或有负债余额=已贴现承兑汇票+担保余额+贴现与担保外的被诉事项金额+其他或有负债

⑫销售（营业）利润增长率$=\frac{本年营业利润-上年营业利润}{上年营业利润}\times100\%$

⑬总资产增长率$=\frac{年末资产总额-年初资产总额}{年初资产总额}\times100\%$

⑭技术投入比率$=\frac{当年科技支出合计}{当年营业收入净额}\times100\%$

2.确定各项经济指标的标准值及标准系数

（1）基本指标标准值及标准系数。

基本指标评价的参照水平即标准值，由财政部定期发布，共分为五档。不同行业、不同规模的企业有不同的标准值。假定2022年度全行业财务绩效基本指标的标准值见表9-5。

表9-5 全行业财务绩效基本指标标准值表

档次（标准系数） 基本指标	优秀 （1）	良好 （0.80）	平均值 （0.60）	较低值 （0.40）	较差值 （0.20）
净资产收益率（%）	11.9	6.8	2.9	-2.5	-9.4
总资产报酬率（%）	7.3	5.6	2.2	-1.0	-3.9
总资产周转率（次）	1.0	0.7	0.5	0.3	0.1
应收账款周转率（次）	25.8	17.3	9.9	7.6	6.5
资产负债率（%）	33.2	40.7	58.3	73.2	84.5
已获利息倍数（倍）	3.7	2.6	1.0	0.3	-1.6
销售（营业）增长率（%）	15.1	10.9	5.0	-2.9	-8.6
资本保值增值率（%）	109.5	104.8	100.2	93.4	89.9

（2）修正指标标准值及修正系数。

基本指标有较强的概括性，但是还不够全面。为了更加全面地评价企业绩效，另外设置了四类共14项修正指标，根据修正指标的高低计算修正系数，用得出的系数去修正基本指标得分。各行业的财务绩效修正指标由财政部定期发布。汇华公司2022年度所属行业的财务绩效修正指标的标准值见表9-6。

表9-6 全行业财务绩效修正指标标准值表

档次（标准系数） 修正指标	优秀 （1）	良好 （0.80）	平均值 （0.60）	较低值 （0.40）	较差值 （0.20）
一、盈利能力状况					
销售（营业）利润率（%）	20.6	14.4	9.3	2.3	-1.4
盈余现金保障倍数（倍）	6.8	4.3	0.9	0.4	-0.8
成本费用利润率（%）	11.9	9.2	2.9	0.3	-7.7
资本收益率（%）	12.1	6.9	3.0	-3.1	-8.5
二、资产质量状况					
不良资产比率（%）	0.5	2.5	4.5	10.5	15.4
流动资产周转率（次）	3.6	2.6	1.7	1.3	1.0
资产现金回收率（%）	18.4	9.0	2.6	0.2	-1.7
三、债务风险状况					
速动比率	118.9	92.9	62.4	48.9	23.4
现金流动负债比率（%）	26.4	20.8	9.0	5.0	-1.9
带息负债比率（%）	34.5	46.1	62.8	71.5	80.6
或有负债比率（%）	0.3	1.9	2.8	8.4	13.8
四、经营增长状况					
销售（营业）利润增长率（%）	18.3	11.2	2.5	-6.4	-15.6
总资产增长率（%）	18.8	13.4	8.2	0.6	-4.1
技术投入比率（%）	3.6	2.9	2.2	1.4	0.4

根据修正指标的计算公式，计算出汇华公司2022年度财务绩效修正指标见表9-7。

表9-7　　　　汇华公司财务绩效修正指标表

修正指标	2022年度
销售（营业）利润率（%）	62.20
盈余现金保障倍数（倍）	0.58
成本费用利润率（%）	87.35
资本收益率（%）	9.65
不良资产比率（%）	0.03
流动资产周转率（次）	0.12
资产现金回收率（%）	2.00
速动比率	644.00
现金流动负债比率（%）	26.41
带息负债比率（%）	56.84
或有负债比率（%）	1.24
销售（营业）利润增长率（%）	−0.01
总资产增长率（%）	5.58
技术投入比率（%）	2.20

注：由于数据资料有限，技术投入比率是假设值，取行业平均值。

3.确定各项经济指标的权数

指标的权数根据评价目的和指标的重要程度来确定，企业综合绩效评价指标体系中各类及各项指标的权数及分数见表9-8。

表9-8　　　　企业综合绩效评价指标权数及权重表

财务绩效定量指标（权重70%）					管理绩效定性指标（权重30%）	
指标类别（100）	基本指标（100）		修正指标（100）		评议指标（100）	
一、盈利能力状况（34）	净资产收益率 总资产报酬率	20 14	销售（营业）利润率 盈余现金保障倍数 成本费用利润率 资本收益率	10 9 8 7	战略管理 发展创新 经营决策 风险控制 基础管理 人力资源 行业影响 社会贡献	18 15 16 13 14 8 8 8
二、资产质量状况（22）	总资产周转率 应收账款周转率	10 12	不良资产比率 流动资产周转率 资产现金回收率	9 7 6		
三、债务风险状况（22）	资产负债率 已获利息倍数	12 10	速动比率 现金流动负债比率 带息负债比率 或有负债比率	6 6 5 5		
四、经营增长状况（22）	销售（营业）增长率 资本保值增值率	12 10	销售（营业）利润增长率 总资产增长率 技术投入率	10 7 5		

4.计算各类指标得分

（1）基本指标得分计算。

基本指标反映企业的基本情况，是对企业绩效的初步评价。它的计分是按照功效系数法计分原理，将评价指标实际值对照行业评价标准值，按照规定的计分公式计算各项基本指标得分。其计算公式为：

①单项指标得分的计算。

单项基本指标得分=本档基础分+调整分

其中：本档基础分=指标权数×本档标准系数

调整分=功效系数×（上档基础分-本档基础分）

$$功效系数=\frac{指标实际值-本档标准值}{上档标准值-本档标准值}$$

上档基础分=指标权数×上档标准系数

本档标准值是指上下两档标准值中居于较低等级的一档。

根据汇华公司2022年度财务绩效基本指标，结合表9-5中全行业财务绩效基本指标标准值及系数，按上述公式可以计算出汇华公司各项基本指标得分。例如，2022年度净资产收益率为3.69%，此时，该企业的净资产收益率已超过“平均值”（0.60）水平，处于“平均”档，因此可以得到“平均”档基础分。另外，它处于“平均”档（0.60）和“良好”档（0.80）之间，同时需要调整。

调整分=功效系数×（上档基础分-本档基础分）

=［（3.69-2.9）÷（6.8-2.9）］×（20×0.8-20×0.6）

=0.81（分）

净资产收益率指标得分=20×0.6+0.81=12.81（分）

其他基本指标得分的计算方法与此相同，不再赘述。

②基本指标总分的计算。

分类指标得分=∑分类内各项基本指标得分

基本指标总分=∑分类指标得分

汇华公司单项指标得分的计算结果见表9-9的第三列，分类指标得分和基本指标总分的计算结果见表9-9的第四列和最后一行。

表9-9　汇华公司单项基本指标得分计算表　单位：分

类　别	基本指标	单项指标得分	分类指标得分
一、盈利能力状况	净资产收益率（20）	12.81	21.81
	总资产报酬率（14）	9.00	
二、资产质量状况	总资产周转率（10）	9.00	18.15
	应收账款周转率（12）	9.15	
三、债务风险状况	资产负债率（12）	12.00	22.00
	已获利息倍数（10）	10.00	
四、经营增长状况	销售（营业）增长率（12）	0	6.20
	资本保值增值率（10）	6.20	
基本指标总分	68.16		

（2）修正指标修正系数计算。

对基本指标得分的修正，是按照指标类别得分进行的，需要计算分类的综合修正系数。分类的综合修正系数，由单项指标修正系数加权平均求得；而单项指标修正系数的大小主要取决于基本指标评价分数和修正指标实际值两项因素。

①单项指标修正系数的计算。

单项指标修正系数的计算公式是：

单项指标修正系数=1.0+（本档标准系数+功效系数×0.2-该类基本指标分析系数）

单项指标修正系数控制修正幅度为0.7～1.3。

下面以盈余现金保障倍数为例，说明单项指标修正系数的计算。

A.标准系数的确定。

根据表9-7可知，汇华公司的盈余现金保障倍数为0.58，查阅表9-6，发现该指标的实际值介于较低值和平均值之间，其标准系数应为0.4。

B.功效系数的计算。

$$功效系数=\frac{指标实际值-本档标准值}{上档标准值-本档标准值}$$

盈余现金保障倍数指标功效系数=（0.58-0.4）÷（0.9-0.4）=0.36

C.分类基本指标分析系数的计算。

$$某类基本指标分析系数=\frac{该类基本指标得分}{该类指标权数}$$

从汇华公司单项基本指标得分计算表（见表9-9）中可知，盈利能力状况类基本指标得分为21.81，其权数为34，则：

盈利能力状况类基本指标分析系数=21.81÷34=0.64

根据以上结果，可以计算出盈余现金保障倍数的修正系数为：

盈余现金保障倍数指标修正系数=1.0+（0.4+0.36×0.2-0.64）=0.83

在计算修正指标修正系数的过程中，对于一些特殊情况作如下规定：

第一，如果修正指标实际值达到优秀以上，其单项指标修正系数的计算公式如下：

单项指标修正系数=1.2+本档标准系数-该类基本指标分析系数

第二，如果修正指标实际值处于较差值以下，其单项指标修正系数的计算公式如下：

单项指标修正系数=1.0-该类基本指标分析系数

第三，如果资产负债率≥100%，则指标得零分；其他情况按照规定的公式计分。

第四，如果盈余现金保障倍数分子为正数，分母为负数，则单项指标修正系数确定为1.1；如果分子为负数，分母为正数，则单项指标修正系数确定为0.9；如果分子和分母同为负数，则单项指标修正系数确定为0.8。

第五，如果不良资产比率≥100%，或分母为负数，则单项指标修正系数确定为0.8。

第六，对于销售（营业）利润增长率指标，如果上年主营业务利润为负数，本年为正数，则单项指标修正系数确定为1.1；如果上年主营业务利润为零，本年为正数，或者上年主营业务利润为负数，本年为零，则单项指标修正系数确定为1.0。

第七，如果个别指标难以确定行业标准，则其单项指标修正系数确定为1.0。

②分类综合修正系数的计算。

分类综合修正系数=∑类内单项指标的加权修正系数

单项指标的加权修正系数=单项指标修正系数×该项指标在本类指标中的权数

例如，盈余现金保障倍数指标属于盈利能力状况类指标，其权数为9，盈利能力状况类指标总权数为34，则：

盈余现金保障倍数指标的加权修正系数=0.83×（9÷34）=0.22

盈利能力状况类的修正指标有四项，已计算出盈余现金保障倍数指标的加权修正系数为0.22。同时，按此方法逐一计算出销售（营业）利润率指标的加权修正系数为0.46，成本费用利润率指标的加权修正系数为0.37，资本收益率指标的加权修正系数为0.26，则：

盈利能力状况类的综合修正系数=0.22+0.46+0.37+0.26=1.31

其他类别指标的综合修正系数的计算方法与上述方法相同，不再赘述，可以作为课后训练计算完成。

③修正后得分的计算。

修正后得分=∑(分类综合修正系数×分类基本指标得分)

假设汇华公司各类基本指标得分和分类综合修正系数见表9-10，据此可计算出修正后定量指标的总得分。

表9-10 修正后得分计算表

项　　目	综合修正系数	基本指标得分（分）	修正后得分（分）
盈利能力状况	1.31	21.81	28.57
资产质量状况	0.82	18.15	14.88
债务风险状况	1.01	22.00	22.22
经营增长状况	1.27	6.20	7.87
修正后定量指标总得分	—	—	73.54

（3）管理绩效定性指标的计分方法。

①管理绩效定性评价指标的内容。

管理绩效定性评价指标的计分一般通过专家评议打分的方式完成，聘请的专家应不少于7名。评议专家应当在充分了解企业管理绩效状况的基础上，对照评价参考标准，采用综合分析判断方法，对企业管理绩效定性指标做出分析评议，评判各项指标所处的水平档次，并直接给出评价分数。表9-11是一名评议专家给出的各项管理绩效定性评价指标的等级。

②单项评议指标得分。

单项评议指标得分=∑(单项评议指标权数×各评议专家给定的等级参数)÷评议专家人数

假设评议专家有7人，对“战略管理”的评议结果为：优等4人，良等3人，则：

$$战略管理评议指标得分=\frac{18\times1+18\times1+18\times1+18\times1+18\times0.8+18\times0.8+18\times0.8}{7}=16.46（分）$$

其他指标的计算方法与上述方法相同，不再赘述。

表9-11　　　　　　　　　　　　　　　　**管理绩效定性评价指标等级表**

评议指标	权　数	等级（参数）				
		优（1）	良（0.8）	中（0.6）	低（0.4）	差（0.2）
1.战略管理	18		√			
2.发展创新	15	√				
3.经营决策	16		√			
4.风险控制	13		√			
5.基础管理	14			√		
6.人力资源	8		√			
7.行业影响	8	√				
8.社会贡献	8		√			

③评议指标总分的计算。

评议指标总分=$\sum$单项评议指标得分

前面已计算出“战略管理”的评议指标得分为16.46，假设其他7项评议指标的单项得分分别为14、15.5、11、12、6.5、7.5和7.5，则：

评议指标总分=16.46+14+15.5+11+12+6.5+7.5+7.5=90.46（分）

5.计算综合评价分数

计算综合评价分数要采用定量与定性相结合的计分方法。定量与定性相结合的计分方法是将定量指标评价分数和定性指标评价分数按照规定的权重拟合形成综合评价结果，即根据评议指标得分对定量评价结论进行校正，计算出综合评价得分。其计算公式为：

企业综合绩效评价分数=财务绩效定量评价分数×70%+管理绩效定性评价分数×30%

根据以上有关数据，计算出汇华公司的综合评价分数如下：

综合评价分数=73.54×70%+90.46×30%=78.62（分）

在得出综合评价分数以后，应当计算年度之间的绩效改进度，以反映企业年度之间经营绩效的变化状况。其计算公式为：

$$绩效改进度=\frac{本期绩效评价分数}{基期绩效评价分数}$$

绩效改进度大于1，说明经营绩效上升；绩效改进度小于1，说明经营绩效下滑。

6.确定综合评价结果等级

企业绩效评价结果以评价类型、评价级别、评价得分表示，并据此编制评价报告。评价类型是通过评价分数体现出来的企业经营绩效水平。评价类型用文字和字母表示，分为优（A）、良（B）、中（C）、低（D）、差（E）五种类型。评价级别是指对每种评价类型再划分级次，以体现同一类型中的差异，采用在字母后标注“+”或“-”号的方式表示，具体见表9-12。

表9-12　　　　综合绩效评价类型、评价级别、评价得分一览表

评价类型	评价级别	评价得分
优（A）	A++	A++≥95分
	A+	95分>A+≥90分
	A	90分>A≥85分
良（B）	B+	85分>B+≥80分
	B	80分>B≥75分
	B-	75分>B-≥70分
中（C）	C	70分>C≥60分
	C-	60分>C-≥50分
低（D）	D	50分>D≥40分
差（E）	E	E<40分

本例中，汇华公司的综合评价得分为78.62分，其综合绩效等级属于良（B）级。

7.撰写评价报告

评价报告是企业经营绩效的综合评述文件，参照《评价文本格式》的规定编制。具体有关要求如下：

（1）报告内容应包括被评价企业基本概况及企业盈利能力状况、资产质量状况、债务风险状况、经营增长状况等四个主要方面绩效的文字描述。

（2）评价报告应明确评价年限、工作范围及所采用的评价标准值，评价结论要有充分的说服力。

（3）语言应简洁、规范，字数在2 000字左右。

（4）评语表达应含义明确，尽量避免产生歧义。

（5）对影响企业经营绩效评价结果的有关重要事项应进行充分披露。

（6）评价报告应标明评价时间和评价实施单位，并由评价负责人签名、盖章。

任务训练9-3

请上网查询并了解企业经济效益评价报告的相关内容，尝试为汇华公司撰写企业绩效评价的分析报告。

【知识广角9-2】

华为对员工的绩效考核一直是HR学习的榜样，那么企业的绩效考核到底怎么做才最有效呢？四大因素是关键：

1.建立绩效考核体系

完善的绩效考核，必须建立科学的绩效考核体系，包括计划、实施、考核、考核结果

的反馈及考核结果的运用。首先要更新观念，认识到业绩不是考出来的，而是通过一个科学的体系管理出来的；其次，要明确绩效管理的目标；然后，要不打折扣地贯彻执行；最后，要进行系统、认真的总结考核。

2.设计考核指标体系

要在进行全面、科学分析的基础上，结合企业的个体情况，制定操作性强、定量与定性相结合的指标体系。要避免指标过多，计算过于繁琐，重要指标的导向作用被淹没等情况发生。

3.完善工作绩效标准

没有规矩，难成方圆。因此，考核必须确保向所有的考核对象提供明确的工作绩效标准。要重点完善企业的工作绩效评价系统，把员工能力与成果的定性考察与定量考核结合起来，建立客观而明确的管理标准，用数据说话，以理服人。

4.减少考核者的主观性

由谁来执行考核，往往决定着考核结果的诚信度和公平性。因此，企业选用有公信力、较为客观的考核者来执行考核工作，是评价结果客观、公正，达成绩效考核目标的重要组成部分；其次要训练考核者正确使用考核工具，指导他们在判断时如何使用绩效考核标准；同时还要尽量选用两个以上的考核者各自独立完成对同一个考核对象的绩效考核。

项目小结

财务报表综合分析是单项分析的深化，本项目分别介绍了杜邦财务分析体系、帕利普财务分析体系以及我国绩效评价分析体系的内涵及应用。通过案例分析，将理论与实践有效地结合在一起，是对本教材内容的融会贯通。在具体操作时，应注意结合行业的特点做出分析评价。

项目训练

一、知识掌握与应用

● 主要概念

杜邦财务比率分析　帕利普财务比率分析

● 阅读理解

1.说明进行财务报表综合分析的意义。

2.简述运用我国国有资本绩效评价体系进行财务评价的一般步骤。

● 知识应用

1.简述财务报表综合分析与财务单项分析的区别与联系。

2.简述我国绩效评价分析的内容、特点及工作步骤。

二、技能测试与考核

● 能力题

【案例分析】资料1：某公司有关财务资料见表9-13。

表9-13　主要报表资料表　单位：万元

项　目	上　年	本　年
总资产	44 989	46 771
流动资产	20 470	22 450
其中：应收账款	5 612	6 061
存货	10 527	11 898
总负债	19 345	21 514
其中：流动负债	10 337	11 469
实收资本和资本公积	15 386	15 154
营业收入	32 842	35 562
营业成本	20 362	21 693
期间费用	9 337	11 257
利润总额	1 609	1 862
净利润	1 271	1 490
利息支出	425	476
经营现金净流量	661	975

其中：不良资产比率=4%；3年资本平均增长率=3%；3年销售（营业）利润平均增长率=4.5%；债务风险状况的两个修正指标权数各设为0.5；管理绩效定性评价指标的得分为92分；技术投入比率=0.3%。

资料2：

（1）该公司企业绩效评价标准值见表9-14。

表9-14　企业绩效评价标准值表

档次（标准系数） 基本指标	优秀 （1）	良好 （0.80）	平均值 （0.60）	较低值 （0.40）	较差值 （0.20）
净资产收益率（%）	10.0	6.1	2.6	-0.4	-6.4
总资产报酬率（%）	5.9	3.9	1.8	-1.1	-3.4
总资产周转率（次）	1.0	0.7	0.4	0.3	0.1
应收账款周转率（次）	11.7	7.6	5.0	2.6	1.1
资产负债率（%）	37.9	48.1	66.2	83.2	93.4
已获利息倍数（倍）	3.6	2.7	1.2	-0.2	-2.2
销售（营业）增长率（%）	29.3	17.5	4.5	-12.2	-25.8
资本保值增值率（%）	106.9	104.7	101.8	97.8	93.6

（2）该公司所属行业修正指标标准值区段等级见表9-6。

（3）企业综合绩效评价指标体系见表9-8。

要求：根据上述资料，采用综合评分法，对该公司的经营业绩做出评价。

● 实训题

1.分析净资产收益率，相关资料见表9-15。

表9-15　相关资料表（一）　单位：万元

项　目	上　年	本　年
平均总资产	4 350	5 400
平均净资产	2 500	3 200
营业收入	3 500	4 500
净利润	340	420

要求：根据以上资料，按杜邦财务分析体系对净资产收益率的变动原因进行分析。

2.分析可持续增长率，相关资料见表9-16。

表9-16　相关资料表（二）　单位：万元

项　目	上　年	本　年
平均总资产	4 350	5 400
平均净资产	2 500	3 200
营业收入	3 500	4 500
净利润	340	420
股利支付额	150	220

要求：根据以上资料，按帕利普财务分析体系对可持续增长率的变动原因进行分析。

三、德技并修与提升

● 课程阅读

财务报告分析的黄金法则

财务报告分析是一门技术，也是一门艺术。因此，熟练地运用技术手段并恰当地使用艺术手法将会使你如鱼得水、百战百胜。财务报告分析的技术与艺术的融合就是你必须把握的黄金法则。

1.比较：重动态，轻静态

“纵向比较看趋势，横向比较看异常”。纵向是企业自身的历史比较，进行趋势分析，预测企业未来；横向是企业与其他多个企业的比较，彰显差异，发现异常问题或改进空间。

2.听故事：重逻辑，轻技术

一个财务数字暂时漂亮的企业并不能说明其是一个优秀和有前途的企业。一个老道、优秀的财务报表阅读者，关注的重点首先在于对企业整体投资故事的判断，其次关注资产组合质量、收入和利润的成长性，以及现金流量的均衡性。其间包括一些重要的逻辑判断，如某企业连续5年每年有超过1亿元的固定资产投资，但是每年的净利润只有3 000万元左右，如果没有合理的理由，这明显违背了商业投资常识。

从投资银行（证券公司）的角度来看，那些具有较好的投资故事、较高的行业地位、主营业务简单而突出的企业，才是投行所青睐的。很多属于传统行业、行业地位一般、业务多元化、主营业务不突出的企业，很难获得资本市场的青睐。

因此，我们判断一个企业的优劣主要看其是否具有独特的商业模式，是否具有核心技术优势，产品和技术是否具有不可复制性等三个方面。

（1）公司是否拥有资源。矿产资源、廉价的劳动力、大量优秀的高素质人才、垄断性、行业第一的市场份额等，这些都可以是资源。

（2）公司是否拥有技术。拥有一项独特的新技术能够改变某个行业，因为技术能够让企业获得竞争优势，所以有价值。

（3）公司是否拥有独特的商业模式。传统的行业拥有传统的技术，但经营模式发生了变化，使这个具有新的经营模式的传统企业获得了竞争优势，所以有价值。比如苏宁电器是零售业，为什么它有竞争优势呢？就是因为它的经营模式跟别人不一样。

3.整合分析：重立体，轻点线

四张财务报表之间的数字纵横交错，所有的数字都不是独立的，而是作为一个整体共同描述着报表背后丰富多彩、形象生动的商业活动。一项重要的商业活动必然同时对多个数据产生影响。因此，关注主要交易活动之间的此消彼长，游刃有余地穿梭于数字之间是探析企业本质最佳的姿态。

4.抓重点：重动机，辨方向

利润操纵有两种情况：一是上下尽量膨胀的巨无霸汉堡，即收入高估，费用低估，结果是利润高估；二是上下压缩的扁平汉堡，即收入低估，费用高估，结果是利润低估。我们将这两种情况称为利润操纵的汉堡模型，如图9-4所示。

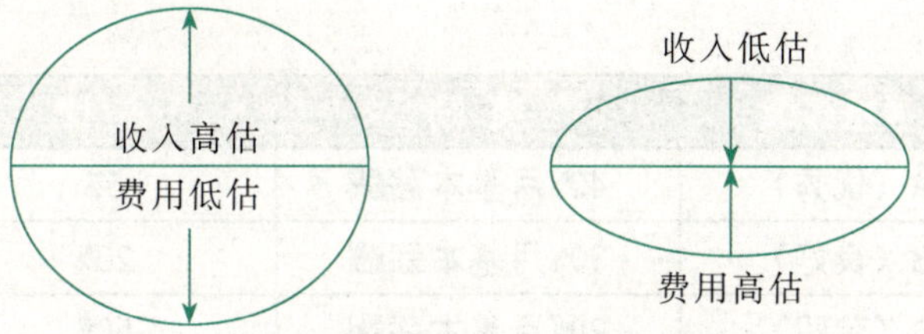

图9-4　利润操纵汉堡模型图

企业呈递给银行的报表，一般可能夸大其业绩和利润的可持续性；企业呈递给证监会的报表，一般可能夸大其业绩和成长性；企业呈递给税务局的报表，一般可能低估其业绩和隐藏收入。

如果我们发现职业经理人的薪酬契约与业绩之间建立了密切的联系，那么还要密切关注建立联系的那个业绩变量是什么。

因此，在阅读报表前首先要判断报表的编制动机，为后面的工作指明方向。

5.打七寸：重现金，轻利润

我们早已熟知“现金为王”的道理：现金链断裂将带来破产或控制权旁落的危险。现金流不易被粉饰，因此，评价企业经营活动、投资活动与筹资活动的均衡性以及现金流弹性，是一项重要的财务分析内容。

一般在讨论会计报表粉饰行为时，人们的关注点主要集中在以权责发生制为基础的资产负债表和利润表上，通常会认为这两张报表容易被操纵。而以现金收付制为基础编制的现金流量表则被认为是比较刚性的，不易被操纵。近年来，随着因资金链断裂引发粉饰会计报表的案例不断增多，现金流量表信息得到了越来越多的会计信息使用者的信赖和关注。

● **课程拓展**

华为公司是如何做绩效考核的?

华为技术有限公司（简称华为公司）是一家生产、销售通信设备的民营通信技术公司，也是全球领先的信息与通信技术（ICT）解决方案供应商。华为公司的愿景与使命是“把数字世界带给每一个人，每一个家庭，每一个组织，构建万物互联的智能世界”。华为公司以其产品与服务的高科技与高质量拥有大批的客户，在行业内享有较高的声誉。华为公司的成功既是技术创新的成功，也是人才储备与绩效考核管理体系的成功。那么，华为公司是如何做绩效考核的呢?

华为公司以员工为企业带来的利益、创造的价值为基准设立考核体系，考核结果将应用于月度奖金的分配、年度奖金的分配、绩效工资的确认、晋升资格的确认、晋职资格的确认、培训资格的确认等各个方面。

一、绩效考核与激励

1.绩效考核

华为公司的绩效考核分为月度考核和年度考核。

华为公司的月度考核总分为1 000分，划分为5个等级，各考核等级对应的分配比例如图9-5所示。

考核等级	奖 励	占 比
A（优秀）	40%月基本薪酬	5%
B（良好）	30%月基本薪酬	20%
C（称职）	20%月基本薪酬	50%
D（基本称职）	10%月基本薪酬	20%
E（不称职）	无基本薪酬奖励	5%

图9-5 月度考核各考核等级对应的分配比例

注：基本薪酬=基本工资+绩效工资

华为公司的年度考核总分为1 000分，划分为5个等级，各考核等级对应的分配比例如图9-6所示。

2.不良事故考核

不良事故考核是指根据不良事故造成不良后果的程度，划分为A（重大）、B（一般）、C（轻微）三个等级。不良事故的处罚规定如图9-7所示。

考核等级	奖 励	占 比
A（优秀）	1 个月基本薪酬	5%
B（良好）	80%月基本薪酬	20%
C（称职）	60%月基本薪酬	50%
D（基本称职）	50%月基本薪酬	20%
E（不称职）	无基本薪酬奖励	5%

图 9-6 年度考核各考核等级对应的分配比例

注：基本薪酬=基本工资+绩效工资

岗位类型	等级 A（重大）	等级 B（一般）	等级 C（轻微）
年薪制	不享受考核年薪和奖励年薪	扣除 50%考核年薪和奖励年薪	扣除 20%考核年薪和奖励年薪
等级薪酬	不享受月度奖金	扣除 50%月度奖金	扣除 20%月度奖金
销售支持	不享受月度奖金	扣除 50%月度奖金	扣除 20%月度奖金
直接销售	扣除当月提成	扣除 70%当月提成	扣除 30%当月提成
生产计件制	不享受年中奖或年终奖	扣除 50%年中奖或年终奖	扣除 20%年中奖或年终奖

图 9-7 不良事故的处罚规定

3.等级工资制员工绩效工资

等级工资制员工绩效工资与当月公司总体业绩完成情况及员工月度考核成绩挂钩。具体分配比例如图 9-8 所示。

考核等级	公司总体业绩完成情况及其对应工资支付比例				
	100%及以上	95%-99%	90%-94%	85%-89%	85%以下
A（优秀）	100%	95%	90%	85%	80%
B（良好）	95%	90%	80%	70%	60%
C（称职）	90%	80%	70%	60%	50%
D（基本称职）	85%	75%	65%	55%	45%
E（不称职）	80%	70%	60%	50%	40%

图 9-8 等级工资制员工绩效工资分配比例

4.考核成绩与奖金的关系

等级工资制员工的考核成绩与奖金的关系具体如图 9-9 所示。

考核等级	月度考核	年度考核
考核不称职者	免月度奖	免年度奖
连续两次考核不称职者	警告	辞退
累计三次考核不称职者	辞退	-

图 9-9 等级工资制员工的考核成绩与奖金的关系

5.享受等级薪酬制员工年度考核与晋级的关系

年度考核不称职者，免晋级。年度考核等级为基本称职以上（含基本称职）者，可在本职等内晋升一级。年度考核成绩为优秀者，可在本职等内晋升两级。不管哪种晋级状况，如果在本职等内没有晋升空间，则不能晋级。

6.享受等级工资制员工年度考核与晋级的关系

主管以下（不含主管）或薪资等级在五职等（不包括五职等）以下者，连续两年考核为良好（或以上）者，可以晋升一个职等。主管以上（含主管）或薪资等级在五职等（包括五职等）以上者，连续三年考核为良好（或以上）者，可以晋升一个职等。

二、绩效评价ABC

华为公司在2022年3月28日发布的2021年年度报告显示：华为公司2022年实现全球销售收入6 368亿元，净利润逆势上升达到1 137亿元，同比增长75.9%；经营活动现金流597亿元；资产负债率降到57.8%。在规模有所缩减的情况下，盈利能力明显增强；整体的财务结构韧性和弹性都在加强；面对不确定性的应变能力及防范风险能力均在增强。面对风云变幻、形势严峻的外部环境，华为公司能交上如此惊艳的成绩单，其重要原因在于企业核心价值观的文化建设与持续推行管理和组织变革，激发了活力，提高了效率。这与绩效管理体系的建设是分不开的。

华为公司有严格的绩效评价体系和相应的奖惩制度，实行绩效评价ABC管理。

华为公司员工绩效评价分为A、B、C三个档次，按照员工比例来固定分配，A档次一般占员工总数的5%，B档次占员工总数的45%，C档次占员工总数的45%，还有5%的员工将被视作最后一档：待查。如果员工连续获得C档或者“待查”档，不仅不能拿到绩效奖励，还会被降薪、调岗，损失收入不说，职业生涯也存在一定风险。

华为公司艰苦奋斗的企业文化，具体到员工身上就是创新、敬业、团结、协作，对工作高度的责任感和对企业高度的忠诚。

从总裁到各级干部的重要考核指标之一就是客户满意度。华为公司的绩效目标以客户需求为导向，为客户服务的意识贯穿于绩效管理整个过程中。

华为公司将企业的核心价值观贯彻于企业的日常管理之中，贯彻到企业绩效目标的每一条每一款中，再通过目标细化使其成为每一名员工的具体奋斗目标，根植于每一名员工的心中。绩效评价结果与员工切身利益息息相关，有效调动了员工的积极性和主动性。

在华为公司，员工不仅是在为企业工作，也是在为自己的明天打拼。

三、以绩效承诺书约束绩效行为

华为公司要求所有干部签订绩效承诺书，以此督促干部言行一致、重视结果。绩效承诺的责任评估结果将直接影响该干部的任用，如果评估结果与其此前承诺结果相差甚远，那么该干部可能会被就地免职。

任正非说：“我们要辞退那些责任结果不好、业务素质也不高的干部；我们也不能选拔那些业务素质非常好，但责任结果不好的人担任管理干部。他们上台，有可能造成一种虚假繁荣，浪费公司的机会和资源，也带不出一支有战斗力的团队。”因此，对于不能完成责任书的干部，华为公司的处罚是严厉的。

绩效承诺制度让更多的干部主动地承担起责任，用实际行动挑战困难。以干部负责制约束绩效行为，激发了身为干部的员工的绩效潜能，提高了绩效水平，形成了一支优质的干部队伍；他们的行为又激励了下属员工的工作态度，带动了下属的工作积极性，从而让整个公司的绩效水平得以提升，增强了企业的竞争力。

严格的考核是华为公司建立高效干部队伍的制度保障。当然，由于这样那样的原因，考核也可能会让某些相对优秀的干部在某一个时段受到委屈。此时受的苦，吃的亏，担的责，扛的罪，忍的痛，都将照亮勇者未来的路。只有珍惜现有的发展平台，在挫折中奋起，努力做出更好的成绩，才能跟上企业的发展节奏，为自己未来的职业发展积蓄力量。这也是每一位职场人所必须经历的成长蜕变过程。

能入职华为公司是许多年轻人的梦想，高科技、高平台、高薪酬……无一不是激活年轻人追逐梦想的元素，但是你了解华为公司的发展历史与社会贡献吗？你知道华为公司的技术创新过程遭遇的困难吗？你了解华为公司先进的财务管理体系吗？你知道华为公司老总任正非对财务的要求吗？结合华为公司的这套考核体系，你能分析、判断出入职华为公司，年轻人要做好哪些方面的心理准备与业务储备吗？

资料来源　马宏勇. 向华为学绩效管理［M］. 北京：人民邮电出版社，2015.

● 小贴士

企业“人品”和财务报告信息质量的关系

了解一个企业首先看什么？不是冲到会计部门，把财务资料通通拿过来，而是首先要和主管聊天，沟通企业的业务背景、市场销售情况、回款情况、原材料市场情况、内控实施情况等，并通过沟通得到以下信息：

（1）初步感受他们的人品，包括教育背景、人生经历、性格和风度等方面，以初步确定财务报表“错编”和“编错”的可能性有多大；

（2）判断企业目前是否存在“错编”财务报表的动机，如需要业绩，或者急于扭亏，或者陷入经营困境，或者特殊行业的退税动机等，进一步确定分析范围和风险控制的基调。

如果财务报表中存在明显的人为修饰痕迹，我们有理由对目标企业的“人品”产生怀疑。

资料来源　改编自：李晓静. 财务报告与分析［M］. 北京：北京大学出版社，2013.

● 故事中的财务分析

猎狗的待遇

猎人买来几条猎狗，吩咐它们：“凡是能够在打猎中捉到兔子的，就可以得到几根骨头，捉不到的就没有饭吃。”猎狗们纷纷努力追兔子，因为谁都不愿意没饭吃。

就这样过了一段时间，问题出现了。大兔子非常难捉到，小兔子好捉。但捉到大兔子得到的奖赏和捉到小兔子得到的差不多，猎狗们发现了这个窍门，都去捉小兔子。

猎人对猎狗们说：“最近你们捉的兔子越来越小了，为什么？”

猎狗们说：“反正没有什么大的区别，为什么要费那么大的劲去捉大的呢？”

猎人经过思考后，决定不将奖赏骨头与是否捉到兔子挂钩，而是每过一段时间，就统计一次猎狗们捉到兔子的总重量，按照重量决定猎狗们在一段时间内的待遇。于是，猎狗们捉到兔子的数量和重量都增加了。

故事点评：

仅仅对兔子的数量负责，猎狗们的进取心不强。而将待遇与兔子的总重量挂钩，大大地提高了猎狗们的积极性。采用什么样的财务指标来考核猎狗们的业绩，对于猎人来说至关重要。企业的业绩评价也会采用财务指标，但用什么方法、什么指标比较合适呢？这就需要管理者掌握财务指标的特点和差异，并根据企业的特点和考核目的，在实际工作中灵活运用。

主要参考文献

[1] 国务院国有资产管理委员会. 关于中央企业加快建设世界一流财务管理体系的指导意见 [S]. 国资发财评规〔2022〕23号.

[2] 中华人民共和国财政部. 会计改革与发展"十四五"规划纲要 [S]. 2021年11月24日.

[3] 中共中央办公厅、国务院办公厅. 关于推动现代职业教育高质量发展的意见 [S]. 国务院公报〔2021〕第30号.

[4] 中华人民共和国教育部等九部门. 职业教育提质培优行动计划 (2020—2023) [S]. 教职成〔2020〕7号.

[5] 中华人民共和国国务院. 国家职业教育改革方案 [S]. 国发〔2019〕4号.

[6] 中华人民共和国教育部. 高等职业学校财务管理专业教学标准 [S]. 2019年7月30日.

[7] 马宏勇. 向华为学绩效管理 [M]. 北京：人民邮政出版社，2015.

[8] 中华人民共和国财政部. 关于修订印发一般企业财务报表格式的通知 [S]. 财会〔2019〕6号.

[9] 新时代热词编写组. 新时代热词 [M]. 北京：人民日报出版社，2018.

[10] 秦强. 新时代金句 [M]. 北京：人民日报出版社，2019.

[11] 本书编写组."一带一路"简明知识读本 [M]. 北京：新华出版社，2017.

[12] 财政部会计司. 企业会计准则第30号——财务报表列报 [M]. 北京：中国财政经济出版社，2014.

[13] 张奇. 大数据财务管理 [M]. 北京：人民邮电出版社，2016.

[14] 王娜. 财务报表分析 [M]. 3版. 北京：中国人民大学出版社，2019.

[15] 胡玉明. 财务报表分析 [M]. 3版. 大连：东北财经大学出版社，2016.

[16] 徐珏，张旋. 企业财务报表分析 [M]. 3版. 大连：东北财经大学出版社，2019.

[17] 林丽. 会计报表分析 [M]. 上海：上海财经大学出版社，2013.

[18] 张先治. 财务分析 [M]. 9版. 大连：东北财经大学出版社，2019.

[19] 李晓静. 财务报告与分析 [M]. 北京：北京大学出版社，2013.

[20] 任小平. 财务从不说假话 [M]. 北京：石油工业出版社，2012.

[21] 孙蕾蕾，吴怀镛. 会计表单一学就会 [M]. 北京：中国宇航出版社，2012.